山口大学　東アジア研究シリーズ 2

日本と台湾における ボランタリズムと ボランティア活動

三浦典子
林　寛子　編著

渓水社

はじめに

　ボランタリズムとは、自発的な意志で、本書では、ボランティア活動の動機づけとなる源として注目している。その自発性が、宗教的な倫理からもたらされるのか、共同的な社会生活によって学び取られるものなのかは興味あるところである。

　「あなたの隣人をあなた自身のように愛せよ」というキリスト教における隣人愛が、一つの典型的なボランタリズムであることは周知のことであるが、東アジア社会にも東アジア固有のボランタリズムがあるのではないだろうか。これが本書の底流にある問題意識である。

　東アジア社会の現状に関する実証的研究は、山口大学大学院東アジア研究科におけるプロジェクト研究「東アジアにおける都市高齢化とコミュニティの再編」をテーマに行ってきており、その研究成果の一部は、山口大学東アジア研究シリーズ1『台湾の都市高齢化と社会意識』（渓水社、2010）として刊行したところである。

　それに引き続き、日本と台湾において、平成21年度～23年度科学研究費補助金基盤研究（C）「日本と台湾におけるボランタリズムと社会資本の多様化に関する比較研究」（課題番号21530499）によって研究を進めてきた。本書は、その研究成果をまとめたものである。

　調査研究は、研究代表者小谷典子（三浦典子）と研究分担者林寛子が中心となって行ってきた。台湾における調査研究は、台湾国立政治大学林顯宗栄誉（名誉）教授、台湾東呉大学人文社会学院社会工作学系荘秀美教授はじめ、台湾在住の研究者の協力を得た。

　いずれも山口大学大学院東アジア研究科に関わりがある研究者である。彼らの協力なしには、本研究は一歩たりとも進展しなかったと思う。また、アンケート調査を実施する際の調査票の中国語への翻訳は、当時、東アジア研究科博士課程の学生であった王秋陽さんに、原稿の整理などは、山口

大学人文学部卒業生の大谷泰子さんの協力を得た。

　本書の出版は、研究代表者が 2015 年 11 月 3 日に、中国新聞社より「第 72 回中国文化賞」をいただき、その副賞を形にするために企画した。中国新聞社とのご縁を大切に、山口大学東アジア研究シリーズ 1 と同様に、広島市の渓水社より出版させていただいた。それぞれに謝意を表したい。

　これまで東アジア社会において調査研究を継続してきたことによって、西欧社会を念頭に学問の進展を考えがちであった社会学の領域において、日本も東アジア社会の一員で、東アジア社会の価値文化を共有する社会であることを改めて認識することができ、今後の研究指針をより明確にすることができた。これが、本研究の最大の成果であったと思う。

2015 年 12 月

　　　　　　　　　　　　　　　　　　　　研究代表者
　　　　　　　　　　　　　　　　　　　　　小谷典子（三浦典子）

目　次

はじめに……………………………………………………………………… i

第 1 章　研究の目的・方法と研究成果の概要
………………………………… 三浦典子・林　寛子 ……… 3

1. 研究の目的　3
2. 研究の方法と調査研究の概要　4
3. 研究成果の概要　5

第 2 章　東アジアにおけるボランタリズムと公共性
………………………………………… 三浦典子 ………10

1. 問題の所在　10
2. 台湾と日本の近代化と東アジア的価値規範　12
3. 日本と台湾の大学生にみるボランティア活動とボランティア意識　14
4. 台湾におけるボランタリズムの基層構造　21
5. 東アジアにおける公共性　27

第 3 章　東アジアにおけるボランタリズムの形成と発展
………………………………………… 三浦典子 ………31

1. 問題の所在　31
2. 日本における慈善救済活動　33
3. 中国における善挙（福祉活動）　36
4. 台湾における社会事業とボランティア活動　43
5. 東アジアにおけるボランティア活動の基層構造に関する考察　48

第4章　台湾におけるボランタリズムの基層構造に関する一考察　——愛愛寮（院）を手がかりに——
　　　　　　　　　　　　　　　　　　　　　　　三浦典子 ………52
1. はじめに　52
2. 創設者施乾の思想的背景　55
3. 日本統治下（1895-1945）の台湾における社会事業　58
4. 中華におけるボランタリズムの基層構造　61
5. まとめ　63

第5章　台湾におけるボランティア活動を支援する団体
　　　　　　　　　　　　　　　　　　　　　　　王　美玲 ………69
1. 台湾におけるボランティア支援団体の現況　69
2. 協会と基金会　71
3. 協会と基金会の差異　78
4. 行政機関のボランティア団体に対する支援　80
5. まとめ　83

第6章　台湾のボランティア団体に関する基礎的分析
　　　　　　　　　　　　　　　　　　　　　　　王　美玲 ………87
1. 調査対象団体の概要　87
2. 団体創設の経緯と会員　89
3. 会則と職員　94
4. 活動内容と活動拠点　95
5. 仲間意識と理念の実現　102
6. 問題点と課題　106
7. まとめ　107

第7章　台湾と日本のボランティア団体とボランティア活動
　………………………………………………… 三浦典子 …… 110
- 1. はじめに　110
- 2. 台湾におけるボランティア団体（社会服務慈善団体）　111
- 3. 台湾のボランティア団体と日本のボランティア団体　113
- 4. 台湾のボランティア団体の地域間比較　121
- 5. ボランティア活動の事例　122
- 6. 台湾におけるボランティア活動の特徴と課題　130

第8章　日本のボランティア団体
──山口県と福岡市のボランティア団体──
　………………………………………… 林　寛子・三浦典子 …… 132
- 1. 問題の所在　132
- 2. 日本のボランティア団体の自立の実態　134
- 3. 子育て支援団体の構造分析　148
- 4. ボランティア団体の理想と現実　150
- 5. 総括：日本のボランティア団体の課題　160

第9章　台湾の子育て支援
──台北、高雄の調査から──
　………………………………………… 王　珮瑜・林　寛子 …… 162
- 1. はじめに　162
- 2. 台湾の子育て支援の社会的背景　163
- 3. 台湾における子育て支援の事業と質　169
- 4. まとめ　180

第10章　地域社会における子育て支援活動
　………………………………………………… 林　寛子 …… 184
- 1. はじめに　184

2. 子育て家庭の現状と子育ての変容　185
3. 子育て支援の施策と展開　193
4. おわりに：子育て支援活動の課題　201

第11章　地域における社会的ネットワークとボランティア活動 ──ファミリーサポートセンター会員調査を手がかりとして── ……………………………… 林　寛子 …… 205
1. はじめに　205
2. 山口市ファミリーサポートセンター事業の現状　206
3. 山口市ファミリーサポートセンター会員のボランティア活動規定要因　210
4. まとめ　224

第12章　日本におけるボランティア意識の現状とボランティア活動への期待 ………………………… 三浦典子 …… 229
1. はじめに　229
2. 調査の概要　229
3. ボランティア活動の実態と活動契機　231
4. ボランティア意識の構造　236
5. ボランティア活動とボランティア意識　244
6. まとめ　254

第13章　台湾の大学生のボランティア意識
　　　　………………………………………………… 范　蓓怡 …… 256
1. はじめに　256
2. 調査と調査対象者の特徴　257
3. 大学生のボランティア活動への参与度及び活動のきっかけ　258
4. コミュニティモラール　266
5. ボランティア意識・アノミー意識・コミュニティモラール　268

6. まとめ　270

第14章　総括——東アジア社会にみられるボランタリズム
　………………………………………………… 三浦典子 …… 272
1. はじめに　272
2. 東アジアにおけるボランタリズム　273
3. 渋沢栄一と張謇　276
4. 企業の社会貢献活動　279
5. 台湾企業の社会貢献活動　280
6. 宗教団体の貢献活動　284
7. 社会資本の多様化と官民の協働　287

参考資料 …………………………………………………… 291
　台湾調査研究記録 ………………………………………… 292
　ボランティア団体調査票（日本語・中国語）　297
　ボランティア意識調査票（日本語・中国語）　309

執筆者紹介 ………………………………………………… 321
索引 ………………………………………………………… 325

山口大学東アジア研究シリーズ　2

日本と台湾における
ボランタリズムとボランティア活動

第1章　研究の目的・方法と研究成果の概要

三浦　典子・林　寛子

1. 研究の目的

　社会の近代化とともにボランタリズムが高揚し、生活構造の中核をなしてきた親族ネットワークや地域的ネットワークに代わって、自発的に自由に取り結ぶ知友関係やボランタリーアソシエーションが重要な社会関係資本となってくることが指摘され、アメリカや日本においてはその実態が把握されてきた。

　しかし、近代化した台湾社会には、依然として権威主義が残存していることも明らかにされており、東アジア社会における意識の近代化は、西欧社会におけるものと同じように収斂していくかどうかは一つの疑問点である。

　東アジア社会には、西欧社会とは異なる固有のボランタリズムが存在することも想定されるが、その実態についてはこれまで実証的に明らかにされているとはいえない。東アジア文化圏にあり社会文化的背景を共有しながら、近代化や都市化の進展を異にする日本と台湾における比較研究を通じて、その疑問は解明できるのではないかと考える。

　すなわち、ボランタリズムと社会関係資本の実態について、その文化的背景にまで掘り下げて実証的に分析し、東アジア社会に固有のボランタリズムが存在することを明らかにすることが、本研究の主たる目的である。

　具体的には、近代化、都市化に伴って家族のもつ福祉機能が弱化する中で、近代化の程度を異にする日本と台湾において、高齢者や子育て支援のような社会問題の解決に対して、どのような民間団体やボランティア団体

が役割を担っているかを比較分析していきたい。さらに、ボランティア活動や社会貢献活動の原動力となっているボランティア意識の実態について比較分析することによって、本研究の主題である、東アジア社会に特徴的なボランタリズムの存在を明らかにしていきたい。

2. 研究の方法と調査研究の概要

　日本と台湾において、ボランティア団体の活動やボランティア意識を比較分析するために、台湾と日本の社会事業に関する資料や文献を収集し、その分析を行うとともに、(1) 子育て支援のための組織・制度に関する聴き取り調査、(2) ボランティア団体に関するアンケート調査、(3) 台湾のボランティア団体および企業のボランティア活動に関する聴き取り調査、(4) ボランティア意識に関するアンケート調査、の4つの調査研究を計画した。

　それぞれの調査研究の詳細は以下のとおりである。

(1) 子育て支援の制度やボランティア団体に関する聴き取り調査は、日本においては、東京都江戸川区の保育ママ制度、山口市と福岡市のファミリーサポートセンターに対して行った。台湾においては、台北県政府社会局、台北市児童托育資源中心、台北県三峡鎮立托児所、永和市立托児所民権収托場、高雄市伊甸社会福利基金会旗山区児童早期療育発展センター、カトリック幼稚園、高雄県旗山区社会福利会、高雄市新育幼稚園、仏光山大慈育幼院、高雄市昌毅文教集団、高雄市蔵林文教機構、社団法人台北市保母協会に対して行った。

(2) ボランティア団体に対するアンケート調査は、社会の近代化や都市化に伴うボランティア活動の変容を把握するために、都市度の異なる2地域から団体を抽出した。日本においては福岡市と山口県の子どもの健全育成活動を含む団体を対象に、961の市民活動団体を無作為に抽出し、郵送法による調査を実施した。その結果、382団体から調査票が回収され、回収率は39.8％であった。

台湾においては、台北市と台北県（現在の新北市[1]）郡部の社会服務及慈善団体を無作為に 450 団体抽出し、同じく郵送法による調査を実施した。その結果、78 団体から調査票が回収され、回収率は 17.3％であった。
(3) 台湾においては、回収された調査票に、さらなる調査に協力する旨の記載があったボランティア団体や社会事業団体に対して、聴き取り調査を実施した。また、社会貢献活動を行っている企業、大学生のボランティア団体に対して、活動の実態に関する聴き取り調査を実施した。

　　　具体的に聴き取り調査を行ったのは、社団法人台北市松年福祉会玉蘭荘、社団法人台北市学習障礙協会、社団法人台湾児童少年希望協会、財団法人私立愛愛院、王永慶企業博物館（台塑グループ）及び長庚養生文化村、台北県淡江鎮蔡家村、淡江大学学生ボランティア団体などである。
(4) ボランティア意識に関するアンケート調査は、日本においては、山口市のファミリーサポートセンター会員 921 名に対して郵送調査を実施した。その結果、196 票が回収され、回収率は 21.3％であった。

　　　大学生に対する調査は、集合調査で実施した。日本では 238 名から調査票を回収し、台湾では 380 名から調査票を回収した。

3. 研究成果の概要

3.1　子育て支援システムの比較分析

　日本においては、保育施設に入所できない待機児童を家庭で保育する「保育ママ制度」は、先進的に東京都江戸川区で取り組まれてきたが、少数の児童を家庭で保育する制度は、保育所を補完するものとして注目され、近年、国の事業に格上げされて、待機児童対策として重要なものとなってきている。

　台湾ではそれに類似した制度は「ベビーシッター制度」と呼ばれており、この制度は、公的保育制度が十分に行き渡っていなかった台湾において、インフォーマルに家庭で児童を保育する仕組みとして広く浸透していた。

このインフォーマルに広く浸透していた制度が、フォーマルに制度化されることとなり、民間団体の保母協会が、資格付与のための役割を担ってきている。ベビーシッターは協会の会員となり、協会では保母の資格を取得するための研修が行われている。

この制度の制度化のプロセスは日本と台湾とでは異なるが、いずれの国においても、調査時はこの制度が制度化されている時期であった。保育者と行政、および公的施設や組織との連携が求められ、地域における子育て支援のネットワークが、今後、重要な役割を担うようになることが明らかとなった。

3.2　台湾と日本におけるボランティア団体の現状と課題
3.2.1　ボランティア団体に対するアンケート調査結果

いずれの国においても、相対的に都市部において、独自の理念に基づいて自発的にボランティア団体が設立されており、支援を必要としている人々のために活動する団体が多く、活動分野を同じくする諸団体と積極的に交流しながら活動を行っていた。これに対して都市周辺地域（郡部など）では、行政の要請を受けて設立された団体が都市部より多く、経済的にも、行政などから支援を受ける傾向がみられた。

また、台湾のボランティア団体は、行政以外にも、企業や基金会、および個人から寄付金を得て活動しており、その傾向は都市部の団体に強くみられた。

ボランティア団体は、創設者たちは、明確な目的をもって団体を設立しているが、活動が持続していくためには、後継者と活動資金が重要な鍵を握っていることが明らかとなった。そのうち後継者の育成は、日常的な活動の中で行われる必要があるが、活動の支援に関しては、台湾においてボランティア団体を経済的・直接的に支える仕組みがあり、ボランティア活動を支援する社会的機運が強い。それに対して、活動の経済的・社会的支援は、日本において大きな課題となっていることが指摘される。

すなわち、ボランタリズムは、近代化とともに必ずしも促進されるもの

とはいえ、台湾には、ボランティア団体の活動を支援する基金会が多く設立されているとともに、個人が寄付を行う機運が極めて高く、こうしたことから、いわゆる東アジア的な基層文化が、東アジア的なボランタリズムの源になっていることが示唆される。

3.2.2 台湾におけるボランティア活動の事例調査

台湾におけるボランティア活動の実態をより詳細に分析するために事例調査を行った。

日本統治時代に民間人（施乾）によって創設された貧困者支援施設の財団法人台北市私立愛愛院は、台湾における基層文化から利他的な行為が創出されていたことを示唆している。なお現在、愛愛院は、高齢者施設として活動を継続している。

また、姓を同じくする親族からなる伝統的地域共同体の台北県淡水鎮蔡家村では、今日的な高齢者のための給食サービスや高齢者大学などの活動が活発に行われており、台湾における地域福祉モデルとして位置づけられている。これらの事例から、伝統的な共同主義がその基底にあることが明らかである。

さらに、台湾のボランティア団体の多くは、社団法人としての資格をもち、行政のみならず、民間の基金会や個人から経済的支援を多く得ている。社団法人は、比較的簡単に組織することができ、大学生のボランティア団体も含めて、主体的な団体形成の態度が台湾においては強くみられる。

民間企業のボランティア活動も活発で、台塑グループでは、原住民の教育的・経済的支援から、病院や学校の設立経営、さらには高齢者が可能な限り文化的な生活を持続できる高齢者施設「長庚養生文化村」の設立に至る、多様な社会貢献活動を行ってきている。

これらの、台湾における様々なボランティア活動の実態から、東アジア社会に特徴的にみられる公共領域における共同性が、東アジア社会に固有のボランタリズムの基層構造として潜んでいることが示唆される。

3.3 東アジア的ボランティア意識の構造

　東アジア的なボランタリズムの構造を明らかにするために、日本と台湾においてボランティア意識に関するアンケート調査を行った。日本と台湾では大学生に対して、さらに日本においては、子育て支援団体ファミリーサポートセンターの会員に対しても行った。

　その結果、ボランティア活動の経験には国別の違いはみられないが、台湾においては、明確な目的をもってボランティア活動が行われていることが明らかとなった。東アジア的なボランティア意識と関連をもつことが想定される地域社会に対する意識を、コミュニティモラールスケールによって測定したところ、台湾ではコミュニティモラールが日本より高く、コミュニティモラールとボランティア意識との相関が強くみられた。

　また台湾では、ボランティア意識における自己犠牲規範意識が相対的に強く、ボランティア活動への目的意識が明確であるのに対して、日本においては、ボランティア意識における返済規範意識が相対的に強い。台湾におけるボランティア意識は、伝統的地域共同主義と密接に関わっているのに対して、日本におけるボランティア意識においては、普遍的な意識の近代化の進展が推測される。

　すなわち、ボランティア意識の構造に関する比較分析から、近代化とともに促進されるボランタリズムとともに、伝統的なボランタリズムが持続していることが明らかとなった。

3.4 総括

　これらの比較分析から、一般的には、近代化とともにボランタリズムは促進され、多様な社会関係資本、たとえば企業や宗教団体のような民間団体や自発的に形成されるボランティア団体が、家族の第一義的な福祉機能や行政の社会福祉機能を補完する役割を担っていることが明らかとなった。

　さらに、ボランタリズムは必ずしも、個人主義化に対応した個々人の自発性に依存するもののみとはいえ、血縁的、地縁的、その他のさまざまな縁による社会的共同性に依拠するものもあることが解明できた。とりわ

け台湾では、豊富な社会関係資本が機能しており、東アジア社会に特徴的なボランタリズムが、相対的により強固に存在していることが明らかとなった。

注
1) 台北県は、本研究実施中の2010年12月25日に直轄市に昇格し、新北市と改称され、台北県内の市鎮郷は区となった。
　本書の台北県は、現在の新北市のことであるが、研究の時期や目的に即して、台北県や鎮郷の記述もある。

第 2 章　東アジアにおけるボランタリズムと公共性

三浦　典子

1．問題の所在

　民主党政権に移行して、「新しい公共」なる表現が、にぎにぎしく横行するようになってきていたが、2011 年 3 月 11 日の東日本大震災以降、震災や原発事故からの復旧・復興という喫緊の政治的課題の前に、この風潮は影を潜めてきているかにみえる。しかし、被災地に向けての多様なボランティア活動は、新しい公共に関わる現実として受け止めることもできよう。

　ところで、個人と社会との関わりは、社会学成立の焦点であることから、私性を超えた公共性に関する論議は、視点を変えつつも社会学においては常になされてきたといえる。今日、クローズアップされている「新しい公共」においては、公共の担い手として、NPO 法人や社会的企業などが位置づけられているが、何をもって「新しい」というのか、新しいという意味は不明である。

　公共を独占的に請け負ってきた行政が、行財政の行き詰まりから、社会問題を解決するためのサービスを民間活力に期待せざるを得なくなってきたという、状況の変化がその背景にあることは事実である。しかし社会学は、あくまでも現状分析の学であるので、新しさを突き詰めるよりは、生活問題を解決するための生活の場における社会的サービスがどのような状況にあるのか、行政以外にどのような担い手によってサービスが提供されているのか、その現状を分析することが不可欠であろう。その結果、自発的なボランティア活動や社会的企業が果たす役割が大きくなり、それらに

将来を託すことが可能ということになれば、将来に向けてという意味で、「新しい公共」といっても差し支えないと考える。

本章は、公にむけての自発的な活動が依拠するボランタリズムに焦点を絞って、東アジアにおける現状を明らかにするものである。その際に、筆者は、東アジア社会には東アジア社会に特徴的な公共性があり、ボランタリズムに関しても、西欧的なるものと、東洋的なるものがあり、わが国における「新しい公共」を考えるにあたっては、東アジア社会におけるボランタリズムに支えられた活動こそが、社会的要請に応えうる持続的な活動として期待できると考える。

というのは、公共性の前提となっている共同性に関して、西欧社会においては、個人の集合によって形成された共同性が、開放的・公開的になるところに公共性（publicity）が位置づけられるのに対して、東アジア、とりわけ中国社会においては、血縁的・地縁的共同性が個人の上位概念としてあり、その共同性が正統化されたものが公（おおやけ）と考えられ、公共性には共同性に対する義務が伴っており、いささか違いがあると思うからである。すなわち、公共性の依拠する価値規範が、西欧社会と東アジア社会とでは異なっていると考えるからである。

社会の近代化は、産業化と平行して進展していき、貨幣経済の浸透は、それぞれの社会に特徴的な価値基準を、すべて「いくら？」という普遍的な価値基準に取って代える傾向にあり、近代化が、それぞれの社会に特徴的な価値規範を共通的なものに収斂させてきたことは周知の事実である。

しかしながら、これまで東アジア社会における近代化と生活課題の解決に向けた社会関係資本の変化に関する実証的な調査研究を行ってきた結果[1]、東アジア社会においては、家族や親族はもちろんのこと、地域共同体や伝統的な宗教観に依拠したサービスネットワークが、市政府や県政府の役割を肩代わりして、生活問題の解決に貢献している実態が明らかとなった。これらの事実から、近代化が普遍的な価値規範への収斂をもたらすとはいえないのではないか、という疑問が大きくなってきた。

具体的には、西欧社会における公共性の基礎をなすボランタリズムが、

個人主義的なキリスト教的宗教的倫理に裏打ちされているとすれば、東アジアにおける宗教的倫理から導き出されるボランタリズムには、それとは異質なものが含まれており、東アジアにおけるボランタリズムに依拠した「新しい公共」に関わる活動こそが、ブームではない、生活問題解決に向けた持続的な活動となるのではなかろうか。

2. 台湾と日本の近代化と東アジア的価値規範

　筆者はこれまで、東アジアと日本において、近代化に伴う地域社会における社会関係資本の比較分析を試みてきたが、価値規範や宗教的倫理にかかわる実証的研究としては、政治体制が日本と相対的に類似している台湾社会との比較研究が、最も現実的であることが明らかとなった。

　すなわち台湾は、現在は中国と政治体制を異にしているが、清朝においては福建省の管轄地域であり、生活問題のサービスに関わる社会事業制度や政策は、中国清朝の影響を受けてきた。地理的には中国本土から離れており、清政庁の官吏による十分な管理はできず、台湾古来の慣習が持続しているともいわれているが、少なくとも、中国的価値文化の持続している地域といえる。

　他方、日本社会においても、江戸時代以降、儒教などの中国的価値文化が庶民の生活にも影響を及ぼしてきている。たとえば、日本の近代化を推し進めた江戸時代の商人の間に浸透した石田梅岩の石門心学は、儒教、仏教などを基礎に形づくられている[2]。また、「三方よし」の経営理念で知られる近江商人には浄土真宗の篤信者が多くいた[3]。さらに、明治期の実業家の代表、渋沢栄一の「道徳経済合一説」も、儒教的価値規範に基づいている[4]。公共性の伝統的な価値規範である「自利利他」や「三方よし」の経営理念は、現在の経営者においても学ばれてきているところである。

　このように、わが国における貨幣経済の発展期において、自発的な経済活動を推進していったボランタリズムの基層には、東アジア的な価値規範が大きく関与していたことは明らかであり、日本も台湾も東アジア的価値

意識を文化的基層にもつ類似社会と考えることができよう。

　ところで、日清戦争以降第2次世界大戦終結までは、台湾は日本の管轄下にあり、児玉源太郎台湾総督が、民政長官として後藤新平を台湾に呼び寄せ、後藤による徹底した現地主義に基づいて、台湾の実情を活用しながら日本の社会事業制度を展開していったことは周知のことである。すなわち台湾は、中国的基層構造の上に、日本の社会事業制度が上塗りされていった社会と位置づけることができる。

　戦後は、日本社会の方がいち早く経済発展していったことから、日本においては、近代的な社会事業制度が台湾より早く整備され、台湾においては、高齢者に関わるゴールドプランも、地域福祉計画も、子育て支援のエンゼルプランも、日本の制度を後追いしながら、自国の政策に採り入れてきているというのが現状である。

　しかしながら台湾では、公的制度が整備されるまでは、その不十分さを補うように、民間の生活支援のサービスが日本以上に機能してきており、ある意味では、「新しい公共」が先取りされているともいえる。それらの民間の活動は、伝統的な価値規範に基づいた団体によるものもあれば、新興宗教団体によるものもある。これらの台湾におけるボランティア活動の背景にあるボランタリズムの実態を明らかにすることは、東アジア固有の価値規範と近代的な価値規範との関連をみていくうえで好都合であるのみならず、今日の日本における「新しい公共」を考えていくうえでの課題も提示できると考える。

　なお本章は、平成21年度〜23年度科学研究費補助金基盤研究（C）「日本と台湾におけるボランタリズムと社会資本の多様化に関する比較研究」（課題番号21530499）によって行った調査研究の成果の一部である[5]。本章に直接的に用いるデータは、日本と台湾の大学生に対して行った「ボランティア活動に関するアンケート調査」によって得られたものである。

3. 日本と台湾の大学生にみるボランティア活動とボランティア意識

3.1 ボランティア活動の実態ときっかけ

さっそく、日本と台湾における大学生のボランティア活動に関するアンケート調査の結果に基づいて、ボランティア活動の経験についてみていきたい。

ボランティア活動を行ったものの比率には、日本と台湾でそれほど大きな違いはみられない。現在ボランティア活動を行っている学生は、日本の学生で7.6％、台湾の学生で9.2％、かつてボランティア活動を行ったことのある学生は、日本で60.5％、台湾では65.3％で、台湾の学生の方がやや多くボランティア活動を行っているが、有意な差ではない。

ところが、ボランティア活動の行われた分野は、日本で最も多かったのは「環境・清掃活動」で、51.7％を占める。台湾では「環境・清掃活動」は25％にすぎないが、それとほぼ同じ比率を占める活動は「青少年の教育」で、19.2％を占め、「子育ての分野」の活動も15％を占めている。これらの活動は、ある意味では大学生にふさわしい活動と思われるが、日本では、「青少年の教育」は、わずか5.5％、「子育ての分野」も6.7％にすぎず、活動分野は対照的である。

日本では、地域や学校で企画された空き缶拾いや清掃活動に、若者や児童・生徒がかり出されることが多く、それらの活動は、若者たちが自発的に企画した活動でなくとも、ボランティア活動として認識されているのではなかろうか。それに対して台湾では、若者たちによる自発的な活動がボランティア活動としてより多く行われていると思われる。

その違いは、ボランティア活動を行う目的に関して明確に表れている。「あなたがボランティア活動を始めたきっかけはどのような思いからですか」という、ボランティア活動に人々を駆り立てる意識をたずねた結果、用意した7つの項目のいずれに対しても、台湾の学生の方に明確な目的意識がみられた。

ボランティア活動の経験者における、それぞれの活動を行ったきっかけとして、「そうである」と回答した、積極的な目的意識のある者の実数と比率を示したものが表2-1である。

表2-1　日本学生と台湾学生のボランティア活動を始めたきっかけの比較

	日本学生（N238）		台湾学生（N380）	
	実数	%	実数	%
1．困っている人のため	43	18.1	188	49.5
2．社会の役に立つため	51	21.4	136	35.8
3．境遇にかかわる問題解決のため	13	5.5	47	12.4
4．身近な問題解決のため	20	8.4	82	21.6
5．技術・能力・経験を生かすため	23	9.7	124	32.6
6．ネットワークを広げるため	25	10.5	87	22.9
7．余暇を有意義に過ごすため	22	9.2	114	30.0
ボランティア経験者数	161	67.6	283	74.5

　ボランティア活動を始めたきっかけのいずれにおいても、台湾の学生の方に、「そうである」とするものの占める比率が、日本よりはるかに高くなっている。日本の学生では「社会の役に立つため」というきっかけが、ボランティア活動を行う大きなきっかけとなっているが（21.4％）、それさえも、台湾の大学生では35.8％と、日本を大きく超えている。

　台湾では「困っている人のために」行ったものが49.5％と最も多いが、「技術・能力・経験を生かすため」が32.6％、「余暇を有意義に過ごすため」が30.0％となっている。また、台湾の学生のボランティア団体の聴き取り調査を行ったところ、台湾原住民や貧困家庭の子どもたちの学習支援を行う活動が顕著にみられた[6]。これらのことから、台湾の学生の「青少年の教育」や「子育ての分野」のボランティア活動は、大学生の自発的な活動であることが読みとれる。

3.2 ボランティア意識の比較検討

　日本に比べると台湾の学生に、明確な目的をもったボランティア活動が行われている実態が明らかとなったが、ボランティア活動へと駆り立てる、ボランティア意識にはどのような特徴がみられるのであろうか。

　広くボランティア意識と呼ばれている意識には、自己犠牲、愛他主義、互恵主義など、さまざまな規範意識がいりまじっている。そこには伝統的な社会的義務感から、近代的な交換意識に至るまで、矛盾し合うようなものも含まれている。

　箱井英寿と高木修は、援助行動に関わる規範意識の質問文を29個集めて、10代から80代までの男女418名を対象に調査を行い、主成分分析を行った結果、返済規範（norm of restitution）意識、自己犠牲規範（norm of self-sacrifice）意識、交換規範（exchange norm）意識、弱者救済規範（norm of aiding the weak）意識の4つの規範意識因子を抽出した[7]。

　本章に関わるアンケート調査では、この4つの規範意識因子を手がかりに、29項目の質問文から8項目の質問文を取り出して、ボランティア意識の程度を測定するための調査項目とした。その質問文は以下のとおりである。

（1）人から何かを贈られたら、同じだけお返しするべきである。
（2）人にかけた迷惑は、犠牲を払っても償うべきである。
（3）自分の利益よりも、社会の利益を第一に考えるべきである。
（4）人が困っている時には、自分がどんな状況であろうとも、助けるべきである。
（5）自分の利益よりも、相手の利益を優先して手助けすべきである。
（6）私をたよりにしている人には、親切であるべきだ。
（7）社会的に弱い立場の人には、皆で親切にすべきである。
（8）不当な立場で苦しんでいる人を少しでも助けるべきだ。

　それぞれの質問項目に対して、「そう思う」「どちらかといえばそう思

う」「どちらかといえばそう思わない」「そうは思わない」の、4つの回答を用意して選択してもらい、「そう思う」に4点、「どちらかといえばそう思う」に3点、「どちらかといえばそう思わない」に2点、「そうは思わない」に1点を与えて、8項目の回答結果を合計して、それぞれの対象者のボランティア意識スコアとした。

　図2-1は、ボランティア意識スコアを便宜的に、25以上、20〜25未満、15〜20未満、15未満の4段階に区分して、日本の学生と台湾の学生との比較を示したものである。全体的にはあまり大きな違いはみられないが、強いていえば、台湾の学生の方にスコアの高いものが多いといえる。すなわち、スコア25以上という高いボランティア意識をもつものは、日本の学生で39.1％であるのに対して、台湾の学生では46.1％を占めている。

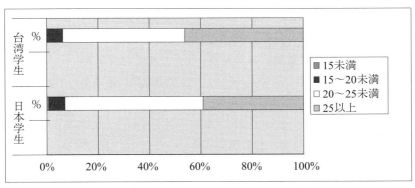

図2-1　日本学生と台湾学生のボランティア意識スコアの比較

　台湾の学生の調査票には、ボランティア活動の経験とともに寄付行為についてもたずねる質問文を用意した。有意差はみられなかったが、表2-2に示したように、ボランティア意識スコアが25以上と高いものにおいては、「定期的に寄付をしている」ものが6.3％、「ときどき寄付をしている」ものが25.1％を占めているのに対して、スコアが15〜20未満というものにおいては、定期的に寄付をしているものは一人もいない。

　ここでは、ボランティア意識の高さと、ボランティア活動を行う目的意

第2章　東アジアにおけるボランタリズムと公共性　17

表2-2　ボランティア意識スコア別寄付（台湾学生）（％）

		合計	寄付				
			定期的に	時々あり	したことあり	したことなし	不明
全体		100.0	5.5	21.1	54.7	16.1	2.6
ボランティア意識スコア	15～20未満	100.0	0	16.7	62.5	16.7	4.2
	20～25未満	100.0	5.5	17.7	56.4	16.0	4.4
	25以上	100.0	6.3	25.1	52.0	16.0	0.6

識の明確さと、実際のボランティア活動の経験とにおいて、全般的にいえば、台湾の学生の方により積極的な態度がみられることを指摘するにとどめ、台湾学生のボランタリズムの高さの背景を明らかにするために、ボランティア意識の基層構造を解明することに論を進めたい。

3.3　ボランティア意識と社会意識

　支援行動につながる伝統的なボランティア意識は、地域共同主義を基盤としていたことは容易に推測できる。また、逆に、近代化とともに個人主義化が進展するにともない、共同主義が弱化していくことも推測できる。日本の学生と台湾の学生の比較調査のひとつのねらいはここにある。ボランティア意識と、プラスにしろ、マイナスにしろ、密接に関連する社会意識として、コミュニティ意識とアノミー意識をとりあげて、その関連をみていきたい。

　コミュニティ意識に関しては、コミュニティモラールの尺度項目[8]を、アノミー意識に関してもアノミー尺度の項目[9]を8個ずつ用意して、同じく、「そう思う」に4点、「どちらかといえばそう思う」に3点、「どちらかといえばそう思わない」に2点、「そうは思わない」に1点を与えて、それぞれの対象者の意識スコアとした。詳細な項目ごとの関連分析は他にゆずるとして、表2-3と表2-4には、日本の学生と台湾の学生それぞれの、ボランティア意識合計スコア、アノミー意識合計スコア、コミュニティモ

ラール合計スコアの相関関係のみを、ピアソンの相関係数で示した。

　表 2-3 に示したように、日本の学生においては、ボランティア意識スコアとコミュニティモラールスコアとの間には、明らかに有意な関連がみられるが、アノミースコアとの間には、有意な差はなく、むしろマイナスの関連がみられる。

表 2-3　ボランティア意識・アノミー意識・コミュニティモラールの相関
（日本学生）

		合計スコア・ボランティア	合計スコア・アノミー	合計スコア・コミュニティモラール
合計スコア・ボランティア	Pearson の相関係数 有意確率（両側） N	1 238	−.012 .854 238	.291** .000 237
合計スコア・アノミー	Pearson の相関係数 有意確率（両側） N	−.012 .854 238	1 238	.037 .571 237
合計スコア・コミュニティモラール	Pearson の相関係数 有意確率（両側） N	.291** .000 237	.037 .571 237	1 237

＊＊相関係数は 1% 水準で有意（両側）

　表 2-4 には、台湾の学生のボランティア意識合計スコア、アノミー意識合計スコア、コミュニティモラール合計スコアの相関関係を示した。台湾の学生においては、ボランティア意識スコアとコミュニティモラールスコアとの間には、日本の学生以上の強い相関関係があるとともに、ボランティア意識スコアとアノミー意識スコアとの間にも、日本とは異なりプラスの有意な相関がみられた。

　図表は省略するが、アノミー的態度を測定する質問項目のうち、「みんな一人ぼっちと思う」という孤立感と、コミュニティモラールスコアとの間には特に強い関連がみられ、地域社会における孤立感を癒すために、地域社会におけるつながりが求められていることがうかがわれる。

表2-4　ボランティア意識・アノミー意識・コミュニティモラールの相関
（台湾学生）

		合計スコア・ボランティア	合計スコア・アノミー	合計スコア・コミュニティモラール
合計スコア・ボランティア	Pearson の相関係数 有意確率（両側） N	1 380	.184** .000 380	.382** .000 379
合計スコア・アノミー	Pearson の相関係数 有意確率（両側） N	.184** .000 380	1 380	.137** .008 379
合計スコア・コミュニティモラール	Pearson の相関係数 有意確率（両側） N	.382** .000 379	.137** .008 379	1 379

＊＊相関係数は1%水準で有意（両側）

　台湾の学生において、日本の学生以上にボランティア活動を行ったきっかけとして、「技術・能力・経験を生かすため」や、「余暇を有意義に過ごすため」という自己目的のためにもボランティアが行われているが、「困っている人のために役に立つため」や「社会の役に立つため」という、愛他的目的のために活動を始めた比率も極めて高かったことから、台湾におけるボランティア活動の基層構造として「自利利他」の行動規範があることがわかる。そしてそれも、コミュニティにおける行動規範と強く関連していると思われる。

　農業を基盤とした伝統的社会においては、社会に向けた、社会に開かれた愛他的活動が、地域性を基盤にした相互扶助的活動であったことは容易に理解できる。しかし、台湾においては現代を生きる若者たちにおいても、詳細なデータは省略するが、「自分の利益よりも、社会の利益を第一に考えるべきである」という自己犠牲的規範や、「社会的に弱い立場の人には、皆で親切にすべきである」「不当な立場で苦しんでいる人を少しでも助けるべきだ」という弱者救済規範が、日本の学生以上に強く内在しており、その意識が、ボランティア意識スコアを高めたといえよう。

また、ボランティア意識がコミュニティモラールと密接に関連していたことから、台湾におけるボランタリズムは、地域性に依拠して形成されていると思われる。以下では、その背景をさらに探っていきたい。

4. 台湾におけるボランタリズムの基層構造

4.1 宗教団体の社会貢献活動
4.1.1 キリスト教の活動
　キリスト教が布教活動の過程で、教育や医療に携わって社会的に貢献してきたことは、歴史的にみてもよく知られているが、台湾においては最近に至っても、キリスト教はじめ新興宗教団体の社会貢献活動が顕著である。

　たとえば、台南県白河鎮のコミュニティ・ケア（福祉交流）センター建設は、キリスト教の「心霊故郷（こころのふるさと）」づくりがきっかけとなっている。「心霊故郷」づくりは、その基本的精神は人間の社会生活の基本理念となる相互の思いやりに依拠し、生まれ育った場所や現在住んでいる場所で、安心して暮らせるために社会関係の構築が不可欠であるとする、いわゆる地域社会におけるネットワークづくりである。そこでは、性や年齢、さらには民族や宗教を超えた関係の構築が追求されている。

　台湾基督教長老教会林子内教会の蕭瑞功（女性、1966年生）は、神の啓示を受け牧師になったという。彼女は、1995年より林子内教会において、地域サービス活動を開始した。1998年には、「居民一同一組社区発展協会」を設置して、「愛人如己」をモットーに、教会のもてるもの全てを地域住民に提供した。

　たとえば、教会の土地を提供して、新しい活動センター「社区生活館（コミュニティセンター）」の建設の基盤をつくり、センターでは一人暮らしや体の不自由な高齢者の参加する活動を行うとともに、活動に参加できない高齢者に対しては、家庭を訪問して支援活動を行っている。社区生活館では、一般的に行われている各種講座のほかに、この地域に居住している外国人花嫁を支援するために、郷土の料理を教えるなどして、地域への

愛着心や定着心を高める活動を行っている。また、地域の景観づくりの一環である「社区芸術空間営造」活動では、教会の塀のみならず、空間営造に賛同してくれた民家の塀も、絵画などの芸術作品で飾り立て、地域住民の地域に対する愛着心を高めている。

キリスト教の活動から始まった地域コミュニティ形成の活動は、現在では、政府の地域福祉交流センター形成の指針と呼応して、地域住民を巻き込んだ活動に発展している。

4.1.2 新興仏教「慈済会」の活動

台湾には、宗教活動のみならず社会実践活動を行う人間（じんかん）仏教の教団が相次いで設立されている[10]。その中で最大の組織が、会員数400万人といわれる「慈済会」である[11]。400万人という数は、定期的に寄付をする会員の数である。台湾の学生が「定期的に寄付」をしていた背景には、このような宗教団体への寄付もなされていると思われる。

慈済会は、1966年、台湾のマザーテレサの異名をもつ釈証厳（証厳法師）が、4人の弟子と30人の信徒とで「仏教克難慈済功徳会」として設立し発展してきた団体である。慈済会の慈善的活動に対して、1989年、李登輝総統より「慈悲救世」の字額を拝受した。1991年にはフィリピンのマグサイサイ賞を受賞し、1993年にはノーベル平和賞の候補にもあげられた。2007年に日本において庭野平和賞を受賞するなど、その活動は内外に広く知られている。

慈済会の志に基づいた志業（ボランティア事業）は、まず、生活困難者に対する慈善事業を開始し、1970年からの10年間は「慈善事業」中心であったが、その後10年ごとに活動を積み上げてきている。1980年からは「医療事業」を展開し、慈済会の本部のある花蓮で無料診察を始めたのを皮切りに、花蓮、台東、嘉義、台北、台中に慈済病院を建設していった。1990年からは医療事業に携わる人材育成として、慈済看護学校、慈済医科大学を建設した。大学はその後、慈済大学に名称を変更し、幼稚園、付属小学校、付属中学校、付属高校を併設している。

2000年からは文化事業を展開し、活動の拠点として台北市に「慈済人文志業センタービル」を建設し、月刊誌『慈済』や証厳法師の『静思語』などを印刷して出版し、ラジオ番組、大愛テレビ局に専門チャンネルをもち、道徳的行動の普及に貢献してきている。
　一般会員の行動規範として「慈済八戒」がある。その内容は、殺傷せず、窃盗せず、邪淫せず、妄語せず、飲酒せず・喫煙せず、檳榔（びんろう）を嚙まず・麻薬に触れず、賭博をせず、政治活動に加わらずといった、一般的な道徳的行動を促すもので、近年は、社会の変化に応じて、父母に孝養をつくすべしと車の安全運転という戒律が加わった。
　慈済会の活動は国内にとどまらず、世界各地に支部があり、災害時には、それらを拠点に国際援助活動を、台湾政府に先駆けて実施してきている。
　他方、地域に密着した環境保全運動として、清掃活動やリサイクル活動を行っている。地域ボランティアを巻き込む、地域に密着した環境保全活動は、活動そのものが社会への貢献活動であるという側面に加えて、高齢者など地域で孤立しがちな人々が参加しており、地域社会におけるネットワーク形成にも役立っている。

4.1.3　宗教団体の福祉コミュニティづくりへの貢献

　以上みてきたように、今日、台湾において活発にみられる宗教団体の福祉コミュニティづくりに関わる活動は、その宗教がキリスト教であれ、仏教であれ、その活動を支える行動規範には通底したものがあり、その活動は、生活の場所を拠点に、家族関係を補う近隣関係のサービスネットワークの形成となっており、いわゆる福祉コミュニティ形成となっている。
　また、台湾においては、宗教団体と地域団体との密接な連携がみられる。前述した台南県白河鎮のみならず、台北県五股郷更新社区活動センターにおいては、地域住民による高齢者への給食サービスなど、福祉コミュニティづくりの活動が積極的に行われているが、健康維持活動のために、慈済会のボランティアが定期的に巡回して健康体操の指導にあたっている。ここでも宗教団体の活動が、地域福祉コミュニティづくりと密接に関わっ

ており、台湾では、日常的な生活規範と宗教的倫理との親和性があることが指摘できよう。

統計数理研究所が実施した、東アジア価値観国際比較調査における、日本と台湾の調査結果を比較してみると[12]、台湾では、図2-2に示したように、特定の宗教ではないが信仰や信心をもっている、とこたえたものは日本の3倍を占めており、宗教的な心の大切さをもっているものが多いといえる。

図2-3には宗教団体に対する信頼度を示したが、やや信頼するものまで含めて、日本では、宗教団体を信頼しているものが12.4%であるのに対して、台湾では60%を超えている。また、図は省略しているが、宗教はいろいろあるが結局は同じであるとするものが、日本では47.1%であるのに

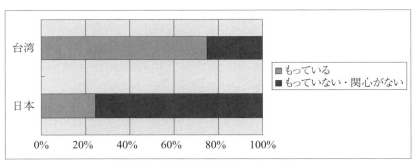

図2-2　信仰や信心をもっているか

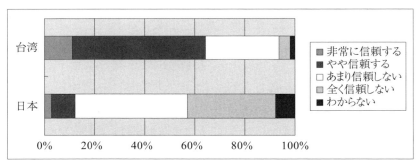

図2-3　宗教団体に対する信頼度

対して、台湾では76.1％を占めている。

　すなわち、台湾においては、宗教的なるものに対する信頼度は現在においても高く、特定の宗教団体に限らず、宗教的な心や、そこから導き出される行動規範がボランタリズムの基底にあるといえよう。それは、長い間、中国に存続してきた、親族組織である宗族が、祖先崇拝の活動を行う廟を中心に、一定の地域的範域において相互扶助の活動を行ってきたことに求められよう。

4.2　宗族に依拠した地域共同体

　そして、宗族と相互扶助の共同体とが密接に関連した地域社会が、台湾においては実際に存在している。台北県淡水鎮義山区に、「蔡家村」と呼ばれる地域（コミュニティ）がある[13]。清の時代に中国南部福建省より台湾に渡来した蔡一族が居住している。この淡水の地に移り住んでから6代を数え、現在11代目にあたる蔡瀛氏が、総幹事としてこのコミュニティの活動を支える中核的な担い手となっている。蔡氏によると、6年前より、蔡一族の地という意味合いで、「蔡家村」と称するようにしたとのことである。

　「蔡家村」には、健康の神様である「保生宮」の廟と集会所（コミュニティセンター）を取り囲むように、2010年11月の聴き取り調査時点で、およそ30戸、200人ほどが住んでいる。周囲には一族共有の田畑が広がっており、みたところかつての日本の「村」によく似ている。「保生宮」では、祖先崇拝のための行事を始め、正月行事を手始めに、1年間を通じて様々な年中行事が行われ、200人の現住民のみならず、他出していった村民も参加するという。

　田畑や山の共有財産があり、地域コミュニティ形成のための政府の補助金を獲得して建設された集会所には、学習室、厨房、食堂があり、「共耕・共膳・共学」を理念に、住民の主体的な参加活動が展開されている。畑を耕すことのできるもの総出で共有地を耕し、ボランティアが厨房で調理し、昼食会でともに食事をする。体が不自由で、集会所に来られない高

齢者には、食事を家まで配達する。食材として用いられる野菜のほとんどが、住民によって耕された共有地で栽培されたものである。今日台湾においても、高齢化が進展し、地域福祉コミュニティの形成が政策として喫緊の課題となっており、蔡家村の取り組みは、一つのモデルとして注目されている。

この蔡一族は、共通の祖先をもち、「蔡家村」におけるメンバーが相互扶助の活動を現実的に行っていることから、台湾における、あるいは中華社会におけるボランタリズムの根源をみることができる。そして、地域共同体がボランタリズムを育み、維持存続させていることをも確認できる。

4.3　地域相互主義の基層構造とその担い手

ところで中国における公的な救済事業制度には、(1) 隣保制度、(2) 備荒制度、(3) 救貧制度の3つがあった。たとえば、鰥寡孤独の窮民や癩病者を収容する「養済院」、遺児、棄児を収容し保育する「育嬰堂」、行旅病者を収容する「善養所」、旱魃や飢饉、自然災害に際して食料を確保しておく「義倉」、無賃で渡船させる「義渡」、死没者のための共同墓地「義塚」などがあり、それらは儒教における行為規範に基づいたもので、中国において連綿と持続されてきたというのが、大方の考え方である。

他方、地域における相互扶助のための善会、善堂もあり、それらの運営には、社会的・文化的評価の高い紳士、郷紳と呼ばれる地域の有力者が中心的役割を担っており、彼らは、地域における相互扶助的な活動に対して貢献するとともに、住民に善い行いをするように教化する活動も行ってきた。

郷紳には、政府の官僚として登用された後に、リタイアして出身地域にもどり地域リーダーとなったものもあり、歴史的にみて、郷紳といわれる存在の、公共領域の活動における役割を解明することも必要であろう。儒教の行動倫理を熟知している彼らが、善書を講義し、講読する役割を担ったことも十分に推測できるからである[14)]。

また、郷紳や紳士富商による寄付文化も、古く漢族社会に発展してきた

ものといわれている。台湾においても、このような基層構造のもとに、民間慈善家が育成され、民間人による自治や社会的共同性を基盤とした福祉文化的基盤が形成されていったことは十分に理解できる。前出した蔡家村のリーダーは、ある意味では、現代版の郷紳といえるかもしれない。

5. 東アジアにおける公共性

伝統的な中華社会におけるボランタリズムをささえる社会的基盤は、親族、宗族に依拠した地域共同体である。祖先を共通にする「宗族」が、共有財産や共有の廟をもち、物的共有物に基礎をおく、祖先崇拝のための行事や、さまざまな共同体的行事への参加が、いわゆる公共性精神を養うこととなる。ここに公共領域の福祉文化が育まれていったと思われる。

以上のように、東アジア社会に特徴的な公共性には、ボランティア的行動へと人々を駆り立てる行動規範が存在していることが明らかとなった。それは、伝統的な地域共同性に依拠しているともいえるが、台湾においては、新興宗教団体の活動は、宗教的倫理というよりは日常生活における行動倫理を説くことによって、現代人にも同感できる活動となり、政府に代わる福祉活動となっている。

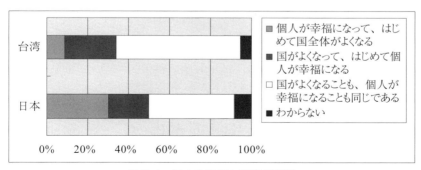

図2-4　個人の幸福と国家の関係

東アジア価値観国際比較調査の中の、個人と国家との関わりについて、図2-4に示したように、台湾では「国がよくなって、はじめて個人が幸福になる」と考えるものが25%、「国がよくなることも、個人が幸福になることも同じである」と考えるものが60%を超えており、国家（おおやけ）に対する信頼度が高い。

　それに対してわが国では、「国がよくなることも、個人が幸福になることも同じである」とするものが最も多いが、「個人が幸福になって、はじめて国全体がよくなる」とするものもほぼそれと同じ30%を占めており、台湾に比べれば、国家（おおやけ）よりも個人の生活を重視する傾向がみられる。台湾では、宗教的な心が、他者を思いやる心の基底にみられたとともに、他者は国にまで拡大されているといえよう。

　わが国における個人の幸福を追求する行動は、はたして他者を思いやるボランティア活動に通じているのであろうか。わが国に高揚してきているボランティア活動の動機づけに、どのような価値規範が存在しているのであろうか。「精神」や「心情」から発露した行動であることがみいだせれば、ボランティア団体にも「新しい公共」の担い手として期待が寄せられるであろう。

注
1) 調査研究のうち、台湾における研究成果については、三浦典子編著、2010、『台湾の都市高齢化と社会意識』渓水社、を参照のこと。
2) 石門心学の源流といわれる『都鄙問答』における引用書は、漢籍、経書、諸子、史書、仏典、和書に及び、心学の基本理念が記されている。
3) 詳細については、内藤莞爾、1941、「宗教と経済倫理――浄土真宗と近江商人――」日本社会学会『年報　社会学』第8輯、243-286頁、を参照のこと。
4) 渋沢栄一は、幼少期に学んだ『論語』を物差しに、倫理と利益の両立を掲げ、商売は自己本位の儲け主義に走るのではなく、多くの人々に利益をもたらすものでなくてはならないと公益性を追求した。多くの企業の設立に関わるとともに、晩年は社会公共事業にも関与し、東京市から要請されて院長をつとめた「東京養育院」は、江戸後期の松平定信の「七分積金」制度に端を発しており、本論で述べる東アジア的公共性の日本における原点ともいえる。
5) 本研究の研究代表者は小谷典子（三浦典子）、研究分担者は林寛子で、台湾における

調査研究に際しては、林顕宗（元政治大学）、荘秀美（東呉大学）、王美玲（淡江大学）、范蓓怡（真理大学）、王珮瑜（長栄大学）の先生方の協力を得た。アンケート調査は、日本の大学生に対しては 2011 年 7 月、台湾の大学生に対しては 2011 年 9 月に、いずれも集合調査の方法で実施し、日本の学生 238 人、台湾の学生 380 人から有効票を得た。

6) 大学生のボランティア団体に関する聴き取り調査は、2011 年 9 月に淡江大学において実施した。「淡江大学種子課輔社」は、子供たちの学習支援のために設立されたものであった。

7) 箱井英寿・高木修、1987、「援助規範意識の性別、年代、および、世代間の比較」『社会心理学研究』第 3 巻第 1 号、39-47 頁。

8) コミュニティモラールを測定するために用意した質問項目は、1. リーダーは良くやっている、2. 地区の悪口は自分の悪口、3. 町の役に立ちたい、4. 市会議員を出すことは大切、5. 行事に参加する、6. 地域にずっと住みたい、7. 住民は助け合い、世話し合っている、8. 住民は団結心が強い、の 8 項目である。

9) アノミー意識を測定するために用意した質問項目は、1. ハメを外すのが人間らしさ、2. 何が善か悪かわからなくなっている、3. みんな一人ぼっちと思う、4. 必要なものはわずか、5. 人間の価値や幸せはお金で決まる、6. あくせく生きる意味がわからない、7. 結局は成功したものの勝ち、8. 都会のしくみは複雑で理解できない、の 8 項目である。

10) 慈済会以外の主な人間仏教には、1967 年、星雲大師が設立した「仏光山」、1985 年、聖厳法師（立正大学より博士学位、2009 年 2 月 3 日没）が設立した「法鼓山」、1980 年代の惟覚和尚設立の「中台禅寺」、1987 年設立の日常法師による「福地」、1983 年設立の心道法師による「霊鷲山」がある。台湾における宗教団体の社会貢献活動に関しては、三浦典子、2010、「高齢化社会台湾における宗教団体の活動」三浦典子編、『台湾の都市高齢化と社会意識』渓水社、95-109 頁、を参照のこと。

11) 慈済会を詳細に紹介したものとして、金子昭、2005、『驚異の仏教ボランティア──台湾の社会参画仏教「慈済会」──』白馬社がある。また、金子昭、2002、「台湾・財団法人仏教慈済基金会による『志業』の展開──平成 14 年度天理大学在外研究の報告──」『天理大学おやさと研究所報』（天理大学おやさと研究所）9 号、65-91 頁、金子昭、2004、「宗教社会福祉的観点から見た台湾・仏教慈済基金会」『天理大学おやさと研究所報』11 号、33-43 頁、を参照のこと。

12) 平成 14 年度〜17 年度科学研究費補助金基盤研究（A）（2）「東アジア価値観国際比較調査」（課題番号 14252013）、研究代表者吉野諒三の、統計数理研究所主体で行われた調査で、日本・北京・上海・香港・台湾・韓国・シンガポールにおいて実施された。

13) 蔡家村については、三浦典子、2011、「台湾におけるボランタリズムの基層構造に関する一考察──愛愛寮（院）を手がかりに──」『やまぐち地域社会研究』8 号、9-11 頁、および、「淡水蔡家村──老大人的桃花源──」『台湾光華雑誌』第 34 巻第 12 号、2009 年 12 月、84-93 頁、を参照のこと。蔡家村を調査訪問したことは、蔡家

村のホームページ（http://sixstar.cca.gov.tw/blog/tsaiyin/myBlogArticleAction.do?method=do ListArticleByPk&article Id=18817）2011年12月1日、に紹介された。

14）たとえば、中国明時代の官僚として大成した呂坤（りょこん）は、故あって在野に下り、儒学を講じ、多くの子弟を育てた。その代表作『呻吟語』は、自ら修養し、自分自身を誡めるために書かれたものではあるが、当時の郷村社会の倫理意識を高め、風俗を矯正し、官民の融和を確保することを念頭に置いた処世哲学書でもある。呂坤、荒木見悟訳、1991、『呻吟語』講談社学術文庫、353頁。『呻吟語』に述べられている詳細な内容の検討については、稿を改めたい。

＊三浦典子、2012、「東アジアにおけるボランタリズムと公共性」『社会分析』39、61-79頁

第 3 章　東アジアにおけるボランタリズムの形成と発展

　　　　　　　　　　　　　　　　　　　　　　　三浦　典子

1. 問題の所在

　ボランタリズムとは、他者に向けられた福祉的活動の源である自発的な意志で、ボランティア活動の動機づけとなると考える。その自発性が、宗教的な倫理からもたらされるのか、共同的な社会生活によって学び取られるものなのか、あるいは、時代によって社会環境の変化とともにその特徴が変化していくのか、ボランタリズムの現状や可能性をめぐっては、さまざまな議論が可能である。

　少なくとも、山上の垂訓にみられる「あなたの隣人をあなた自身のように愛せよ」というキリスト教における隣人愛は、一つの典型的なボランタリズムの源であることを疑うものはなかろう。マックス・ヴェーバーの『プロテスタンティズムの倫理と資本主義の精神』にみるように、プロテスタントのキリスト教徒によって建国されたアメリカにおいて、アンドリュー・カーネギーやジョン・ロックフェラーが、自発的な経済活動を通してアメリカの夢を達成するとともに、晩年、経済活動を退き、慈善活動や社会事業活動に専念した[1]ことは、キリスト教の宗教的倫理に依拠したボランタリズムが経済的な営利活動に向かう動機づけであるとともに、利他的な社会貢献活動とも関連していることは、ここでは特に注目するところである。

　近代化は、個人の自発性を高揚させ、経済活動はもとより多様な自発的な活動を行うためのボランタリーアソシエーションを結成していくようになることは、大方の合意が得られるところであるが、筆者が日本と台湾の

ボランタリズムとボランティア活動団体の比較研究を行ってきた知見によると、日本より遅れて近代化が進んできている台湾において、むしろ多様な形のボランティア活動が活発で、それらの活動を支援する人びとのボランティア意識が高いことが明らかとなった。

　たとえば、一族が廟や共有財産をもち集住している台北県（調査時）「蔡家村」は、政策的に求められている地域福祉コミュニティのモデルとして位置づけられるが、内実は伝統的な宗族の相互扶助活動が基盤となっているように思われる。

　また、台北市の貧困者のための寮（愛愛寮）として出発し、現在は高齢者施設となっている「愛愛院」は、民間人の施乾の提案によって創設され、その活動を支援してきた寄付者の名前を記した銘板が施設に掲げられていることをはじめ、今日においても、社団法人としてボランティア活動を行っている団体が、寄付者の詳細な名簿を印刷公開している事実は、台湾では、日本にはみられない寄付文化が人々の間に定着していることを物語っているように思う[2]。

　日本や台湾において、キリスト教の伝道活動と平行して慈善活動が行われてきた歴史があり、キリスト教のボランタリズムの東アジア社会における影響を見逃すわけにはいかないが、2011年3月11日の東日本大震災後に、台湾から寄せられた多額の寄付金や、台湾の仏教団体による慈善活動という事実[3]は、キリスト教以外にも、慈善活動へと人びとを駆り立てる、儒教や道教、仏教といった東アジア社会の宗教に基づくボランタリズムが存在していることを示唆している。

　本章は、台湾と日本におけるボランティア活動の基層をなす、東アジア社会に固有の社会文化構造に依拠したボランタリズムが存在してきたことを、主に社会事業の歴史に関わる文献資料を用いて明らかにすることを目的としている。

2. 日本における慈善救済活動

2.1 日本における慈善救済活動の歴史

　日本における慈善救済活動の歴史的史料として最も評価が高いものは、辻善之助編『慈善救済史料』（昭和7年、金港堂）である。本書には、欽明天皇、推古天皇、持統天皇以降明治維新以前までの、慈善救済の歴史的事例が、歴史資料に基づいて収録されている。

　古くは、「欽明天皇28年、諸国大水飢饉、穀ヲ出シテ之ヲ救フ」（『日本書紀』）という事例や、「推古天皇元年、聖徳太子、四箇院ヲ建立シ、鰥寡孤独貧窮及ビ病者ヲ救済シ給フ」（『聖徳太子伝暦』）という事例が記されている[4]。「四箇院」とは、悲田院、敬田院、施薬院、療病院で、そのうち「悲田院」は、貧窮者や孤児の救済施設である。

　また、「建永元年6月4日、是ヨリ先、東大寺僧重源、諸国ニ湯屋ヲ設ケ、道路ヲ修シ、橋梁ヲ架シ、庶民ヲ益スルコト多シ、是日寂ス」（『南無阿弥陀仏作善集』）の事例[5]は、仏教と慈善活動との関連を示すもので、『史料』には、為政者の救済活動のみならず、民間人の活動に関する記録も収録されている。

　さらに同書には、飢饉時の食料確保のための義倉の記述も多くみられる。例えば、『続日本紀』に、「元正天皇、養老3年9月22日、国旱魃、飢荒ニヨリ、義倉ヲ開キテ賑恤ス」とあるのをはじめ[6]、義倉が各地に設置されたことも記されている。さらに、民の協力によって備えられる「社倉」に関しても、「仁孝天皇、文政2年閏4月、越前福井ノ書肆津屋清右衛門等、備荒ノ為メニ社倉ヲ設ケントシ、同志ヲ募ル、是月、勧諭ノ冊子ヲ頒ツ」とある[7]。

　この『史料』に収録された歴史的事実から、わが国へは仏教の伝来とともに、中国の慈善救済制度や天災や飢饉に備える備荒制度も伝来し、中国の慈善救済制度がわが国の社会事業に大きな影響を及ぼしてきたことが明らかである。

2.2　江戸時代の宗教と経営理念

　ところで、ヴェーバーの『プロテスタンティズムの倫理と資本主義の精神』に触発された、内藤莞爾の「宗教と経済倫理——浄土真宗と近江商人——」は、江戸時代から商業活動を展開してきた近江商人のふるさとには、浄土真宗の寺院が多いことを手がかりに、宗教と経済倫理との親和関係を追究したものである[8]。

　近江商人の代表的な経営理念である「三方よし」は、買い手よし、売り手よしに、世間によしを加えた理念で、特に、世間によしは、近江に居を構えながら、全国各地に商いを展開していくうえで、他地域に受け入れてもらうための智恵から出てきた経営理念であるといえるが、近江商人の、堅実、勤勉、質素倹約、信用第一という生活信条は、ピューリタニズムの生活信条に共通するところがある点は興味深い。また、世間によしの具体的な実践として、日野商人の中井正治が、文化12（1815）年に、江戸と京都を結ぶ東海道の重要な橋である「瀬田の唐橋」の架け替えに私財を投じたことは、よく知られた例である。

　日本における近代的な経済的発展の倫理を、すべて浄土真宗の宗教的倫理に帰することはできないにしても、近江商人の自利利他の精神は、仏教の慈悲的理念に通ずるものといえよう。現在でも、社会貢献活動を実践していこうとする経営者たちの間に、三方よしを学ぶ姿勢がみられ[9]、近江商人の経営理念は、日本における実業家の自利利他の精神のひとつの原点となっているといえよう。

　さらに、江戸時代の商人の間に浸透した石田梅岩の「石門心学」は、江戸時代における商人の身分的地位向上という潜在意識はあったが、その経営理念は、先も立ち我も立つというもので、正直と倹約の上、利のみに走らず社会に奉仕しようとするものである。そして心学の源流といわれる『都鄙問答』には、漢籍が38種、仏典が31種、和書が9種引用されており[10]、東アジアの宗教的倫理がミックスされて、独自の心学という学問が形成されている。後述する渋沢栄一の父親渋沢市郎右衛門は、心学の強い影響を受けていたといわれている[11]。そして幼少の頃から、栄一に儒

学を学ばせたという。

2.3 渋沢栄一と養育院

　明治期にはいり、日本最初の銀行となる第一国立銀行を設立し、日本を代表する近代的実業家渋沢栄一の基本的思想「道徳経済合一説」は、幼少期に学んだ『論語』を拠り所に、道徳と経済は、互いに対立矛盾する概念ではなく、分離することはできない必須条件であるとして、商工業者の企業活動を正当化できるような思想と観念を確立しようとしたものである。正当な手段を以て得た利は合理的な利で、利益には公益と私利があり、私利私欲の観念を超越して、国家社会に尽くす誠意を以て得た利益が公益であるとした[12]。

　また渋沢は、「合本主義」の必要性を説き、株式会社の普及に中心的役割を果した。『渋沢栄一事業別年鑑』によると、渋沢は350の会社の設立に関与し[13]、設立した会社を、次々と後進に受け渡し、経営に際しては、単なる利益の追求のみならず、「論語」を基礎として、会社経営にあたるように指導したという。70歳で実業界から完全に引退し、社会事業に専念した。その代表的なものが、東京市（当時）から要請された養育院の仕事である。

　養育院が設立された背景には、中国宋の時代の朱熹の朱子社倉法という備荒制度に由来する、「七分積金制度」が大きく関与している。「七分積金制度」は、寛政3（1791）年、江戸幕府の老中に任ぜられた松平定信がとりいれた積立金制度で、江戸の地主が負担する町入用（町費）を倹約し、その倹約分の7割を江戸の救済事業機関である町会所に積み立て、救貧基金として利殖運用しようとしたものである。この基金が明治になって、養育院建設の基金となっている。

　川崎房五郎によると、「町会所は七分積金を取扱い、それによって備荒のための事務や市民の救済事業を行う事務所といえる。この町会所の設立によって江戸の市民が不時の災害から救われた数はおびただしいものであって、又一般貧困者も会所支給の米金によって大きな恩恵を蒙ったこと

はいう迄もない。江戸における社会救済事業の機関である町会所の事業が維新後の変動のため、どのように活用されるに至ったか、この金をとり扱う役所が営繕会議所より東京会議所となり、旧来の町会所の事業から一転して、営繕事業から教育事業にまであらゆる面にこの積金が利用されるように発展していった」という[14]。

養育院とともに、日雇会社、工作場の設立は、当時、政府や東京府が最も悩んだ貧困の浮浪者対策のための救済施設で、これらの会議所によって着手された事業が、会議所廃止後東京府に引継がれた。またこの資金によって、道路、橋梁、水道の補修等の府の事業も行われた。渋沢は、東京会議所の設立に関与したことから、資金の管理にも適任であると、東京府から養育院の運営を依頼されたようである。そして昭和6年に亡くなるまで、東京養育院に関わり続けた。

以上みてきたように、わが国において、儒教や仏教といった東アジア的宗教の倫理に依拠したボランタリズムが存在し、経済活動の活性化に積極的に寄与するとともに、他者に向けた利他の精神の源となってきたことがわかる。また、わが国における救済制度や備荒制度は、中国からの影響が極めて大きいことは明らかである。

3. 中国における善挙（福祉活動）

3.1 国家的制度としての社会事業

そこでまず、中国における社会事業の基層構造がどのようなものであったかを考察していきたい。中国における社会事業の理念は、いずれも『礼記』や『周礼』に溯るといわれている。その制度は、古代周の時代に整備されたものであるが、それぞれの時代に改訂されてきている。しかしその根幹となる理念は、持続されてきているといわれている。

その社会事業は、大きく分けると2つのものがあり、ひとつは日常的に存在する弱者の救済に関する事業で、もうひとつは自然災害等による緊急時への対応や備えに関する事業である。

ひとつめの弱者救済のための「鰥（かん）寡孤独政策」は、王制では「若くして父のいないものを孤といい、老いて子のないものを独といい、老いて妻のないものを矜（鰥に同じ）といい、老いて夫のないものを寡という。この四者は天が生んだ民のなかで、困窮していながらどこにも苦しみを訴えるところのないものである。彼らには皆いつでも食料があたえられる」と考えられている。そして真の王者が統治する理想的な社会とは、すべてのものが公的に救済されるべきとする理念がある社会である。
　また、救荒政策は、飢饉や災害に対する備えのためのもので、「常平倉」「預備倉」と呼ばれる施設があり、為政者による義倉と、地域における相互扶助活動による社倉とがある。
　為政者は、どちらかといえば、その統治能力が問われることになる緊急時の救荒政策に、より熱心であったが、日常的な乞丐（貧困者）救済事業は、緊急を要する問題ではないが、民の父母としての慈愛を示すという理念に関わる、為政者にとっては重要な問題であった。
　そのための公的な救済施設である「養済院」は、宋の時代に初めて設置され、元の時代に各地に設けられるようになり、明の太祖が帝位に就く際に（1368年）、各郡県に設置したとされている[15]。さらに清の時代においても、明の制度が踏襲されてきた。
　明時代の官僚呂坤[16]は、養済院政策に関して、きめ細かい救済のあり方を提案してきた。『実政録』や『去偽斎文集』には、貧窮者は、まず、寺廟に収容し、自活できるように仕事を教え、それが不可能な60歳以上や、12歳以下のものを、「養済院」に収容し、冬生院という10月から3月1日までの冬場のみの施設も提案している。
　ところで、貧困者の救済は、明代の郷村統治の根幹である里甲制度と関連しており、原籍収容主義、すなわち居住地において貧困者は救済されるべきものであるとされ、理念的には、どのような辺境の地においても、中国文化が影響をもち、中国式の政治制度の敷かれたところには、どこにでも養済院は置かれるべきと考えられていた。
　養済院は基本的には、国家が設置し経営するものであったが、実際には、

その経営を充実させるためには、それぞれの地域の民間人に私財を投じて援助することが勧奨されており、官民相互に関与してきたといえる。

3.2　自発的な結社による救済

　他方、「同善会」といわれる、公的な国家的な政策とは異なる民間による自発的な結社がある。同善会の同善は、『孟子』の善与人同、すなわち「善きことは人と同（とも）にす」に基づくもので[17]、「善挙」は相互扶助的な福祉的活動である。また「善会」は、集団として善きことを行う結社のことである。さらに善挙を行う建物が「善堂」とよばれている。

　同善会では、貧者救済の政策の基礎となっている「生生の思想」による、万物一体観や均平思想に基づいて、住民の教育（教化事業）や、実際の貧民救済事業を行っていた。

　生生とは、天地は父母であり、すべての民はわが同朋、すべての物はわが朋友である。すべての物は同一体から生まれ出たもので、人民の命ほど大切なものはないという考え方で、民を救う根本思想である。

　同善会では、定期的に会講が行われ、その世話役は、「主会」とよばれ、素行がよく、正しい運営能力があるものが会員から推薦され、交代制であった。高官を退職した者や郷紳、挙人、監生、生員、素封家といわれる社会的地位の高いものが推薦され、なかには、科挙の試験になかなかパスできない「文士」も、知識を保有していることから、同善会の世話役である生員となることができた。

　アメリカのシカゴに1905年に創設された国際的奉仕集団ロータリークラブは、まず富者による親睦から始まり、それが慈善的な活動へ発展していったが、ロータリークラブと同じように、中国における同善会運動も、まず富者による親睦から始まり、慈善活動へ発展している。しかも、時代ははるかにさかのぼり、1614年に始まったという記録がある[18]。

　同善会は、名士の親睦と善挙を兼ねる団体であったが、民衆を教化する活動も行っていた。同善会の一期の様子は、概略、以下の通りである。

　午前10時に、挨拶ののち着席し、お茶を飲み、鼓鐘が鳴り、「司講」と

呼ばれる講師が講義する。会費は、会齋という能力に応じた寄付がもち寄られ、それを集計し、3分の2が貧民救済に、3分の1は棺の施与にあてられる。最終的に、寄付者と寄付によって救済した家族との記録を、出版して報告し、一期3か月の活動は終了する[19]。

同善会は善をなす善会のひとつであるが、同善会が組織された同じ時期に、遺児に対する「育嬰堂」、生き物に対する「放生会」、遺骨収集や埋葬に関わる「掩骼会」、寡婦に対する「恤嫠会」、土着者のみならず流入者も収容する「普済堂」など、多様な善会が組織されている。

善会は、「人びととともに善をなす」という自発的な目的のために結成されたアソシエーションで、その経済能力によって寄付が集められて運営されることから、善会、善堂は、人や富の集積した都市部に出現している。都市には、地方の郷村に居住してきた地主が移住し、同業ギルドの発展もみられ、地主や商工業者によって、これらの善会は支えられてきた[20]。

3.3 中国における公空間の広がり

中国における生活の扶助は、基本的にはまず、生計は田土を保有する家族によって担われるものであるが、家族に不幸があって、田土を耕すことができない場合は、親族がその耕作を助ける。さらに、先祖を同じくする親族集団「宗族」は、家族をとりまく相互扶助の集団で、宗族は共同の義荘（共有財産）をもつ。宗族の共有地義荘が、善挙の活動において多大な貢献をしてきたことは周知のことである。

義荘の上位に、特別に関連する地区に住む人々の間には社倉が用意されており、それらの地区を包含する「県」に同善荘（同善会館）がおかれている。同善会は、明清の時代に整備確立されていったが、主に、県レベルの地域空間に創設された。

このように民間レベルの相互扶助は、家族を中心として、それをとりまく何層にも重なる構造によって担われており、人びとの生活を保護する公空間が形成されていたといえる。

清末にキリスト教布教のために中国にやってきた宣教師たちが、キリス

ト教とは異なる文化をもつ社会において、キリスト教社会と同じような「隣人を救おうとしている事実」に驚いたのは、このような歴史的な相互扶助の蓄積による、中国社会固有の福祉文化があったからである[21]。

すなわち、東アジア社会において、かなり早い時期から、自発的に他者のために行動する善挙や、そのための組織が、東アジアの宗教的理念に基礎づけられて存在してきたといえる。また、国家による制度的な救済事業と、民間における自発的な相互扶助的組織が相互に浸透しながら、地域ごとに公空間を形成してきたことは特に重要な点である。

3.4 善挙を支える地域リーダー

善会にみる地域社会における相互扶助制度の担い手には、地域社会における知識人や知恵者があたった。具体的には、官吏を退職後故郷に帰郷したもの(郷紳、紳士)や、科挙の試験合格という目的を達成できなかったにしても、試験のための学問を積んでいることが認められたものが、地域リーダーとして推薦されている。

たとえば、倉橋圭子が19世紀江南の江蘇省常州地区の善挙の担い手について、「地方志」や「族譜」を用いた考察によれば、宋代以降の宗族は、科挙官僚を輩出することが目的で形成され、その一族の記録である「族譜」には、主に、一族の科挙合格者が任官中にどのような功績をあげたかが編纂されている。その中に、わずかではあるが、貧窮者の救済や災害救済につながる水利事業などの地域貢献を行ったことも記載されている。倉橋が研究対象とした江蘇省常州地区は、特に高位及第者を輩出した地域として著名である[22]。

明代半ばから清末までの記録において、毎世代、進士や挙人を輩出し、任官者を出している「高」氏の高文廣は、常州城西門に設けられた粥廠の董事(理事・監督)を担っている。彼は、若い頃読書をした後、家計の逼迫によって商売を行うようになり、家計に余裕が出来たことから、自ら西廠を管理し、叔父や従弟と共に、数千金を寄付して公用に充て、常に朝暗いうちから局に赴いて奔走し[23]、失学子弟のために義塾や義塚の設立に

も寄付をしているという。

　同じく、「惲」氏一族の惲朝杦と惲朝樞は、知県（県知事）に推挙され、郷村地域の災害救済活動としての「郷賑」の董事を担っている。惲朝杦は幼少の頃には科挙を目指して学問に励んでいたが、合格レベルに到達しないことを知って挙業を捨て、農務を以て自立し、郷里の橋の修復も提唱している。

　郷村地域の災害救済活動の郷賑（賑済）は、募金の集散や施粥には、地域の老成したものに董事を担わせ、彼らは、集めた募金を支給したり、施薬、施棺、被災民の郷里への送還などのための義捐金を集めている。

　この地域には、任官者のいない一族においても、受験勉強に励んでいたが、中年になって挙業をあきらめ、商いに成功したものが、賑済において担い手として推挙された例が多くみられるという。多くは、科挙に失敗して郷里に住まざるをえない、読書人としては不遇の境遇を、善挙という地方の公益事業のなかに、自らの存在理由をみいだそうとした意志が、多額の義捐金や善挙活動に向かわせたとみなされている[24]。

　ところで、水害が続いたり、行財政が不足するにしたがって、政府からの事業への給付はとだえがちとなり、賑済事業には民間の義捐金に期待が寄せられるようになる。嘉慶年間（1796～1820）にはいり、富裕層に対する期待が大きくなり、富裕層は自発的に義倉や善堂を建設したり、経済的負担の大きくなる責任者の董事は、輪番制をとるようになる。

　その後、浚渫や水路整備などの都市運営事業も善堂が担うようになり、同治（1862～1874）～光緒（1875～1908）年間には、董事は行政末端業務を受けもつようになるなど、地域リーダーの性格は変化し、社会事業は官民の協力によって行われるが、民間人による善挙は存在しつづけたという[25]。

　中国社会においては、為政者をはじめ、地方における社会事業を実践するリーダーも、科挙の試験に不可欠の儒学の知識を身につけていることが条件となっていることは、特に興味深いところである。

3.5 道教と通俗的な道徳

　さらに、中国の一般国民の道徳として、儒教とともに大きな勢力をもってきたのが道教である。道教は、古来から伝承されてきた多神教や自然の法則に左右されて行動すべきという大道主義に基づいた功利的な原生的宗教であり、一般人の日常的な行為を律している。

　道教の慈善的行為や社会事業に関する基本的な理念は、儒教や仏教の理念と同様であるとされているが、道教は、行為の善悪を天地の神が評定し、神が寿命を加減するというように世俗化され、自己の善悪を反省する行為に効果をあげてきた。たとえば年末の施米は、1年中の最悪を焼却し幸福なる新年を迎えるために、寺廟への施米や寄付は、善を積めば悪を差し引いてゼロになるという、帳消思想や利己的打算主義の表れである。一般人の間には、儒教、仏教、道教の3者が鼎立平行して、ひとつの思潮となり、それが通俗的な道徳となって、普及していったといわれる[26)]。

　この通俗的な道徳、すなわち人々に善い行いをすることを勧めるための手段が、書籍としての「善書」であって、善書を自費で印刷し、無料で頒布することも慈善行為と考えられ、善書とともに通俗的道徳は浸透していったと考えられる。善書は、社会生活全般にわたる行為の準則を教示するものであったが、社会事業を浸透させる上でも多大な貢献をしたことは明らかである。

　富者が窮民に対して施米する行為や、公共事業に義捐金を拠出する行為をはじめ、多様な社会事業制度が普及した背景には、善書を通じた一般人の教化が効果をもたらしたことがある。民衆を公的施設に集めて善書の講義がなされたり、あるいは善堂と呼ばれる民間の施設も設置されたが、そのような施設は、善書の理想を宣講するための施設であるとともに、各種の社会事業や慈善行為を実現するために設けられた機関でもあった。

　善書は、清の時代には、統治者皇帝の信条（聖諭）を読誦（どくじゅ）し講釈するために、特殊な語り物文芸となっていったという。すなわち皇帝の教条をわかりやすく講釈することによって、民衆の道徳観念や法律観念を養おうとしたもので、清代末になると、聖諭の宣講は、民衆の愛好す

る説唱文芸の形式をとるようになり、湖北省漢川市では「漢川善書」と呼ばれ、現在まで継承されているという[27]。

4. 台湾における社会事業とボランティア活動

4.1 台湾における困窮者救済事業

次に、台湾における救済事業についてみていきたい。中国から台湾への人びとの移住は、明代 1550 年頃からで、中国南部の騒乱の難を逃れるように台湾に移住するものが増え、1624 年、オランダが台湾を占領した年には、戸数 2 万 5 千～ 3 万戸、10 万人の移住者がいたとされている。鄭成功がオランダ人を排除して以降、中国南部からの移民を奨励し、清の時代に台湾は、福建省に属することになって、渡来者は数を増していった[28]。

したがって、台湾における社会事業は、中国の社会事業の制度が基礎となっているといえる。台湾総督府成徳学院院長であった杵淵義房によると、中国におけるそれぞれの時代の法制度を理解するためには、『周礼』『礼記』にさかのぼる必要があるので、台湾の社会事業の基層構造は、中国の思想や文化を土台にして理解する必要があるとされている[29]。

杵淵は、『台湾社会事業総覧――台湾社会事業史――』において、日本統治時代以前の社会事業に関しては、まず中国のそれぞれの事業を踏まえて台湾の事業について述べている。それらの事業は、救護事業（窮民救助事業、羈窮救護事業、助葬事業、救荒事業、水難救護事業、救療事業、軍事救護事業、行旅保護事業）、児童保護事業、矯風事業、隣保制度に及んでいる。

台湾においては、清の領有になった翌年（1684 年）に、窮民救助のための公的施設「養済院」が、台南県（台南市）、鳳山県（鳳山街）、諸羅県（嘉義市）の 3 か所に創設され、その後、行政区画が拡張されるとともに増設され、彰化県（彰化市）、台北府（台北市）、新竹県（新竹市）、澎湖県（馬公街）の 7 か所となった。これらの施設は官費と士紳の義捐金により創設され、創設時の余剰金が基本財産とされ、その収益で施設は運営さ

れたようである[30]。

　たとえば、台南には2の養済院が設置され、ひとつは諸羅堂といい、乞丐を収容するため、台湾県の知県（県知事）沈朝聘らによって提唱されたものであり、もうひとつは台湾寮（乞食寮）といい、中国から移住したホームレスが集住するようになった場所の鳳山所に、官金によって家屋が建てられ、その家屋に住む代表者が施設の運営にあたった。

　鳳山の養済院は、鳳山県の知県の楊芳遠らの提唱により建てられ、一時中断されていたものを、王勇という人物が再興している。彰化の養済院も、知県の秦士望が精神病や癩病にかかった人を収容する目的で提唱し、官費を用いて建てられたものである。

　それらに対して、台北の養済院は、台北府の知府陳星聚の提唱で、官費と士紳富商の義捐金によって創設されたものである。その事務は、形式的には官が執り行う形にはなっているが、実際上は職員を置かず、救養者から適当なものを一人選んで、任務にあたらせていた。この施設は、日本統治下には、経費の支出が途絶え一時中断し、救養者が路上に出て、篤志者に食を乞う状況となっていた。明治31年、児玉源太郎が台湾総督として着任後、自ら院の再興を主唱して率先して義捐するとともに、檄を発して広く義捐募集に着手して、県立仁済院として再興した。

　そして、これを模範として、新竹慈恵院、台中慈恵院、嘉義慈恵院、台南慈恵院、高雄慈恵院、澎湖普済院が設立され、困窮救済事業の中核機関となった。

　なお、日本統治以前には、台湾には公的な救済施設が少なかったのは、民間の私的な乞食寮が早くから発達しており、各地に設置されていたからである[31]。

4.2　宗族による弁事公業

　さらに、民間の相互扶助の事業は、親族集団宗族における公業にみられる。公業は、主として祖宗の祭祀に費用として使うため、公共事業への寄付金や一族の交際費を支出するため、子孫や一族の研究を奨励するために

設定された財団である。多くは遺留財産区分の際に、その一部を拠出して設定されたものである。公業は通称で、中国の法規には、祭田、祀産、祀業と記されているものである。

公業には、弁事公業、祭祀公業、育才公業があり、弁事公業は、一族の交際費や公共事業などに寄付金を支出する目的で設定されたもので、富者の一族に多く設定されている。社会事業に関わりをもつ公業は、この弁事公業で、台湾には古くから多数の弁事公業が設定されており、さまざまな窮民救済に貢献してきている。

祭祀公業は、祖宗の祭祀を持続する目的で設定されたものであるが、窮民の救済も行うものもある。これらの公業は盛んで、台湾では、このような富者による慈善行為が慣習化されていたとのことである[32]。台湾に広くみられた寄付文化は、このような慣習が、現在まで根強く残っているからであろう。

中国や台湾においては、宗族の共有財産や財団は、民間における相互救済制度の基盤となってきたことは周知のことである。筆者が、台湾台北県で調査した「蔡家村」は、中国から台湾に移住し、さらに台北県に移住してきた蔡一族の、いうなれば宗族が共住している村で、祖先祭祀を行う廟の保生宮を中心に、共有財産の田畑と集会施設があり、集会所では、今日的な学習活動が行われ、高齢者の給食サービスなども行われる、地域福祉コミュニティとなっていた[33]。

4.3　日本統治下の社会事業と皇室との関わり

日本統治後、社会事業は、皇室の恩典との関わりが強くみられるようになった。皇室の賑給には、吉凶、災害、奨励、助成、医療の5種類のものがあり、吉凶賑給は、皇室の慶事や凶事に際して巨額の下賜金が給されるものである。奨励賑給は、大正12年以降、毎年紀元節に、優良な私設社会事業機関に対して、助成賑給は、昭和4年以降、歳末に、優良な私設社会事業機関に対して下賜金が給された。医療賑給は、貧病者の救済に下賜金が給された[34]。

台湾における社会事業に関しては、行政的には、大正11年度の予算に、はじめて社会事業費が計上され、大正12年に、台北、新竹、台中、台南、高雄の5州に、州営の方面委員事業が創設された。社会事業に関する行政機関は、台湾総督府文教局社会課社会事業係のもとに各州や各区の行政組織がおかれた[35]。また、各種の社会事業の相互の連携を図るために、連絡、調査研究、知識普及のために連絡研究事業機関（後の台湾社会事業協会）が設置された。

　各種の社会事業を奨励するために、明治救済会、大正救済会、昭和救済会、台湾済美会の4つの恩賜財団が設置され、助成金が付された。恩賜財団明治救済会は、明治天皇の大喪に際して、大正元年に4万8千6百円の下賜金を基金として設置されたものであり、大正2年、山口県出身の実業家藤田伝三郎が水島の慈恵基金から寄付した4万円、翌3年、恩賜財団済生会より台湾の救済基金として分与された2万円、及び昭憲皇太后の大喪の際に下賜された2万9千円が基金に組み入れられた。

　恩賜財団大正救済会は、大正4年、大正天皇の即位大礼に、4万8千6百円の下賜金を基本とし、大正15年の大正天皇の崩御に際し、昭和2年に下賜された7万9千円が加えられた。恩賜財団昭和救済会は、昭和3年、昭和天皇の即位の大礼の際の、7万9千円が基本金となっており、恩賜財団台湾済美会は、大正12年に、昭和天皇が皇太子の時代に台湾を訪問されたのを機に、下賜された10万円が基本金となって設立されたものである。

　このように、皇室からの下賜金で台湾の社会事業を助成することは、日本に対する尊皇的思想を教化することが意図されたといえる。これらの財団は、昭和5年以降、台湾社会事業協会に委託されることとなった[36]。

　かつて筆者が調査した「私立愛愛寮」は、施乾の意志で創設された貧者救済のための施設であるが、その資金や活動費は、親族や施乾の活動に共鳴したものを会員として寄付金を募ってまかなわれていたが、昭和8年に財団法人として承認された。その愛愛寮は、紀元節の奨励賑給の下賜金として、昭和4年に100円、5年に500円、6年に500円、7年に500円、8

年から 11 年までの間に金一封を宮内省から受けている。また、愛愛寮は、助成賑給の特殊下賜金として、昭和 5 年 12 月に、3,000 円を受けている[37]。

4.4 台湾の育嬰堂にみる官民の協働

　台湾においては、清の領有当初は、台湾への移住は家族の同伴が禁止されていたことから子どもを遺棄することはなかったが、乾隆 25 年にその禁が解かれてから人口が増加し、生活困窮者による棄児を救済するために、本来、居住地において困窮者を救済するという原籍主義にならって、台湾にも育嬰堂が設立されるようになった[38]。

　1796 ～ 1820 年、嘉義に最初の育嬰堂が設立され、その後、彰化育嬰堂（1821 ～ 1850 年）、台南育嬰堂（1854 年）、枋橋保嬰堂（1866 年）、台北育嬰堂（1867 年）、新竹育嬰堂（1867 年）、澎湖育嬰堂（1880 年）と次々に設立されていった。枋橋保嬰堂は純然たる私設の施設であるが、それ以外は官民の義捐金によって創設されたものである。

　嘉義育嬰堂は、この地域において貧困で女児を遺棄する風習があったことを憂えて、官民が、広く義捐金を募って設立したものである。当初の創設費の余剰金で大祖業地を購入して、その収入を経費に充てたが、経費不足で経営が困難になり、紳士「陳熙年」が主唱者となって義捐金を募ってさらに大祖業地を購入している。明治 39 年に公的な嘉義慈恵院が創設された時に、これに合併されている。

　彰化育嬰堂は、当時の知県の高鴻飛が、官紳や富豪と図って、義捐金を集めて設立したものである。同じく当初の余剰金で祖業を買い入れて、その収入を経費に充てていたが、その後経費が不足となり一時事業を中止していた。後に、知県朱乾隆は、自らの私財 200 元を出し、文秀才の呉徳功にこの地域の紳士富豪にお金や祖業を出させるなどして、再興した。

　このように公的な育嬰堂は、多くは主に官の提唱のもとに、地域の富豪が資金を出すことによって設立運営され、創設時の余剰金が、施設運営のための資金をもたらす祖業や祖業地の買い入れに用いられている。

それに対して、私設の枋橋保嬰堂は、富豪の林維源が主唱者となり、まず率先して5千元を拠出し、この地域の篤志家から2千元を募って田園を買収し、これを基本財産として創設したものである。この私設の施設も、日本の台湾統治後の明治39年に、台北仁済院に全財産を寄付して解散している[39]。これらの施設は、日本統治後に公設の救済施設に吸収されていくが、それ以前には、官民の協力によって施設が設立され運営されていたことや、それぞれの地域における紳士や富豪が、義捐金を拠出していたことが明らかである。

5. 東アジアにおけるボランティア活動の基層構造に関する考察

　日本や中国、台湾における慈善事業や社会事業の歴史を概略的にみてきたが、少なくともキリスト教文化とは異質な、慈善や助け合いの文化がみられたことは明らかである。

　古くは儒教の価値規範によるものといわれているが、為政者が国家を統治する際に、民を父母の慈愛で保護し、民の生活に対する責任を果たすための制度として、慈善制度や備荒制度が整ってきたといえる。仏教や道教は、慈善に対する価値規範の基本は儒教と同じくしながらも、それらがミックスされた民間的道徳として、人びとの間に浸透させていく仕組みとともに、継承されてきたといえる。

　救済制度や備荒制度の経済的基盤は、本来、租税によるものであるが、経費の不足に対しては、早くから民からの義捐金が求められ、富を蓄えたものが、それぞれの分に応じて経費を負担することは当然のこととみなされ、寄付をした事実は明確に記載され、公開されてきた。

　官民が共同し、やがては民の自発的な結社として、善きことを行う組織や施設が、善会や善堂と呼ばれて各地に存在してきた事実は、東アジア独自のボランタリズムが存在していたことを示す重要な事実である。

　中国における官僚はもとより、善堂のような自治組織を運営する地域リーダーにも、儒学の素養が期待されていたことも、東アジアにおけるボ

ランタリズムの、よって立つ独自の価値規範の存在を認めることができる。

また東アジアにおいては、生活の基本単位は家族で、まず家族の責任で生活は保障されるべきものであるが、鰥寡孤独という事態が発生すれば、親族組織の体系である宗族集団が救済し、さらに県という地方政治の単位において善会のような地域組織が、属地的に困窮者を救済するという仕組みが存在しており、東アジアには、民間人による何重もの厚い共助の仕組みが形成されていた。東アジアにおけるボランタリズムの基層構造は、概略、以上のようなもので、大友昌子の指摘した、台湾＝中華の福祉文化的基盤の幅広い公領域[40]は、まさにこのような基層構造によって形成されてきたものであろう。

最後に、このような基層構造に依拠する東アジアにおけるボランタリズムを理解することは、今日のボランティア活動の実態を理解するとともに、今後のボランティア活動への期待を論じる際に、不可欠であることを強調しておきたい。

注
1) A. カーネギー、後藤昭次訳、1975、「富の福音」『アメリカ古典文庫 18 社会進化論』研究社出版、R. フォスディック、井本威夫・大沢三千三訳、1956、『ロックフェラー財団：その歴史と業績』法政大学出版局などを参照のこと。
2) 詳細は、小谷典子（三浦典子）、2012、『日本と台湾におけるボランタリズムと社会資本の多様化に関する比較研究』平成 21 年度～ 23 年度科学研究費補助金基盤研究（C）研究成果報告書を参照のこと。
3) 台湾のエバーグリーングループ総裁の張栄発は、2012 年 5 月、日本の「旭日重光章」を受章した。エバーグリーングループが日本と台湾との交流と経済発展に寄与したこととともに、2011 年 3 月の東日本大震災の際に、個人で 10 億円の義捐金を贈るとともに、地震発生後ただちに被災地の支援に努めた。
　　また、台湾の仏教系宗教団体の「慈済会」は、3 月 14 日に救援物資を東京に届けたことを皮切りに、釜石市や陸前高田市で、住宅被災見舞の義捐金を直接手渡すなど、大規模な救援活動を行った。（金子昭、2011、「東日本大震災における台湾・仏教慈済基金会の救援活動」『宗教と社会貢献』Vol.1、73-80 頁）。
4) 辻善之助編、1932、『慈善救済史料』金港堂、1 頁。
5) 前書、225 頁。
6) 前書、22 頁。その他義倉に関する記述は、14、18、21、107、180 頁などにもある。

7）前書、537 頁。
8）内藤莞爾、1941、「宗教と経済倫理——浄土真宗と近江商人——」日本社会学会『年報　社会学』第 8 輯。
9）「三方よし」の理念に関わる現状については、たとえば、「NPO 法人三方よし研究所」の活動を参照のこと。http://www.sanpo-yoshi.net/study/enkaku.html.
10）竹中靖一、1998、『石門心学の経済思想　増補版』ミネルヴァ書房、93-94 頁。
11）于臣、2008、『渋沢栄一と＜義理＞思想——近代東アジアの実業と教育——』ペリカン社。
12）渋沢栄一、2008、『論語と算盤』角川ソフィア文庫。
13）高田あずみ、2000、「明治前期会社組織の充実と渋沢栄一」『渋沢研究』第 13 号。
14）川崎房五郎、1960、「七分積金」東京都公文書館『都史紀要』7。
15）杵淵義房編、1940、『台湾社会事業総覧——台湾社会事業史Ⅰ～Ⅴ——』永岡正己監修、大友昌子・沈潔編修、2000、『戦前・戦中期アジア研究資料：植民地社会事業関係資料集　台湾編 9-11』近現代資料刊行会、本書Ⅰ、88 頁。
16）呂坤（1536-1618）は明代の官僚で、故あって在野に下り、儒学を講じ、多くの子弟を育てた。呂坤の養済院政策については、夫馬進、1997、『中国善会善堂史研究』同朋舎、67-79 頁を参照のこと。
17）前書、124 頁。
18）前書、92-96 頁。
19）前書、110 頁。会計報告は『徴信録』として公開される。
20）前書、178-193 頁。
21）宣教師ダントルコルによる『福恵全書』（黄六鴻、1694）の翻訳で、中国における、善会、善堂および、国家による福祉政策がヨーロッパに紹介され、キリスト教徒ではない人々の間に、キリスト教布教以前に「隣人を救おう」としている事実があることが示されている。夫馬進、前書、5 頁。
22）倉橋圭子、2002、「十九世紀江南の善挙とその担い手たち：江蘇省常州地区の事例から」『お茶の水史学』46 号、1-27 頁。
23）前書、5 頁。
24）前書、8 頁。
25）前書、23 頁。
26）杵淵義房編、前掲書Ⅰ、76-77 頁。
27）林宇萍、2005、「袁大昌による漢川善書『打碗記』の創作」『東アジア研究』第 4 号、57 頁。
28）杵淵、前掲書Ⅰ、131 頁。
29）前書Ⅰ、49 頁。
30）前書Ⅰ、90 頁。
31）前書Ⅰ、107 頁。
32）前書Ⅰ、111 頁。
33）三浦典子、2012、「東アジアにおけるボランタリズムと公共性」『社会分析』39、

74-75頁。
34）杵淵、前掲書Ⅴ、230頁。
35）前書Ⅴ、244-245頁。
36）前書Ⅴ、248-249頁。
37）前書Ⅴ、237頁。
38）前書Ⅱ、421頁。
39）前書Ⅱ、430-431頁。
40）大友昌子、2007、『帝国日本の植民地社会事業政策研究——台湾・朝鮮——』ミネルヴァ書房、424-425頁。

＊三浦典子、2012、「東アジアにおけるボランタリズムの生起と展開」『やまぐち地域社会研究』10号、1-14頁

第4章　台湾におけるボランタリズムの基層構造に関する一考察
　　　――愛愛寮（院）を手がかりに――

三浦　典子

1. はじめに

　台湾台北市のインナーエリアともいえる萬華区に、財団法人台北市私立愛愛院という施設がある。現在は高齢者施設となっているが、前身は愛愛寮で、日本統治下に貧困者の生活保護のために、施乾（せかん）という個人が開設した私的な施設である。
　創設者の施乾（1898-1944）は、台湾社会福利の父ともいわれている。彼は、台北郊外の台北県淡水の裕福な商家に生まれ、台北工学校（台湾総督府工業講習所）を卒業後、台湾総督府商工課の技師となった。商工課の台北市民調査で職務として貧困地区（現萬華区）の調査をした際に、路上で貧困にあえいでいる人々が多くいるという実態を知った。
　台湾の近代化は、当時乞食といわれていた、住む場所も仕事ももたない人々の生活改善にあると考え、職を辞して、大正12（1923）年に「愛愛寮」を建設した。建物の建設に必要な経費は、父親や叔父の身内に頼ったという。その後、乞食撲滅協会という組織を立ち上げ、人々に支援を呼びかけた。
　戦前・戦中期アジア研究資料『植民地社会事業関係資料集：台湾編』によると、愛愛寮は、大正12年8月15日に、台北州台北市緑町5丁目15～16番地に設立されたが、昭和4年6月1日現在、1,955名の会員組織となっている。組織の代表者は、当然施乾である。
　当時の施設運営のための資金は、宮内省からの下賜金、補助金、会員の会費、その他の寄付金などによってまかなわれている。大正12年に事業

を開始し、14年には1,900円を投じて1棟を増築し、昭和2年には8,500円でさらに診療所を増築している。

収容人員は、設立直後の大正13年には24名、14年には36名、15年には79名、昭和2年には144名、昭和3年には322名にと、増築にともなって収容人員は着実に増えていった[1]。愛愛寮は、たびたび財団法人への組織展開を図り、昭和8年にようやく財団法人設立の認可を受けた。

ところで施乾本人は、第2次世界大戦の終戦を待たず、1944年に死去するが、愛愛寮は、日本人妻清水照子（1910-2001）[2]によって受け継がれ、照子亡き後は、息子の施武靖が院長を務め、現在の高齢者施設愛愛院として継続してきている。愛愛院は院長のみならず、経理その他の役割を、施乾の子孫たちが担っており、台湾人の父及び台湾人と日本からやってきた施乾の妻との媒介役を務めることとなった次女施美代は、82歳の現在も、毎日施設を訪れ、入所しているお年寄りたちを見まわっている。愛愛院が、現在でも家族的に経営されていることを物語っている。

写真1、2は、淡水の国民小学校校庭ののり面に設立された施乾の胸像と、その設立を記念して集まってきた、施乾の子孫たちの写真である。

写真1　淡水の施乾の胸像

写真2　施乾の胸像前の子孫たち（施美代さんより提供）

　以上が、愛愛寮（院）の設立のいきさつと概要であるが、20代の若者が、エリートとしての職を投げ打ってまで抱いた貧困者を撲滅したいという志に対して、家族や親族がなぜ支援したのか、また、家族から勘当同然に海を渡ってきた若き女性が、第2次大戦で日本が敗戦したにもかかわらず台湾に留まり、夫の始めた事業をなぜ継続し続けたのか、さらに、施乾が私的に設立した愛愛寮に対して賛同する維持会員が、たちまち2千人も現れてきたのか、この愛愛寮を通じて、困っているものに対して貢献しようという自己犠牲にも似た、台湾におけるボランタリズムの基層構造を

写真3　施乾と清水照子（愛愛院の展示パネルより）

探ってみたいというのが、本章の主たる目的である。

さらにいえば、西欧のキリスト教社会のボランティア精神とは相容れない、東アジアにおけるボランタリズムを支える社会的・文化的構造を探ってみたいという意図もある。

2. 創設者施乾の思想的背景

施乾は、『乞食的社会生活』において、「人類愛に立脚し、人道の上に立って、問題の解決がはじめて望まれうる。隣人を愛する處に、敵を愛する處に真実なる天下泰平が願望される」[3]とのべ、社会事業は台湾の自衛事業であると、貧困者撲滅の志を立てている。救済事業は、机上の論説ではなく、実地の作業でならねばならぬ。社会の問題を自己の問題としてとらえなければならぬと、実践活動に入っていった。そのために、授産、医療、家庭における家との和合が不可欠で、授産は家内での工業がよいと考えた。施美代によると、「父は、豚を飼うとか、いろいろな仕事を探してきて、入所者に作業させていた」という。

施乾の愛愛寮設立という行為の背景にあるボランタリズムの基層をなす思想について、宮本義信は、施乾の思想的背景にはふたつのものがあるという[4]。ひとつはキリスト教の影響であり、もうひとつは伝統的な同食同寝（一大家族同様）という思想である。

キリスト教の影響については、施乾が書物を読んで学習したこともあるが、生まれ育った淡水という地域の影響が大きいという。淡水は、カナダからキリスト教長老会の海外宣教師の馬偕（1844-1901）が、キリスト教伝来のために台湾に上陸した地で、淡水河河畔には、馬偕の銅像が建てられており、聖書と鞄が足元に置かれている。

馬偕は、医療と教育を通じてキリスト教を浸透させようとした。淡水には、馬偕が布教と診療を行った場所が、記念館「滬尾（こび）偕医館」となっており、「馬偕記念医院」は、台湾の代表的な病院として現在でも存続しており、淡水地域の地域福祉活動の担い手としての役割も果たしている[5]。

　宮本によると、施乾は馬偕に直接的に接触したとはいえないが、馬偕の行動を賛美する淡水地域の影響があったことを指摘している。また、台湾におけるキリスト教の影響は、日本においてもキリスト教の影響を受けて開設されたセツルメントハウスが、大正5年に台湾の港町において、「人類の家」として、開設されていることからもうかがい知ることができる。このような、キリスト教の慈善的活動が、施乾の行為の背景にあったという指摘に関してはうなずける。

　図4-1は、昭和8年当時の台北市街の社会事業関連施設を示したものである。愛愛寮や人類の家のような民間の私的な社会事業施設とともに、日本政府によって整備されていった方面委員制度の方面事務所が各地域に設置され、活動を行っていることがわかる。

　そして、同食同寝（一大家族同様）に関しては、愛愛寮が開設された萬華区の地域特性が影響しているという。この地域は、中国大陸から移住してきて台湾に住み続けてきている人々の織りなすコミュニティで、血縁的・地縁的社会関係が狭い空間に累積しており、仲間関係は強固で、様々な問題を共有体験し、問題解決を図ろうとする機運の強い空間であり、この空間での体験が、大家族主義的な行動様式を生み出したと考えられる。

　この地域固有の体験がもたらしたことが指摘できる根拠として、施乾の

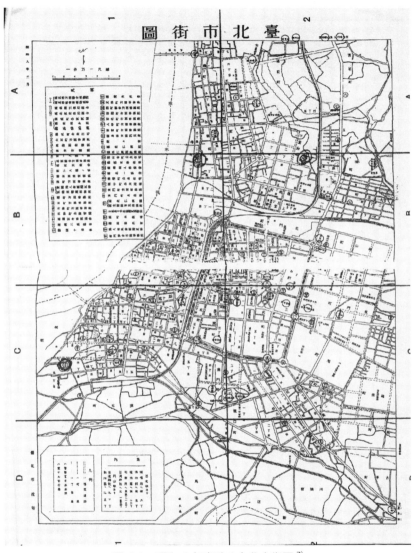

図4-1 昭和8年当時の台北市街図[7]
○は愛愛寮、◎は第1・第2の2つの人類の家である。

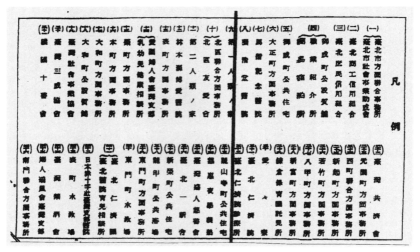

図 4-1 中の凡例

妻の照子は、施乾の死後キリスト教徒となるが、日本統治下の台湾に居住している日本人が通う日本人教会日本基督教団台北幸町教会にではなく、萬華区の地元住民の通う台湾基督教長老教会に通っている。このことは施乾一族の、この地域との一体感の表れであるといえよう[6]。

施乾の生活経験から確認できる思想的背景は以上の通りであるが、宮本は、施乾や照子に影響を与えたと考えられる思想家達との人間関係についても考察している。しかし本章は、東アジア固有のボランタリズムを導き出すことが主たる目的であるので、施乾が愛愛寮を設立した時代背景、および中華社会台湾における倫理的思想を形成すると考えられる、社会的・文化的基層構造を探っていきたい。

3. 日本統治下（1895-1945）の台湾における社会事業

明治 27（1895）年に日本統治が始まる以前、清の時代の台湾は、福建省に組み込まれた地域で、制度的には清政府の管轄下にあった。中国清政

府の時代には、生活困窮者に対する多様な相互扶助の制度が形成されていた。たとえば、瘋癩病者を収容する「養済院」、遺児、棄児を収容し保育する「育嬰堂」、行旅病者を収容する「善養所」、旱魃や飢饉、自然災害などに際して日常的に食料を確保しておく「義倉」、無賃で渡船させる「義渡」、死没者のための共同墓地「義塚」などがあり、それぞれの地域において、生活を共同防衛するための制度が機能していた。

それらの制度の基底には、周の時代以降の儒教を基礎においた行為規範が連綿と持続されてきているというのが、大方の考え方である。ここでは、その真偽や、具体的な展開過程については詳細を論じる余裕がないが、中国大陸から台湾に渡来してきた住民が、台湾においても、これらの相互扶助的制度を自ら形成していたことは明らかである。

福建省の役人は、管轄地域である台湾に直接赴いて政治を行うことはあまりなかったと思われ、「清朝の台湾統治の200年は、経営無し、方針無き無政府の200年」であったという[8]。

明治31年、第4代台湾総督となった児玉源太郎は、民政長官として後藤新平を招聘した。後藤は、台湾の統治は、無政府の200年の間にはびこってきた「生蕃との闘い」であるが、「全ての植民地政策は、その植民地の民度、風俗、習慣に従わねばならぬ」と、また、「政治の思想は、対象となる社会の徹底的なる研究と正確なる認識の上にあらねばならぬ」と、徹底的な旧慣調査を実施していった[9]。

したがって台湾の近代的社会事業は、土着の相互扶助制度と日本が台湾統治の手段として展開していった日本の近代的社会事業との拮抗の上に、具体的に機能してきたことになる。

施乾が直面した貧困者の救済についても、大正9（1920）年当時、台北市には私立の貧困者のための寮が3か所あったという。日本統治下において、日本政府が政府として公的に社会事業を展開するというたてまえのもとに、これらの寮は一掃された。すなわち土着の相互扶助制度は弛緩し、土着の施設は、日本政府の社会事業施設に置換された[10]。

例えば、日本政府は、既存の施設を、台北仁済院、台南慈恵院、高雄慈

恵院、台中慈恵院、新竹慈恵院などに置換し、これらの施設の運営費に、下賜金を分配していった。このような行為から、天皇に対する尊敬の念を高揚させ、日本政府へ従順させようとした皇民化の意図を読み取ることができる。

愛愛寮への宮内省からの下賜（昭和19年）

さらに後藤は、土着の地域リーダーである「紳士」「郷紳」を集めて協議し、「保甲総局」を創立し、土着のリーダーの協力を得ながら地域統治を実施する制度を取り入れた[11]。

後藤が実施した台湾近代化の事業は、枚挙にいとまがないが、主なものを列挙すれば、土地調査局で土地調査事業を実施して土地制度を明確化したのを手始めに、日本では、明治36年9月に実施する予定であったが実施に到らず、大正9年に第1回調査が実施された国勢調査を、台湾においては戸口調査として、明治38年に実施している。

経済の近代化に関しても、台湾製糖株式会社を設立して砂糖制度を確立し、森林鉄道を敷設したり、鉱山の近代化や水力発電所の建設も行ってきた。

文化的台湾の建設のために、キリスト教の宣教師に代わって、医者を養成するための医学校を建設し、公的な医療制度を確立し、日本語教育のために国語教習所を建設した。さらに、上下水道を敷設して、衛生状態の近

代化を図ったりした。

　総督は、高齢者のために饗老典（長寿の式典）を開催し、学士や有識者を招集して「揚文会」を開催した。また、上層階層の日本の女性たちは、「台湾婦人慈善会」を組織して、音楽会を開催し、その収入から蓄音機を学校などに寄付するといったボランティア活動を行っている。

　統治下における近代化の諸制度は、地方人民の負担と人民の寄付金または公共の収入で、この負担に耐える地方に限って公学校を開設したことを例にみるように、地元社会の高齢者や知識人という住民の民力と、郷紳とか紳士富商と呼ばれる地域の有力者の財力を活用しながら展開されたことがよくわかる。

4．中華におけるボランタリズムの基層構造

　中国における相互扶助の救済事業制度には、(1) 隣保制度、(2) 備荒制度、(3) 救貧制度の3つがあり、いずれも紳士、郷紳と呼ばれる地域の有力者がその担い手で、郷紳や紳士富商による寄付文化は、古く漢族社会に発展してきたものである。おそらく台湾においても、このような基層構造のもとに、民間慈善家が育成され、民間人による自治や社会的共同性を基盤とした福祉文化的基盤が形成されていったと推測できる。

　これらの事業は、先祖祭祀の宗教的営みの傍らで行われる事業で、地域における善会、善堂は、地域に影響力を持つ郷紳や紳商が中心となって、住民を社会教化する営みとなってきた。このような、台湾の伝統的福祉文化を基盤として活用し、民生委員の前身である方面委員は、日本政府によって、官製の社会事業施策として転換させられたといえよう。

　大友昌子は、東アジアの社会事業の展開において、日本および、日本の植民地政策の施行された台湾と朝鮮半島の社会事業を比較する際に、福祉文化的基盤を、家族・親族・集落のような私的領域と、政府の実施する官領域と、その中間領域の公共領域に区分して、それぞれの国の福祉文化基盤を図示している。

大友が作成した前近代末期における北東アジア福祉文化基盤を示したものが、図4-2である[12]。ここでは本章に関わる、台湾＝中華と日本の福祉文化的基盤のみを注目してほしい。

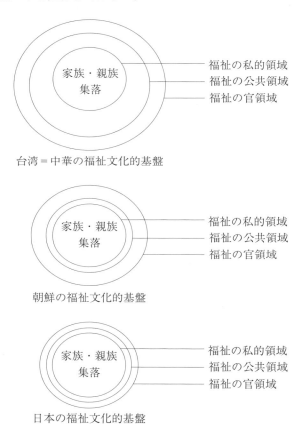

図4-2　前近代末期における北東アジア中華文化圏地域の福祉文化的基盤
出典：大友昌子、2007、『帝国日本の植民地社会事業政策研究――台湾・朝鮮――』ミネルヴァ書房、424頁。

　日本においては、周知のように家族を基盤とした福祉に特徴がみられるように、日本の福祉文化的基盤は、私的領域に大きく依存している。それに対して台湾＝中華においては、私的領域と官領域の狭間にある、共同的

な生活防衛のための公共領域が、福祉文化の基盤として大きく貢献していることがわかる。さらに、福祉の官領域も、日本に比べれば非常に手厚くなっている。

大友が強調するこの公共領域こそが、以上みてきたような、台湾におけるボランタリズムの特徴であるといえよう。祖先を共通にする「宗族」が、共有財産や共有の廟をもち、物的共有物に基礎を置く、いわゆる公共性精神を養うこととなる祖先崇拝のための行事や、さまざまな年中行事への構成員の参加によって、公共領域の福祉文化が育まれていったと思われる。

また、科挙の制度で官僚として登用された人材が、リタイア後、出身地域において、これらの公共領域の活動の担い手となっていることも考えられよう。たとえば儒教の行動倫理を熟知している彼らが、善書を講義したり講読する役割を担ったことも推測できる。郷紳といわれる存在の、公共領域の活動における役割を解明することが今後必要である。

5. まとめ

台湾におけるボランタリズムの基層構造として、まず第1に、宗教的基盤の果たした役割が大きい。中華的な福祉文化の中心は、当然のことながら、儒教を核として、道教や仏教の混在した、伝統的な宗教的基盤があげられる。キリスト教の伝来後、キリスト教布教の手段として医療や教育活動が用いられており、表面的には生活困窮者の救済、社会教化の活動も、キリスト教による他者に対する貢献活動もボランタリズムの基盤となっている。

近年、民間の福祉活動として活況を呈しているのが、宗教的には仏教に依拠する、人間（じんかん）仏教と呼ばれる新興宗教団体の活動で[13]、その代表が慈済功徳会である。慈済会の組織内部で、宗教的活動を行う中核的会員以外に、寄付を行う一般会員は400万人ともいわれている。彼らの寄付行為は、台湾における福祉文化の基層に寄付文化があることを示唆している。

第2に、伝統的な中華社会におけるボランタリズムをささえる社会的基盤が、親族、宗族に依拠した地域共同体である。
　台北県淡水鎮義山里に「蔡家村」と呼ばれる高齢者の「桃花源」がある[14)]。清の時代に中国福建省より渡来した蔡一族が居住している。淡水に移り住んでからも6代を数えるという。現在11代目にあたる蔡氏が、このコミュニティの活動を支える中核的な担い手である。「蔡家村」は、2010年11月の聴き取り調査時点で、約30世帯、200人が居住するコミュニティである。6年前より、蔡一族の地という意味合いで、蔡家村と称するようにしたとのことである。
　この蔡一族は共通の祖先を持ち、「蔡家村」という地域共同体が現実的に活動を行っていることから、このような地域共同体が台湾における、あるいは中華社会におけるボランタリズムを育み、維持存続させてきた社会基盤となっていることを確認することができる。
　「蔡家村」には、健康の神様である「保生宮」の廟と「集会所」を取り囲むように、蔡一族が居住している。周囲には一族共有の田畑が広がっており、一見したところ、神社を取り囲んでできている、かつての日本の「村」によく似ている。
　「保生宮」では、祖先崇拝のための行事を始め、正月行事ほかさまざまな年中行事が行われ、主要な行事へは、200人の現在の居住民のみならず、他地域へ転出していったかつての村民も参加する。
　田畑や山の共有財産があり、補助金を獲得して建設された集会所には、学習室、厨房、食堂があり、「共耕・共膳・共学」を理念に、住民の主体的な参加活動が展開されている。畑を耕すことのできるもの総出で共有地を耕し、ボランティアが厨房で調理し、昼食会でともに食事をする。体が不自由で、集会所まで来られない高齢者には、食事を家まで配達する。食材として用いられる野菜のほとんどが、住民によって耕された共有地で栽培されたものである。
　集会所で開催される学習講座は、日本語と手工芸と伝統的な打楽器の講座が中心となっている。高齢者に日本語の学習への意欲が強いのは、終戦

によって日本語の学習が中途半端になってしまったからだという。調査時には、筑波大学出身の日本人講師による日本語の授業が行われていた。これらの昼食会や学習活動を通じて、前述した馬偕記念医院の協力を得て、住民の健康チェックも行われる仕組みになっている。

コミュニティリーダーの蔡さんは、村で初めて大学に進学したエリートで、ジャーナリストとして活躍し、定年退職後、村にもどって地域活動に専念している。高齢化した村の住民のよりよい生活を求めていく活動に喜びを感じている。蔡さんは現代版の「郷紳」とでもいえよう。

愛愛寮を創設した施乾も、ある意味では、自らを郷紳と重ね合わせていたともいえよう。また、愛愛寮をボランタリーに支えた会員の行為の基層には、中華的公共性が存在していたといえよう。

現在、台湾においても高齢化が深刻な問題となっており、いわゆる地域福祉が実践されている蔡家村は、地域福祉コミュニティの一つのモデルとなっているようである。台湾の桃花源には、まさに中華のボランタリズムが存在している。この基層構造を、台湾の流動型社会の都市社会にいかに拡大していくか、東アジア的価値を共有する日本などの国々においても、いかに発掘し、いかに定着させていくか、東アジア的ボランティア活動に対してどれだけ期待ができるか、その方途を探ることが必要であろう。

蔡一族の精神的シンボル「保生宮」

共有地

集会所　1階の駐車場から収入あり

集会所内の厨房

注
1) 施乾「昭和4年6月1日現在愛愛寮概要」大友昌子・沈潔監修、2000、戦前・戦中期アジア研究資料『植民地社会事業関係資料集:台湾編 47巻』近現代資料刊行会、所収。
2) 施乾の次女施美代によると、施乾と清水照子の出会いは、菊池寛が台湾を訪れ、施乾の愛愛寮の実践活動に感銘し、読売新聞に投稿したことがきっかけで、昭和2年、台湾人20名が宮内省、天皇に拝謁する機会を得た。その折に、施乾の従姉妹が京都の大学に通っており、大学に遊びに行った時に出会いがあったという。照子は京都府立第2高等女学校卒業のお嬢様であったが、施乾の功績とハンサムさに一目惚れして、台湾行きを決めたという。京都で結婚式をあげ（写真3）、勘当同然で台湾に来た。台湾の生活は、期待とは大違いであったが、帰るに帰れず、がまん強く、事務の仕事や、入寮者の食事や身の回りの世話をした。
3) 施乾、1925、『乞食的社会生活』愛愛寮発行、大友昌子・沈潔監修、2000、戦前・戦中期アジア研究資料『植民地社会事業関係資料集:台湾編 46巻』近現代資料刊行会、137頁。
4) 宮本義信、2005、「『台北市私立愛愛院』の思想と実践——施乾、清水照子が遺したもの——」『キリスト教社会福祉学研究』38号、43-47頁。
5) 聴き取り調査によると、2010年の淡水県の地域福祉活動において、馬偕記念医院が医療関係の連携パートナーの役割を担っている。
6) 宮本義信、前掲書、47頁。
7) 「昭和8年3月台北市社会事業便覧（台北市社会課）」大友昌子・沈潔監修、2000、戦前・戦中期アジア研究資料『植民地社会事業関係資料集:台湾編 39巻』近現代資料刊行会、所収。
8) 鶴見祐輔、1943、『後藤新平伝 台湾統治篇 上』太平洋出版会、「第1章 新領土にはいる」より。
9) 同上、30頁。
10) 詳細については、別途論じたい。
11) 鶴見祐輔、前掲書、170頁。
12) 大友昌子、2007、『帝国日本の植民地社会事業政策研究——台湾・朝鮮——』ミネルヴァ書房、424頁。
13) 詳細については、三浦典子、2010、「高齢化社会台湾における宗教団体の活動」三浦典子編『台湾の都市高齢化と社会意識』渓水社、95-112頁、参照のこと。
14) 林欣静、2009、「淡水蔡家村——老大人的桃花源」『台湾光華雑誌』第34巻、第12号、84-93頁。

主な参考文献
1. 施乾『乞食的社会生活』大友昌子・沈潔監修、2000、戦前・戦中期アジア研究資料『植民地社会事業関係資料集:台湾編 46巻』近現代資料刊行会所収

2. 施乾『乞食撲滅論』大友昌子・沈潔監修、2000、戦前・戦中期アジア研究資料『植民地社会事業関係資料集：台湾編　46巻』近現代資料刊行会、所収
3. 宮本義信、2005、「『台北市私立愛愛院』の思想と実践——施乾、清水照子が遺したもの——」『キリスト教社会福祉学研究』38号、42-49頁
4. 大友昌子、2007、『帝国日本の植民地社会事業政策研究——台湾・朝鮮——』ミネルヴァ書房
5. 杵淵義房、1940、『台湾社会事業史（上）（下）』大友昌子・沈潔監修、2000、前掲資料集、9～11巻

＊三浦典子、2011、「台湾におけるボランタリズムの基層構造に関する一考察——愛愛寮（院）を手がかりに——」『やまぐち地域社会研究』8号、1-12頁

第5章　台湾におけるボランティア活動を支援する団体

王　美玲

1. 台湾におけるボランティア支援団体の現況

　台湾においてボランティア活動を行っている団体として、慈済会の活動は世界的に有名である。慈済会は1966年に宗教団体として結成され、数々の志業活動を行ってきて、1980年に法人格を獲得し、「財団法人中華民国仏教慈済慈善基金会」として組織化された。

　慈済会以外にも、本研究のために調査訪問した団体のうち、「財団法人台北市私立愛愛院（1923年設立）」は貧窮者と高齢者の支援団体、「社団法人台北市保母協会（1988年設立）」は育児支援団体、「台北市学習障礙者家長協会（1997年設立）」はLD支援団体である。このようにボランティア活動を行う団体の形態には、「基金会」、「財団法人」、「社団法人」、「協会」など、さまざまな名称のものがあるが、いずれも「非営利団体」である。

　ところで台湾は、1949年5月から1987年7月までの38年間にわたって、戒厳令下にあった。その期間は、集会・結社の自由が制限されていたため、公的な団体以外には、民間の非営利団体はそれほど多くなかった。特に、社団法人に対する規制が厳しく、一つの行政区に一つしか設立できず、政治的に悪用される恐れもあり、政治関係の影響で社団法人より基金会の設立が先行した。1980年に最初の基金会「財団法人中華民国消費者文教基金会（消基会）」が設立された（蕭新煌 2003：15）。しかし1987年以降、非営利団体は社会の変化に伴って急速な発展をとげ、今日、社会福祉事業のために大いに貢献している。

官有垣らの全国調査によると、台湾の非営利団体は2010年時点で、38,123団体ある。表5-1には非営利団体の分類ごとの数を示した。非営利団体の形態には、①財団法人基金会、②社団法人協会、③宗教財団法人、④宗教組織（宮・廟・教会など）及び⑤機構式基金会の5種類がある（官有垣・杜承嶸・王仕圖 2010：122）[1)]。そのうち社団法人協会が占める割合が最も多く、全体の半分を占め、ボランティア活動を支える中心的な役割を果たしているといえる。それに次いで、宗教組織が約3割、財団法人基金会は6.5％である。

表5-1　台湾の非営利団体の分類

	財団法人基金会	社団法人協会	宗教財団法人	宗教組織（宮・廟・教会など）	機構式基金会	計
実　数	2,482	21,962	914	12,656	109	38,123
％	6.5	57.6	2.4	33.2	0.3	100.0

出典：官有垣・杜承嶸・王仕圖、2010、「勾勒台灣非營利部門的組織特色：一項全國調查研究的部分資料分析」『公共行政學報』37:122 より作成。

　非営利団体の中で、「宗教組織の数は多いものの、ほとんどは規模が小さく、台湾の非営利団体を代表することができない（官有垣・杜承嶸・王仕圖 2010：123）」。ここでいう宗教組織も、もちろん自発的な意思によって設立された団体であり、ボランティア活動となんらかの関係をもっていると思われるが、社団法人協会や財団法人基金会のような、組織化された団体ではなく、任意団体に近い存在である。
　したがって本章では、持続的なボランティア活動を支える団体として、社団法人協会と財団法人基金会に焦点を絞って、それらの団体がどのように設立され、どのようにして台湾のボランティア活動を支えてきたかを述べていきたい。

2. 協会と基金会

　台湾の民法によると、人には「自然人」と「法人」がある。自然人とは一般の人民であり、法人には「財団法人」と「社団法人」がある。日本では、特定非営利活動法人（NPO法人）が活躍しているのに対して、台湾では非営利団体（NPO）はあるものの、NPO法人に関する法律がないため、法人としてのNPOは存在しない。

　財団法人の正式な名称は「財団法人基金会」であるが、多くの場合は「基金会」と略している。社団法人は、活動の分野によって名称もさまざまである。公益を目的とする社団法人の場合、「協会」か「協進会」の名称が多い。しかし、なかには協会と名乗りながらも法人格をもたず、任意団体のままのケースもある。

　財団法人でも社団法人でも、法人格をもつことで、合法的な社会団体となり、寄付も受けやすくなるが、寄付を必要としない団体、または寄付の申請手続きをしない団体も多くある。いずれにせよ、社団法人と基金会はともにボランティア活動を支える重要な団体であることは確かである。

2.1　社団法人協会の概要

　社団法人協会（以下「協会」と略す）に関する法律として、民法第45条から58条と、人民団体法がある。民法は協会を設立する際の規則を定めている。人民団体法は、協会の組織構成や活動などに関する規定を定めており、同法によると、民間の自発的団体は、「職業団体」、「社会団体」、および「政治団体」に分類される。このなかで、協会は社会団体に属している。

　協会の設立目的は、「営利」、「非営利」、「公益」の3つに分類することができる。営利を目的とする協会は、銀行や会社などがあげられる。この場合、会社法を法源としている。非営利を目的とする協会とは、すなわち営利も公益のためでもない団体を指す。これには、同窓会やロータリーク

ラブなどがあげられる。公益を目的に設立された協会は、ボランティア活動を中心に公益を求める団体を指す。このように、協会という名称をもつ団体は、設立の目的によって活動分野も多種多様である。

　図5-1は協会の設立プロセスを示したものである。最も重要なことは、設立に賛同する署名者を30名以上集めることである。署名の賛同者は、20歳以上で刑罰が科されたことのないものに制限されている。活動が全国にわたる全国規模の協会であれば、署名者の2分の1が異なる県・市のものでなければならない。地方に限られる地方規模のものは、署名者の2分の1が異なる鎮・郷のものでなければならない。

　署名名簿ができれば、創設者はこれをもって所轄の行政機関に設立を申請することができる。つぎに、創設者はすべての賛同者を集めて設立大会を開き、今後の運営に関する方針を決める。また、主要な幹部と役員（理事長など）を選び、社員の権利に関わる会則と総会の開催要項なども作成する。大会では、全社員の出席はもちろん、行政機関のものの立ち合いも必要である。

　大会終了後30日以内に、必要書類を所轄の行政機関に提出し、審査を受ける。設立の許可が下りた場合、30日以内に所在地にある裁判所に法人登録を行う。これで社団法人協会が正式に成立する。ところが、この段階で、法人格を獲得しない団体もあるが、その場合は「社団法人」ではなく、「社団」としかいえない。

　協会は人に基づいて設立されたものであり、その運営には、入会者（すなわち社員）が直接関わらなければならない。社員の権利は会則によって守られており、3分の2の同意があれば、社員は協会を解散することができる。理事長は法人の代表者であるが、実際の活動には参与しない。事務の最高責任者は執行委員長[2]と称されている。

　協会は設立当初には資金がないため、活動に必要な資金は主に社費である。しかし、社費だけでは不十分な場合、政府の助成金を申請するか、あるいは寄付や募金を集める必要がある。その資金源は、個人、企業、基金会などさまざまである。

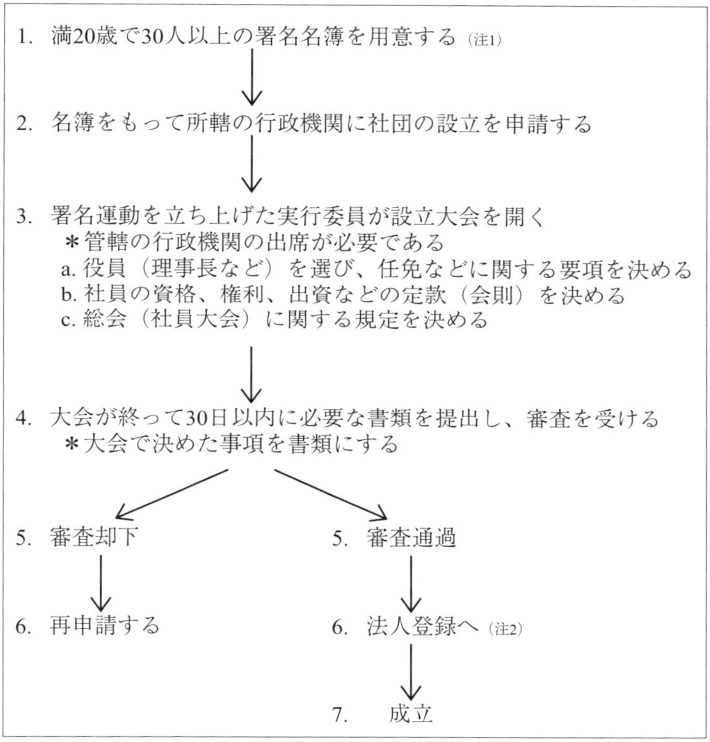

```
1. 満20歳で30人以上の署名名簿を用意する (注1)
        ↓
2. 名簿をもって所轄の行政機関に社団の設立を申請する
        ↓
3. 署名運動を立ち上げた実行委員が設立大会を開く
    ＊管轄の行政機関の出席が必要である
    a. 役員（理事長など）を選び、任免などに関する要項を決める
    b. 社員の資格、権利、出資などの定款（会則）を決める
    c. 総会（社員大会）に関する規定を決める
        ↓
4. 大会が終って30日以内に必要な書類を提出し、審査を受ける
    ＊大会で決めた事項を書類にする
        ↙         ↘
5. 審査却下       5. 審査通過
    ↓               ↓
6. 再申請する     6. 法人登録へ (注2)
                    ↓
                  7. 成立
```

図5-1　協会の設立プロセス

出典：『中華民国民法』と『人民団体法』より作成。
注1　全国規模の協会は、出身県・市の異なる署名者の割合が全体の2分の1以上を占める。地方規模の協会は、出身鎮・郷の異なる署名者の割合が全体の2分の1以上を占める。所轄の行政機関とは、全国規模の団体は内政部で、地方規模は所在地の県・市政府と社会局である。協会の事業内容によって管轄の行政機関が一つではない場合もある。
注2　法人登録は法人の所在地にある裁判所で行う。

2.2　財団法人基金会の概要

　財団法人基金会（以下「基金会」と略す）は、名前の示す通り、基金をもとに設立された団体である。しかし、欧米の基金会が援助対象に資金を提供することが主な活動内容であるのに対して、台湾の基金会は、他の団

体に資金を提供して活動を支援するのみならず、自ら活動を行うことも少なくない（官有垣・邱瑜謹 2003：293）。

基金会の活動分野は多岐にわたっており、喜瑪拉雅研究発展基金会が、資金が 1,000 万元以上の基金会に対してアンケート調査（2005 年）を行った結果では、活動分野は「文化教育（49.7%）」、「社会福祉（27%）」、「医療衛生（9.6%）」、「文化芸術（5%）」、「経済発展（4.7%）」、「環境保護（1.3%）」、「メディア事業（1.3%）」、「法律事務（0.7%）」、「その他（0.7%）」の 9 種類に分類され[3]、文化教育分野の基金会が最も多く、次いで社会福祉分野であった。どの分野においても、最も重要なことは、公益を目的としなければならないことである。

基金の総額としては、蕭新煌（2006 年）の調査によれば、合計は 2,074 億元で、基金額が 1,000 万元以下での小規模の基金会がほとんどで、地域的には台湾の北部に集中している[4]。現在、台湾で最も規模の大きな基金会は、財団法人中華民国仏教慈済慈善基金会（慈済会）で、基金額は約 1,439 億元にも上る[5]。しかし、これほど大規模の基金会はきわめて少ない。

基金会の基金源としては、「個人寄付」と「企業寄付」が主で、7 割近くの基金会では継続的に連携している企業団体があるという[6]。ちなみに、行政機関との関係は、行政の助成金を得て活動するもののほか、委託事業を請けているものもある。

基金会が援助している対象は「社団／機構」が最も多く、次に「個人」、「学校」となっている[7]。援助の範囲としては、「人材育成／奨学金」が主で、「社会福祉活動」、「文化芸術活動」、「学術研究」も少なくない[8]。

以上のように、基金会は基金をもとにボランティア活動を行っているため、基金会設立の条件として、独自の財産が必要で、その額には制限が設けられている。金額は活動の分野によって異なり、社会福祉分野の場合、全国規模のものであれば 3,000 万元、地方規模は 1,000 万元で、これには債券や不動産は含まれない。

さらに、基金会の活動分野によって、管轄の行政機関も異なる。表 5-2

には、全国規模の基金会を設立する際に必要な基金額、関連の行政機関および管轄の分野を整理した。

現在、基金会を申請できる中央管理機関は 16 部門ある。そのうち、基金額の制限があるのは 12 部門、実際の活動ができる程度の資金があればよしとしているのは 3 部門、国防部は不明である。基金額の最高は 3,000 万元、最低は 500 万元である。以上は全国規模の基金会に対する制限で、地方規模のものでは、基金額の制限は全国と比べて少ない。たとえば教育事業分野の基金会は、全国規模のものの基金額が 3,000 万元であるに対して、地方規模のものは 1,000 万元である。

基金会の設立を申請する際の管轄の行政機関と、その後実際の運営を管理する機関とは異なる。たとえば、社会福祉関係の基金会は内政部が申請などを総管轄しているが、その後は民政司または衛生福利部の部門が管轄する。ほかの分野もそれぞれ異なる機関が管理しているが、どの管轄機関も、それぞれ財団法人に関する監督準則を設けており、これにしたがって基金会を管理している。なお、この監督準則も管轄機関によって異なっている。

図 5-2 は基金会の設立プロセスを示したものである。基金会を創設するには、まずは、創設者が基金の出資者を集め、設立の趣旨や目的などを決定するために第 1 回目の理事会議を開催する。理事会議では、主要な役員を選出し、年度内の予算案と事業計画を作り、寄付に関する規定も明確に定めなければならない。これらの書類がすべて整えば、所轄の行政機関に提出し、設立の審査を受ける。

審査が通った場合、30 日以内に所在地の裁判所に法人登録を行い、その後、法人登録の証明書の複写を衛生福利部の社会及家庭署に届ける。以上の手続きをすべて完了すれば、民法に基づいた基金会が成立する。基金会の出資者は、法人登録して 3 か月以内に財産を基金会の指定口座に寄贈しなければならない。審査が通らなかった場合、また再審査を受けることも可能である。

基金会には会員はなく、主な業務は執行委員長と事務局員が担当する。

表 5-2　全国規模の基金会の基金額および所轄の行政機関

中央管理機関	基金額の制限 最低金額	直轄市、県（市）の管轄機関(注1)	管轄の分野
1. 内政部	3000 万元	民政司 衛生福利部(注2)	宗教、社会福祉、社会救助、民政、地政、職業訓練、建設、都市計画、選挙
2. 国防部		無	国家防衛、国境防衛、機密保護
3. 経済部	3000 万元	建設局	経済技術、管理、テクノロジー、生産力、資源、工業科学、コンピューター情報処理
4. 財政部	事業運営ができる程度の資金	財政局	財政、金融、税務、銀行
5. 交通部	事業運営ができる程度の資金	交通局	観光、海運、鉄道、航空、電信、郵政、気象、公路、交通安全
6. 法務部	事業運営ができる程度の資金	無	司法制度、更生保護、法律相談、受刑者への援助、法制研究
7. 衛生福利部	1000 万元	無	医療
8. 行政院 環境保護署	500 万元	環保局	環境保護、自然生態、環境汚染の防止
9. 労働部	1000 万元	労工局	労働者の安全、労働者福祉、労働条件、女性労働者・若年労働者の保護
10. 行政院 農業委員会	2000 万元	無	農業、林業、漁業、畜産、食糧、水産、園芸
11. 行政院 大陸委員会	1000 万元	無	大陸地区と台湾地区の交流に関する事務
12. 外交部	3000 万元	無	国際関係
13. 文化部 (注3)	3000 万元	教育局 文化局	文化、芸術、ポップミュージック、映画、ラジオ、テレビ、出版
14. 教育部体育署	3000 万元	無	体育事業
15. 教育部 青年発展署	500 万元	無	青年事業
16. 教育部	3000 万元	教育局	教育事業

出典：教育部、2015、『體育事務財團法人申請設立程序參考手冊』、經済部、2015、『經濟事務財團法人設立許可及監督作業手冊』より作成。

注 1　教育部の資料では「民政司・社会司」となっているが、社会司は 2013 年の中央省庁編成により廃止され、その管理事務が衛生福利部の「社会救助及社工司」と「社会及家庭署」へと移行した。

注 2　地方規模の基金会は所轄の行政機関の規定によって基金額の制限も異なる。

注 3　2013 年まで新聞局があったが、2015 年には文化部の事業に加えられた。

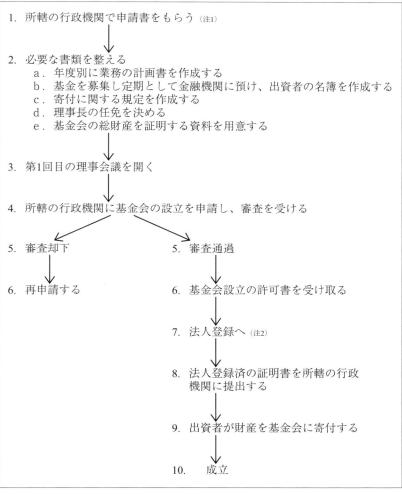

図 5-2　基金会の設立プロセス

出典:『中華民国民法』および全国財団法人社会福利慈善事業基金会ホームページより作成。
注 1　所轄の行政機関は表 5-2 に示したとおりである。
注 2　法人登録は法人の事務所の所在地にある裁判所で行う。

第 5 章　台湾におけるボランティア活動を支援する団体　77

基金会を解散する場合、理事長は法人の代表ではあるが、解散する権限はなく、所轄の行政機関に介入してもらい、解散を命じることになる。

　基金会の設立に関する法律は、民法第59条から65条および各所轄の機関が民法第32条にしたがって制定した監督準則である。所轄の行政機関は活動の分野によって異なるため、基金会に関する全国共通の規定はなく、団体としての質がバラバラであることは否めない。また、基金会は公益を目的としているが、免税の対象であるため、脱税の手段、または天下り先として悪用された事件もあった。

　このようなことから、2010年に「財団法人法（試案）」が提案された。同法によると、財団法人は「政府の財団法人」と「民間の財団法人」に区分され、基金会に対して全国共通の基準を設けることで、基金会を管理することを目的としているが、しかし現状では、課題が多く残されているようで、まだ採決されていない。宗教団体が設立した財団法人は「宗教団体法（試案）」が審議中であるため、財団法人法の対象外とされた[9]。

3．協会と基金会の差異

　以上が、協会と基金会の概要であるが、つぎにこの2つの団体を比較して、台湾のボランティア活動の支援団体としてのそれぞれの特徴と位置づけを明らかにしたい。

　2つの団体は間違えられがちであるが、表5-3に示したように、協会と基金会とは大きく異なる団体である。同じく法人団体ではあるが、組織の内部構造は異なる。一番大きな違いは、設立目的にある。協会には3つの目的が可能であるが、基金会はどの活動分野であっても公益のための活動でなければならない。

　また、協会には特化した法律があるのに対して、基金会にはいまだに全国的に統一された法律がない。管轄の行政機関は異なるが、全国規模のものであれば、両者はともに内政部の管轄下にある。また、基金会の収入は協会より多く、協会の雇用者数は基金会よりはるかに多いが、ボランティ

表 5-3　協会と基金会の比較

項　目	協　会	基　金　会
1. 法人格	社団法人（注1）	財団法人
2. 最小単位	人（社員）	独立した基金
3. 法的根拠	民法第45条〜58条、人民団体法人民団体法施行細則	民法第59〜65条、管轄の行政機関による監督準則　財団法人法（試案）、宗教団体法（試案）
4. 設立目的	公益、営利、非営利	公益
5. 年度収入（注2）	176.4億元（2005年）	849.6億元（2005年）
6. 雇用者数	143,868人（2005年）	41,200人（2005年）
7. ボランティア数	632,000人（2005年）	649,827人（2005年）
8. 地域的特徴	不明	北部に集中
9. 所轄の行政機関	内政部社会司（全国）、社会局（地方）	主に内政部で、分野によって異なる（注3）
10. 創設者の条件（全国規模）（地方規模）	満20歳以上のもの30名以上が署名する　異なる県・市のものが署名者の1/2を占める　異なる鎮・郷のものが署名者の1/2を占める	一定金額の基金（注4）（社会福祉分野）3000万元以上の基金　（社会福祉分野）1000万元以上の基金
11. 代表者	理事長	理事長
12. 経費の由来	会費、事業収入、寄付、委託事業の収入、基金と利子	基金を元金とし、元金からなる利子、寄付
13. 組織内の中心	総会、理事会	理事会
14. 会員の権利	会則によって社員は皆平等	会員なし、理事も権利なし
15. 解散の場合	2/3の社員の同意が必要　または裁判所の判決	所轄の行政機関の判断

出典：『中華民國民法』、『人民團體法』、官有垣・杜承嶸、2008、「台灣南部民間社會組織的自主、創導、與對社會的影響：社團法人與財團法人的比較」『社區發展季刊』122 より作成。
注1　任意団体として活動し、法人格を獲得していない協会は表の対象外となる。
注2　項目5、6、7は官有垣（2009年）の2005年のデータである。
注3　基金会を管轄しているのは主に内政部であるが、活動の分野によって異なる。
注4　基金会の金額制限は、所轄の行政機関の規定によって異なる。

アの数は両者ほぼ同じである。したがって、協会より基金会のほうがボランティア的性格が強い。地域的には、基金会は北部に集中している。

さらに、協会には総会と呼ばれる社員大会が年に一度必ずある。これに対して基金会には会員がないため、このような集合会議はなく、もちろん会則もない。解散する場合、協会には社員の合意が必要であるが、基金会にはない。

共通点としては、ボランティア活動に関わりがあることと、代表者は理事長であることである。協会は人（社員）、基金会は基金をもとにして設立された団体であるため、協会はボランティア活動の実行者であるのに対して、基金会はボランティア活動の資金の提供者であるとともに、実行者でもある。

なお、官有垣らの調査結果では、「重要な役員や管理職の特徴をみると、基金会は協会より社会階級の高い者、あるいは専門的能力をもつ者が多い」[10]とされており、基金会はより専門的な活動をする団体といえよう。

全体的には、協会と基金会の間には、協力関係も存在している。協会は援助を受ける側で、基金会は支援側に立って、ボランティア活動に必要な経費を支援している。また、時には、協会と基金会が共同で活動を行なう場合もある。

4. 行政機関のボランティア団体に対する支援

非営利団体の設立は「人民団体」として内政部がすべて統括しており、そのうち社会福祉分野のボランティア団体に関しては、衛生福利部が統括している。表5-4に台湾政府の支出概況を示した。主な支出は9分野に分けられ、社会福祉分野は2011年以降、最も多くなり、2015年では全体の22.5％を占め、社会福祉事業の重要性がうかがえる。

社会福祉事業の管轄機関は「行政院衛生署」で、社会福祉に関する政策を策定するために、2008年には「行政院社会福利推進委員会」[11]が立ち上げられた。この委員会は行政院の院長が委員長で、委員は社会福祉団体

の代表者や研究者などが務めている。主な任務は、社会福祉事業の拡大を目指し、関連法案を策定することである。しかし、2013年の中央省庁改編により「行政院衛生署」は規模を拡大して「衛生福利部」となったため、この委員会は衛生福利部の「社会及家庭署」[12] に置かれることとなった。

　ボランティア団体の活動においては、活動経費の不足は常に課題となっている。このような状況に対して内政部は定期的に助成金を提供している。1998年に「内政部の社会福祉に関する補助事業要項」が示され、その要項には助成金に関する補助基準が詳しく記されている。上記の要項は、2014年に、衛生福利部の「社会福祉推進補助に関する経費申請補助項目および基準」[13] に変更された。

　また、活動の分野別によって、助成金の最大金額の割合も異なり、80パーセントから100パーセントまであり、老人福祉、心身障害者福祉、家庭支援活動、その他の4つの分野で、それぞれ助成金の最大金額のパーセントが異なる[14]。

　助成金の申請などに関する情報は、一括して内政部社会司のホームペー

表5-4　台湾政府支出の分野別による概況（％）

	一般の政務	国防	教育・科学・文化	経済発展	社会福祉	地方発展及び環境保護	退職金・年金	債務	一般補助・その他	総合金額（百万元）
2005年	10.6	15.9	19.2	15.8	18.2	1.6	8.3	7.5	2.9	1,566,968
2006年	10.9	15.5	19.8	12.9	19.8	1.3	8.8	8.2	2.7	1,529,815
2007年	10.8	16.5	19.9	12.5	19.7	1.3	8.7	8.0	2.7	1,552,031
2008年	10.6	17.5	19.2	12.6	18.4	0.8	8.3	7.3	5.4	1,617,674
2009年	9.8	17.0	20.7	14.3	18.7	1.2	7.8	6.8	5.4	1,714,820
2010年	10.3	16.7	20.7	11.8	19.8	0.5	8.1	6.6	5.4	1,654,428
2011年	10.4	16.0	20.2	12.3	20.6	0.4	7.6	7.3	5.3	1,788,412
2012年	9.5	16.0	18.8	13.8	21.8	0.9	7.1	6.7	5.4	1,938,839
2013年	9.2	15.6	19.2	14.0	23.7	0.9	7.2	6.3	4.0	1,855,853
2014年	9.3	15.9	19.3	14.1	22.1	0.9	7.2	6.7	4.6	1,916,227
2015年	9.3	15.9	19.7	13.8	22.5	0.9	7.2	6.5	4.1	1,959,658

出典：行政院主計総処ホームページにより計算して作成（2015年12月4日引用）。

ジで公開されていたが、2013年に中央省庁改編により、事業内容によって衛生福利部の「社会救助及社工司」[15] と「社会及家庭署」のホームページに公開されることとなった（図5-3）。また、「全国財団法人社会福利慈善事業基金会（「慈善事業基金会」と略して称される）」と名付けたホームページ（図5-4）が「社会及家庭署」に置かれ、基金会に関する情報を公開している。

多くのボランティア団体は、ボランティア精神に基づいて設立されたものであるが、実際の運営に際しては困難を伴うことも多い。それに対して、

図5-3　社会救助及社工司ホームページ（2015/12/5引用）

図5-4　社会福利慈善事業基金会ホームページ（2015/12/5引用）

複雑な助成金の申請手続きに関しては、申請に関する詳細な説明や学習講座が開かれている。さらに、活動場所については、地域別に利用できる公民館や施設などの情報も公開されている。

5. まとめ

　本章では台湾のボランティア活動を支援する団体として、協会と基金会を中心にその概要を述べてきた。両者の主な設立目的はともに公益であるが、実際に行われている活動は異なっている。協会は最小限の人員で、ボランティア活動の第一線にたってきたが、有償の職員もいる。それに対して、基金会は基金をもとに、ボランティア活動の実行者でありながら資金の提供者でもあり、ボランティア的性格が非常に強い。両者はともに台湾の社会福祉ボランティア事業の民間団体として力を尽くしてきた。

　ボランティア活動団体で最も多くを占める宗教組織については、本章では省略したが、これらの組織の活動と影響力が小さいという意味ではない。台湾では宗教に対する受容力が高く、たとえ宗教組織が直接的にボランティア活動に従事していなくても、宗教的な精神は社会に浸透しているといえる。

　官有垣は「仏教、道教、キリスト教などの宗教は社会奉仕精神を主張しているため、この価値観は知らず知らずのうちに民衆の心に受け入れられている。したがって、台湾の非営利団体のほとんどは宗教との関わりがないが、宗教団体が作り上げた慈善文化の影響を受け、社会福祉分野において多数の資源と力を注いでいる」[16]と述べている。このようにボランティア活動が台湾において盛んに行われている背景には、宗教的な精神が影響していることがあげられる。台湾の宗教団体の宣教では、信者を増やすこと以外に、神の慈悲に基づいた社会奉仕精神と社会的支援活動を普及させることも重要である。

　また三浦典子が、台湾の宗教団体の活動について、宗教的倫理より「日常生活における行動倫理を説くことによって、現代人にも同感できる活動

となり、政府にも代わる福祉活動となっている」[17]と指摘しているように、宗教の力は信者にとってのみならず、1つの文化として台湾の社会全体に影響を与えている。

その結果、台湾では個人もよく寄付しており、ボランティア活動も日常生活の一部となり、ボランティア団体の数も年々増加している。今後も、公的機関の機能を補いながら、ボランティア団体はさらなる発展を果すことが期待できる。

注
1) 機構式基金会とは、付属の機構（施設）がある基金会、財団法人ではあるが名称に基金会を使用しない団体などを指す。
2) 「執行委員長」は筆者による訳名で、中国語では「執行長」である。団体によって「秘書長」、「総幹事」と呼ばれることもある。
3) 喜瑪拉雅研究発展基金会は1991年から2005年まで6回にわたって基金会の全国調査を行った。調査対象は、基金が1000万元以上の基金会を主にしている。2005年の調査のサンプル数は337団体である。喜瑪拉雅研究発展基金会、2005、『台灣三百家主要基金會名錄—2005年版』214頁。
4) 具体的な金額について、500万元以下が46.5%、500万元－1000万元が19.6%、1000万元－5000万元が18.9%、5000万元以上が15.0%である。所在地として、北部が60.0%、南部が22.0%、17.0%が中部、1.7%が東部である。
　　この調査は2002年に台湾全国2,925の基金会を対象に行った（723票回収）。分析にあたっては420票を抽出した。蕭新煌主編、2006、「第一章 台灣的基金會現況與未來發展趨勢」『基金會在台灣：結構與類型』巨流出版社、5-6頁。
5) 「慈濟公布收支可查捐款流向」『蘋果日報』2015年3月17日。
6) 基金源として、多い順に「個人（32.9%）」、「企業（29.2%）」、「社会大衆（15.1%）」、「政府（10.1%）」、「その他（12.9%）」である。持続的に連携している企業をもっているのが65.7%で、もっていないのは34.3%である。喜瑪拉雅研究発展基金会、2005、前掲書、219、229頁。
7) 援助の対象には、「社団/機構（25.3%）」、「個人（21.5%）」、「学校（18.0%）」、「基金会（14.3%）」、「政府団体（9.3%）」、「海外団体（5.1%）」、「その他（6.5%）」となっている。喜瑪拉雅研究発展基金会、2005、前掲書、223頁。
8) 援助の範囲には、「人材育成/奨学金（18.8%）」、「社会福祉活動（13.7%）」、「文化芸術活動（13.5%）」、「学術研究（13.5%）」、「災害援助（8.7%）」、「医療衛生（6.8%）」、「出版（6.8%）」、「会議（6.3%）」、「国際交流（6.3%）」、「娯楽活動（2.7%）」、「環境保護（2.4%）」、「その他（2.4%）」がある。喜瑪拉雅研究発展基金会、2005、前掲書、223頁。

9）宗教団体が設立した基金会に対して、「宗教団体法（試案）」がある。この法は2008年に提案され、立法院の採決が待たれており、この法が成立すると「宗教法人」が設立されることになる。
10）官有垣・杜承嶸・王仕圖、2010、「勾勒台灣非營利部門的組織特色：一項全國調查研究的部分資料分析」『公共行政學報』37、142頁。
11）行政院社会福利推進委員会は筆者による訳名で、中国語では「行政院社會福利推動委員會」で、「行政院社會福利推動小組（1998年～2008年）」でもある。
12）社会及家庭署は高齢者、心身障害者、婦女、児童、少年福祉及び家庭支援を対象として設置された。
13）「衛生福利部社會及家庭署推展社會福利補助作業要点暨項目及基準」は「内政部推展社會福利補助作業要点」と「衛生福利部及所属機関推展社會福利補助作業要点」を廃止してできたものである。
14）衛生福利部社會及家庭署、2015、「104年度衛生福利部社會及家庭署推展社會福利政策性補助項目及補助標準表」、衛生福利部社會及家庭署ホームページ、（2015年12月5日取得、http://www.sfaa.gov.tw/SFAA/Pages/Detail.aspx?nodeid=428&pid=3285）。
15）社会救助及社工司の主な事業内容は、社会救助、救難救助、ソーシャルワーカー事務、国民年金保険である。
16）官有垣・杜承嶸・王仕圖、2010、「勾勒台灣非營利部門的組織特色：一項全國調查研究的部分資料分析」『公共行政學報』37、144頁。
17）三浦典子、2012、「東アジアにおけるボランタリズムと公共性」『社会分析』39、76頁。

参考文献
官有垣・王湧泉、2000、「我國地方政府社會福利角色的歷史變遷—以台灣省暨各縣市政府為例」『公共行政學報』4、193-239頁
官有垣、2000、「非營利組織在台灣的發展：兼論政府對財團法基金會的法令規範」『中國行政評論』10（1）：75-110頁
官有垣、2002、「基金會治理功能之研究：以台灣地方企業捐資型社會福利與慈善基金會為案例」『公共行政學報』7：63-97頁
官有垣編著、2003、『台灣的基金會在社會變遷下之發展』旭昇圖書
官有垣・邱瑜謹、2003、「第十章基金會在國際發展與援助的角色」官有垣編著『台灣的基金會在社會變遷下之發展』旭昇圖書、273-319頁
官有垣・杜承嶸、2008、「台灣南部民間社會組織的自主、創導、與對社會的影響：社團法人與財團法人的比較」『社區發展季刊』122、6-28頁
官有垣・杜承嶸・康峰菁、2009、「非營利組織執行長的薪酬探討：以台灣社會福利相關類型的基金會為例」『公共行政學報』30、63-103頁
官有垣・杜承嶸・王仕圖、2010、「勾勒台灣非營利部門的組織特色：一項全國調查研究的部分資料分析」『公共行政學報』37、111-151頁
喜瑪拉雅研究發展基金會、1991、『台灣地區基金會名錄』中華徵信所

喜瑪拉雅研究發展基金会、1997、『基金會在台灣』中華徵信所
喜瑪拉雅研究發展基金会、2002、『台灣三百家主要基金會名錄―2002 年版』
喜瑪拉雅研究發展基金会、2005、『台灣三百家主要基金會名錄―2005 年版』
江明修・陳定銘、1999、「我國基金會之問題與健全之道」『中國行政評論』8（3）、23-72 頁
黃珊珊、2005、「財團法人與社團法人」『中華文化雙周報』8：104-105 頁
蕭新煌、2003、「第一章 基金會在台灣的發展歷史、現況與未來的展望」官有垣編著、2003、『台灣的基金會在社會變遷下之發展』旭昇圖書
蕭新煌・江明修・官有垣、2006、『基金會在台灣：結構與類型』巨流圖書
徐木蘭・蘇建勳・許金田、2004、「台灣前 50 大基金會發展生態分析」『第三部門學刊』1、61-96 頁
三浦典子編著、2010、『台湾の都市高齢化と社会意識』溪水社
三浦典子、2010、「台湾におけるボランタリズムの基礎構造に関する一考察――愛愛寮（院）を手がかりに――」『やまぐち地域社会研究』8 号、1-12 頁
三浦典子、2010、「近代化とボランティア団体による家族支援の可能性」『跨文化：民族與文化再生　2010 國際學術研討會』講演原稿
三浦典子、2011、「台湾におけるボランティア団体とボランティア活動」『やまぐち地域社会研究』9 号、27-40 頁
三浦典子、2012、「東アジアにおけるボランタリズムと公共性」『社会分析』39、61-79 頁
林寛子、2011、「地域における社会的ネットワークとボランティア活動――ファミリーサポートセンター会員調査を手がかりとして――」『やまぐち地域社会研究』9 号、135-146 頁
「中華民國民法」（2015 年 6 月 10 日修正）
「人民団体法」（2011 年 6 月 15 日修正）
「衛生福利部社會及家庭署推展社會福利補助作業要點暨項目及基準」（民國 104 年 12 月 23 日修正）
行政院主計總処ホームページ（2015 年 12 月 11 日取得、http://www.dgbas.gov.tw/ct.asp?xItem=36375&CtNode=6108&mp=1）
内政部人民団体ホームページ（2015 年 12 月 5 日取得、http://cois.moi.gov.tw/MOIWEB/Web/frmHome.aspx）
全国財団法人社会福利慈善事業基金会ホームページ（2015 年 12 月 5 日取得、https://sowffd.sfaa.gov.tw/WebSite/Content.aspx?menuid=dQwnneaobX0%3d）
教育部『體育事務財團法人申請設立程序參考手冊』（2015 年 12 月 13 日取得、http://www.sa.gov.tw/wSite/lp?ctNode=800&mp=11&idPath=214_268_797_800）
經濟部『經濟事務財團法人設立許可及監督作業手冊』（2015 年 12 月 13 日取得、http://gcis.nat.gov.tw/jsm/publicdata/PublicShowV2.jsp）

第6章　台湾のボランティア団体に関する基礎的分析

王　美玲

1. 調査対象団体の概要

　台湾でボランティア活動を支援する団体は、形態を問わず 38,123 団体があることはすでに第5章で明らかにされている。これらの団体の名称はさまざまで、組織の構成もそれぞれ異なる。その中で、社団法人格を獲得している団体が多く、全体の5割を占めており、社団法人は、台湾のボランティア活動を支える中心的な団体であることがわかる。そして、これらの団体の活動を経済面で支えているのは基金会である。

　現在、ボランティア団体は人民団体の1つとして各地の社会局において管理されており、さまざまな分野において支援活動を行っている。とりわけ社会福祉分野における貢献には、多大なものがある。しかしながら、多くの先行研究は、資金の提供者である基金会に焦点を当て、社団法人のようなボランティア活動を実行している団体についての研究はあまりない。

　本章では、実際にボランティア活動を行っている団体を対象に、ボランティア団体の組織構造などの実態を把握するために本研究が行った調査の結果に基づいて、その実態について述べていきたい。郵送調査によって調査を行ったために回収率は悪かったが、回収された調査票 78 票のうち、台北市の団体が 65.4％（n = 51）、台北県のものが 34.6％（n = 27）である。なお、台北県は 2010 年 12 月に直轄市に昇格して新北市となっているため、以下では「新北市」と称し、台北市と比較しながら、台湾のボランティア団体の特徴をみていきたい。

　まず、アンケート調査の回答者の概要について述べたい。表 6-1 には、

回答者の性別と職務を示した。回答者は理事長と総幹事がほとんどで男性が多く、ほかは事務局員で、女性が多い。

表6-1　回答者の性別と職務

		理事長	総幹事	事務局員	その他	計（実数）
全体	男性	50.0	38.6	6.8	4.5	100.0（44）
	女性	33.3	30.0	26.7	10.0	100.0（30）
	合計	43.2	35.1	14.9	6.8	100.0（74）
台北市	男性	42.3	46.2	3.8	7.7	100.0（26）
	女性	27.3	31.8	27.3	13.6	100.0（22）
	合計	35.4	39.6	14.6	10.4	100.0（48）
新北市	男性	61.1	27.8	11.1	0.0	100.0（18）
	女性	50.0	25.0	25.0	0.0	100.0（ 8）
	合計	57.7	26.9	15.4	0.0	100.0（26）

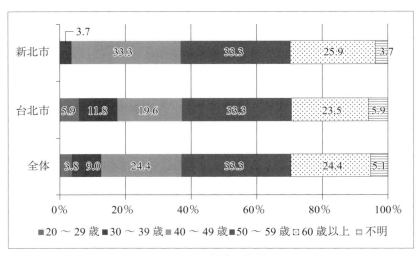

図6-1　回答者の年齢

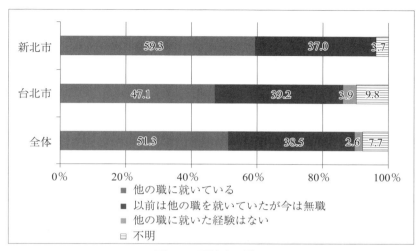

図6-2　回答者の職歴

　図6-1は、回答者の年齢である。職務が団体の最高指導者がほとんどであるため、全体的に年齢層も高い。年齢と職務をクロス集計した結果も有意差が得られた。すなわち、年齢が高いほど職務も高い。
　図6-2には、回答者が他に仕事をもっているかどうかを示した。その結果、他の職をもつものは半分以上で、現在は無職であるが以前は他の職に就いたことがあるというものも4割近くいる。

2. 団体創設の経緯と会員

　図6-3には、団体の種類を示した。全体としては社団法人が最も多く、8割を占めている。新北市では社団法人以外に、任意団体も1割を占めている。すなわち、台湾の人民団体では、社団法人が最も重要な役割を果たしているといえよう。なお、NPOとこたえた団体があるが、台湾の現状では非営利団体（NPO）はあるものの、NPO法人に関する法律がないため、ここでいうNPOは、法人ではない非営利団体であろう。

図 6-4 は、団体の創設後の年数である。全体として「10 年以上 15 年未満」が最も多い。このほかに、2 番目に多いのは、台北市では「15 年以上 20 年未満」、新北市では「1 年以上 3 年未満」と「20 年以上」である。台湾では、活動の歴史が長いボランティア団体はそれほど多くはない。これには、1987 年の戒厳令の解除に伴った集会・結社の自由が影響し、それ以降の結社が多いためと考えられる。台湾の民主化の歴史はまだそれほど長くはなく、民間団体の歴史も全体的に短い。

　設立の経緯を示したのが、図 6-5 である。全体では、「設立母体の理念に基づいて設立した」ものが 7 割程度ある。台北市では「地域住民の要請」が 1 割あるものの、「行政の要請」が 3.9％と非常に少ない。しかし、新北市では「地域住民の要請」が 22.2％で、「行政の要請」が 14.8％である。新北市は地方都市と位置づけられ、大都市の台北市と比べると、自発的に設立した団体以外に、地域や行政からの要請に基づいて設立された団体が相対的に多いといえる。

　団体の収入源を複数回答してもらった結果を、図 6-6 に示した。全体をみると、7 割以上の団体は「個人の寄付金」を得ており、「会費収入」のある団体も 7 割ある。このほか、「市・県政府の助成金」と「企業・基金会の寄付金」も少なくない。台北市では新北市より企業と基金会からの収入が多いといえる。新北市では、市・鎮・郷といった地方の行政機関からの助成金も少なくない。

　このように、台湾のボランティア団体の運営は、会費や個人の寄付金などのような個人単位の収入に頼っている。これは台北市も新北市も同じであるが、台北市では企業と基金会などのような法人団体からの寄付も大きな収入源となっている。新北市は相対的に、県・市政府または市町村などの行政機関の助成金に頼る傾向が強い。

　図 6-7 には、会員数を示した。台北市も新北市も「101 人以上」の団体や「51 人～ 100 人」の団体が多くなっている。台湾のボランティア団体の歴史は短いが、会員の人数からみれば、大規模な団体となっていることがわかる。

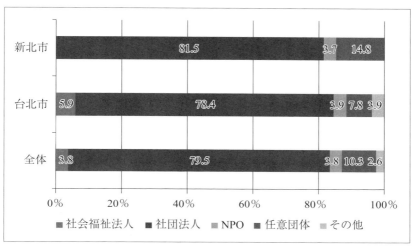

図 6-3　団体の種類

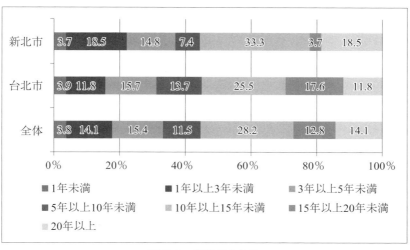

図 6-4　創設後の年数

第 6 章　台湾のボランティア団体に関する基礎的分析　91

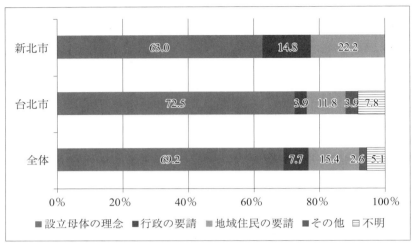

図6-5 設立の経緯

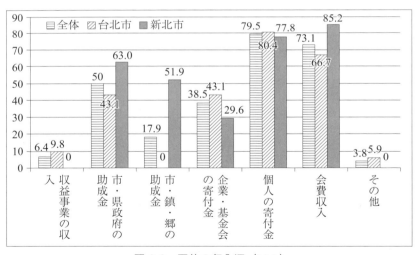

図6-6 団体の収入源(MA)

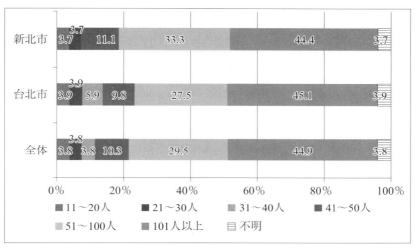

図 6-7　会員数

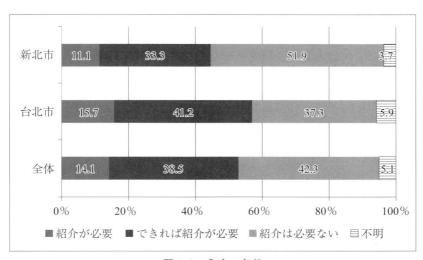

図 6-8　入会の条件

　図 6-8 には、入会に際して会員による紹介が必要かどうかを示した。全体では会員になるためには、「紹介が必要である」と「できれば紹介が必要である」を合わせて 5 割である。この傾向は台北市のほうが新北市より

第 6 章　台湾のボランティア団体に関する基礎的分析　93

強く、会員紹介を重視している。台北市の団体に入会するには、多くは紹介が必要である。新北市も紹介が必要であるが、そのような必要がない団体の方が多い。

3. 会則と職員

団体の内部の運営はどのように構成されているかについて、会則あるいは定款の有無をたずねたところ、会則あるいは定款を設けている団体は9割にものぼる。ほとんどは法人として組織化されており、規則にしたがって運営されていることがわかる。

事務職員の人数については、台北市の団体は「4～10人」が4割近くを占め、「2人」が2割である。新北市は「3人」がおよそ3割を占めており、「4～10人」が2割で、「1人」も2割近くある。新北市は台北市より事務職員がやや少ない。

そのうち、専任職員の人数を図6-9、兼任職員の人数を図6-10に示した。専任職員がいない団体は全体の4割近くを占めている。1人いるのは2割

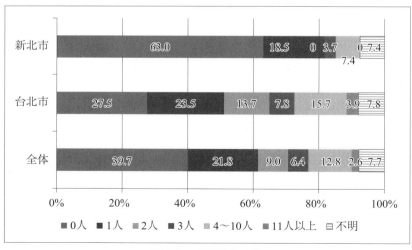

図6-9　専任職員の数

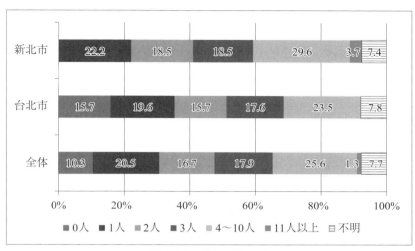

図6-10 兼任職員の数

ぐらいである。しかも新北市では専任を1人ももたない団体が、台北市よりはるかに多く、6割を占めている。

図6-10の兼任職員の数をみると、「4～10人」が多く、これは台北市も新北市も同じである。しかし、兼任職員がいない団体は、台北市では15.7％あるが、新北市では皆無であった。台湾のボランティア団体は兼任職員が多く、とくに新北市では兼任職員に依存していることがわかった。

4. 活動内容と活動拠点

ボランティア団体はどのような分野において活動しているかという質問に対して、複数回答してもらった結果が、図6-11である。全体では「高齢者・障害者福祉（37.2％）」、「教育（25.6％）」、「環境・まちづくり（24.4％）」が上位にあがっている。地域別にみると、台北市では「高齢者・障害者福祉（41.2％）」、新北市では「環境・まちづくり（37.0％）」を中心に活動が行われている。

団体の活動が、主に会員を対象に行われているのは53.8％で、会員以外

を対象として活動を行っているのは46.2％である。活動に参加するために、入会が必要な団体が半数を占める。これには、社団法人が占める割合が高いことが影響していると思われる。社団法人の運営は、大部分会費によって行われており、サービスを提供しているのも、もちろん会員である。

図6-12には、主たる活動の頻度を示した。全体では「半年に1回」が33.3％、「月に1回」が20.5％、「年に1回」が17.9％である。会員が多く集まって活動するのは、年に1、2回程度の団体が多いことがわかる。しかし、「毎日」と「週に1回」と頻繁に活動している団体をみると、台北市の団体のほうが新北市より多くなっている。

また、団体はどこを拠点にして活動を行っているかについて、連絡場所と活動場所について質問をした。団体の連絡場所を図6-13に示した。多くは「会員の自宅（38.5％）」で、つぎが「民間の施設（37.2％）」である。そのなかで、台北市では「民間の施設」、新北市では「会員の自宅」が主に連絡場所として利用されている。

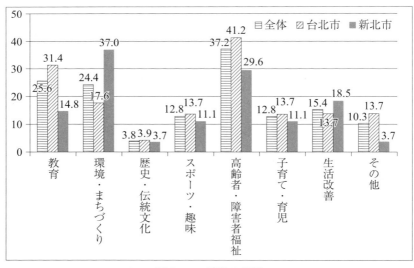

図6-11　活動の分野

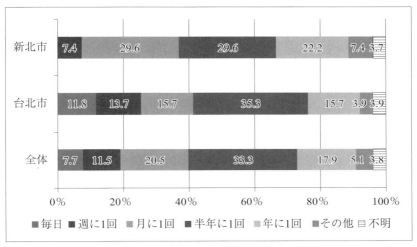

図 6-12　活動の頻度

　活動に使う場所は、図 6-14 に示した。全体では「地区の施設（37.2％）」、「民間の施設（28.2％）」が多く利用されている。特に新北市では活動場所が「地区の施設（48.1％）」に集中している。

　地域の特徴から、台北市では民間の施設を中心に、連絡と活動の場所として利用されているのに対して、新北市では会員の自宅を連絡場所とするものや、地区の施設を活動場所とする団体が、それぞれ相対的に多い。

　図 6-15 には、活動などの情報発信の方法を示した。複数回答であるが、全体として「会員同士の伝達」が 57.7％、いわゆる口コミが最も多く利用されており、つぎに「会報・ニュースレター」が 46.2％、「団体のホームページ」が 43.6％となっている。主に団体独自の情報伝達と資源が使われている。

　台北市では、団体独自の情報手段はもちろん、テレビやタウン誌などのマスコミ、行政機関の広報やホームページも利用されており、多分野にわたって情報を発信している。これに対して、新北市では、情報の宣伝にやや消極的な態度がみられる。特に「行政による広報」の利用が少なく、「行政のホームページ」もまったく利用していない。

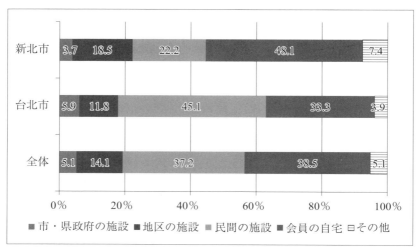

図6-13　団体の連絡場所

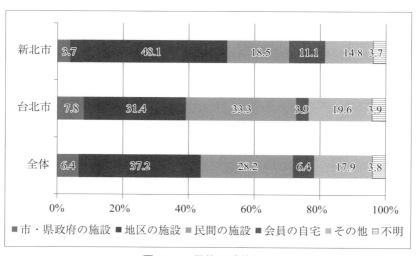

図6-14　団体の活動場所

団体の活動はどのように行われるかについては、図6-16に示した。全体的には、団体のみで活動を行うことが多く、7割近くを占めている。他の団体と一緒に活動する団体は2割程度である。行政機関と一緒に活動す

る団体はわずか1割で、特に新北市では3.7％しかない。新北市では、活動は独自で行い、行政機関との連携はそれほど頻繁に行われていないようである。

しかし、前述のとおり行政機関の要請で創設した団体もあり、設立母体が行政機関でありながら、交流がないというのは疑問である。そこで、図6-16と設立の経緯（図6-5）とを合わせてみたところ、これらの団体は、ほかの団体より行政との連携が少ないようである。ところが、これには統計上の有意差がみられない。また、調査対象者の内訳をみると、行政の要請でできた団体は全体で6つあるが、サンプルが少ないため、さらなる検討が必要である。

行政とは連携は少ないものの、団体は、行政機関とはなんらかの交流があるはずである。そこで、行政機関が主催したイベントに参加したことがあるかをたずねたところ、参加したことがある団体は9割近くあり、台北市と新北市との違いはない。参加の頻度をみると、「ときどき参加している」が最も多く、全体の5割にものぼる。行政機関と共同で活動はしないが、イベントには参加するようである。

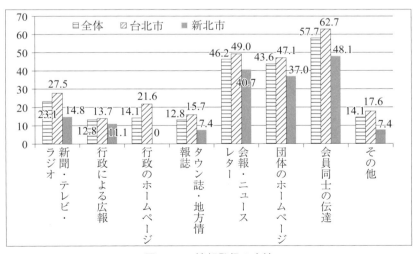

図6-15　情報発信の方法

第6章　台湾のボランティア団体に関する基礎的分析　99

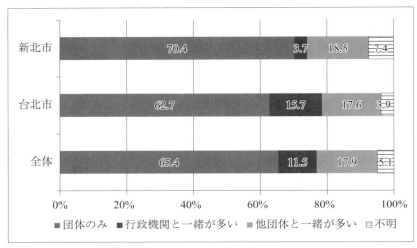

図6-16　活動の範囲

つぎに、他団体との交流関係を、「同じ活動分野の団体」との交流と「活動拠点のある地域の他の団体」との交流について質問してみた。「積極的に交流している」、「ある程度交流している」、「あまり交流していない」、「まったく交流していない」の4段階で回答してもらった。

図6-17には、同じ活動分野の団体との交流を示した。全体では積極的に交流をしている団体は2割であるが、ある程度交流しているのは5割もある。「積極的に交流している」団体は台北市のほうが多いが、「ある程度交流している」団体は新北市が多い。2つの選択肢を合わせてみると、新北市のほうは交流がより多く行われている。

図6-18には、活動拠点地域の他団体との交流を示した。他団体と交流があるのは6割で、台北市も新北市も交流の程度は同じである。しかし、これを図6-17と比べると、台湾のボランティア団体の活動状況は、活動している地域の他団体と交流するよりも、同じような分野の団体とより積極的に交流しているように思われる。

団体はどのように行政機関と交流しているか、行政機関が主催したイベ

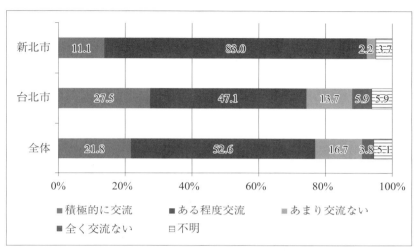

図 6-17　同じ活動分野の団体との交流

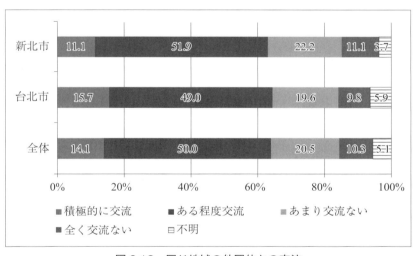

図 6-18　同じ地域の他団体との交流

ントに参加したことがあるかという質問をしたところ、参加したことがある団体は9割近くあり、台北市と新北市との違いはない。参加の頻度をみると、「ある程度参加している」が最も多く、全体の5割にものぼる。行

第6章　台湾のボランティア団体に関する基礎的分析　101

政機関と共同で活動はしないが、イベントには参加するようである。

5. 仲間意識と理念の実現

会員が相互にどのような意識と理念をもっているかは、団体の存続に大きく影響していると考えられる。そのため、団体の運営において、会員に活動の成果があがるような行動を求めるか、という質問を設けた。その結果を、図6-19に示した。

全体では「自主性に任せる（39.7％）」と「強く自主性に任せる（37.2％）」を合わせて7割以上あり、多くの団体は会員に強制することなく、活動を会員の自主性に任せている。しかし、新北市では「強く行動を求める」が14.8％を占めており、台北市よりはやや強制的に会員を活動に参加させる傾向がみられる。

仲間意識をもつことが重要であるかという質問の結果を、図6-20に示した。「非常に大切である」と「どちらかといえば大切である」を合わせ

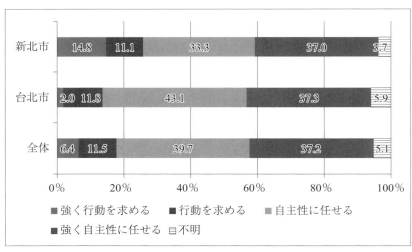

図6-19　会員に活動の成果を求めるか

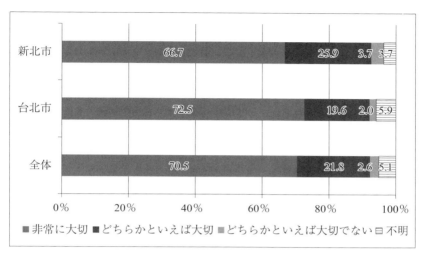

図 6-20　仲間意識の重要性

れば、9 割以上の団体は、会員同士が互いに仲間意識をもつことが大切だと認識している。

　台湾のボランティア団体は、活動が無報酬で行われることから、活動の成果をあげるために全員に強制はしないが、会員同士が仲間意識をもつことを重視しているといえる。

　では、団体はどのような理念に基づいて設立されたのか。創設のきっかけを、「社会の役に立つ」、「身近に起きている問題を解決する」、「技術・能力・経験を生かす」、「友人などネットワークを広げる」、「余暇を有意義に過ごす」の 5 項目に分けてたずね、「そうである」、「どちらかといえばそうである」、「どちらかといえばそうではない」、「そうではない」の 4 段階で理念がどの程度重視されたかをこたえてもらった。「そうである」と「どちらかといえばそうである」を合わせた比率を図に示した。

　団体を創設したきっかけは、図 6-21 のように、全体的には「社会の役に立つ」と「身近に起きている問題を解決する」が多い。台北市では相対的に「技術・能力・経験を生かす」ために、新北市では「友人などネット

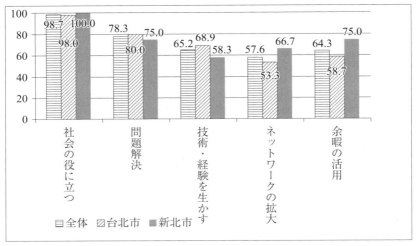

図 6-21　団体を創設したきっかけ

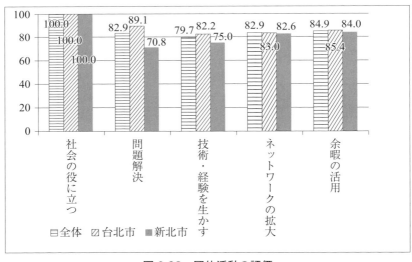

図 6-22　団体活動の評価

ワークを広げる」と「余暇を有意義に過ごす」ためにというきっかけが強い。

以上みてきた団体創設のきっかけが、実際、活動においてどの程度実現されているかを、図6-22に示した。5つの項目は、いずれも実現されていると高く評価されている。しかし、台北市では「身近に起きている問題を解決する」と「技術・能力・経験を生かすため」が、新北市より実現度が高く評価されている。

さらに、ボランティア団体は活動によってどれほどの効果が得られたかをより詳しく理解するため、図6-21と図6-22の結果に、「そうである」に4点、「どちらかといえばそうである」に3点、「どちらかといえばそうではない」に2点、「そうではない」に1点、それぞれスコアを与えて、それぞれ期待スコアと効果スコアとして表6-2に示した。

全体的にみれば、5つの項目とも効果は期待を超え、とりわけ「友人などネットワークを広げる」と「余暇を有意義に過ごす」では予想以上の高い効果が得られている。この特徴は特に台北市に著しい。他方、新北市でも効果が期待を超えているが、台北市ほどの効果はない。「身近に起きている問題を解決する」においては、効果が期待を下回っている。

表6-2 団体の期待スコアと効果スコア

	期待スコア			効果スコア		
	全体	台北市	新北市	全体	台北市	新北市
社会の役に立つ	3.82	3.80	3.85	3.88(+0.06)	3.90(+0.10)	3.85　(+0)
問題解決	3.12	3.18	3.00	3.20(+0.08)	3.33(+0.15)	2.95(-0.05)
技術・経験を生かす	2.86	2.91	2.75	3.10(+0.24)	3.16(+0.25)	3.00(+0.25)
ネットワークの拡大	2.73	2.64	2.90	3.30(+0.57)	3.26(+0.62)	3.39(+0.49)
余暇の活用	2.83	2.72	3.04	3.27(+0.44)	3.27(+0.55)	3.28(+0.24)

注）括弧内は効果スコアから期待スコアをひいた数字である．

6. 問題点と課題

　最後に、アンケート調査票の自由回答欄に記載された内容から、台湾のボランティア団体が直面している問題点や課題をまとめておきたい。

　第1に、活動の資金の調達が困難である。ほとんどの団体は、会員が死亡するなどによって減少し、会費収入が減る一方で、新しく入会する会員も少ないため、活動に必要な経費が不足気味である。その結果、定期的に活動する余裕がなくなっている。

　他方、行政機関の支援はあるものの、同じ活動分野のボランティア団体が多く、行政機関の助成金には限りがあるため、助成金獲得の競争が激しくなっている。また、助成金を申請するに際して、計画書の作成に困難を感じる団体も少なくない。

　第2に、人手不足の問題がある。会員は団体活動のほかに仕事をもっている。またボランティアであるため、全会員で集まって活動を行うなど、会員に強制的に参加させることもできない。

　その結果、会員間ではチームワークが欠けており、会員の団体あるいは事務職員に対する不信感も高まっている。時には会員が決議案に反対したり、代表者に対する免職を提案したりすることもあり、1つの団体としてまとまって、さらなる発展をとげることを妨げている。

　第3に、社員の能力不足がある。事業の運営や財務の管理は予想以上に複雑であるため、事務的な仕事がこなせない側面も多々ある。しかし、団体の事務職員は無給がほとんどであるため、専門的な能力をもち、事務の仕事を十分にこなせる事務職員を募集することが難しい。

　経費の問題から、会員またはボランティアに十分な学習や研修の機会を与えることも難しい。このような人材育成の体制が整備されていないことから、会員の質を上げることが難しくなっている。いかにして意欲のある会員、またはボランティアをより多く集めるかが課題である。さらに、周辺地域にある団体においては、人口が少なく交通も不便なので、人材不足

から、活動を存続することさえ困難である。

　言いかえれば、活動の計画書を作成しても、計画通りに活動を進めることができずにいる団体もある。計画が十分に執行されていないと実感している団体も少なくない。

　第4に、活動する場所の確保である。持続的な活動ができ、そのうえサービスも提供できる場所をさがすことは容易ではない。雨の日に備えるための室内の場所がみつからない団体や、直接サービスを提供できる場所がない団体もあった。たとえ適切な場所があったとしても賃貸料を負担できない団体もある。

　第5に、世間の活動に対する認識不足という問題がある。団体に対する認識が足りず、活動内容に対して誤解を招いたり、援助を必要としている弱者たちにレッテルがはられたりすることがある。したがって、援助を受けるべきものを支援することが難しくなっている場合もある。また、社会的援助を必要としているものたちは、行政機関が提供する名簿だけに限られないはずであるが、実際には、名簿にあるもの以外の支援はしていない。どのようにして彼らをみつけ出すのかに戸惑っている団体もある。

　以上の5点以外にも、前述したとおり、台湾のボランティア団体のほとんどが、会員が100人以上の大規模な団体であるのに対して、事務職員の人数は非常に少なく、十分な活動のための対応ができないと考えられる。人手不足の現状は厳しく、ボランティアの協力が不可欠となってくるが、いかに長く活動を継続できるボランティアを集めるかも、今後の課題である。

7．まとめ

　本章では、台湾のボランティア団体に関する調査の結果をみてきた。以下、その特徴をまとめておきたい。

（1）多くは社団法人格を獲得しており、創設して10年以上15年未満で

ある。団体の理念に基づいて創設され、会員数が100人以上の大規模なものである。主な収入源は個人の寄付と会費である。
(2) 9割以上は会則や定款のような規則をもっている。職員数について、台北市は4人から10人、新北市は3人で、ほとんどは兼職である。
(3) 高齢者・障害者福祉を中心に活動をしており、主に会員を対象に、活動を半年に1回行う団体が多いが、台北市は新北市より多く開催している。台北市では民間の施設を中心に連絡や活動を行っているが、新北市では会員の自宅を連絡場所に、地区の施設を活動場所にしている。事業や活動に関する情報の伝達は団体独自で行っており、台北市では行政機関の広報なども利用している。

　活動は団体のみで行われていることが多く、他の団体あるいは行政機関と連携して行われることは少ない。しかし、行政機関主催の活動には、ほとんどの団体は参加したことがある。
(4) ボランティア活動を通して、団体を創設したきっかけとしての期待を活動の効果が上回っている。特に友人ネットワークが団体活動によってさらに拡大していると評価されている。

　以上、台湾のボランティア団体は自発的に結成されたものがほとんどであるが、民間団体でありながらも行政機関との関係が密接である。このような関係は、ボランティア団体によっては、連携というより、むしろ強制であると感じている。いずれにせよ、台湾のボランティア団体の一番大きな特徴は、行政との密接な繋がりにあるといってもよいだろう。
　しかし、多くの団体と行政機関とのやり取りは助成金の支援のみで、行政と連携して活動を行うことはあまりなく、団体が主催する活動の広報なども、行政に依存してはいない。
　ところで、筆者は本研究の調査対象団体の総会に出席したことがある。行政機関の責任者、議員、地方紳士が同席しながらも、総会では社員からの疑問や反対の意見が絶えなかった。しかも、主な反対者は歴代の元会長たちであった。これは現会長や事務職員にとって、大きなストレスとなっ

ているようである。会長は任期制であるため、元会長は退職後、普通の会員に戻る。ところが、元会長は普通の会員たちと違い、経験から会務には詳しい。それゆえ総会での提案や計画案に対して、誰よりも鋭い目でみている。元会長の意見を生かしつつ、その意見を団体の発展に役立たせることが重要であろう。

　今日、台湾のボランティア団体には、さまざまな課題が残されているが、団体の努力によって、社会福祉分野の活動は大きく担われており、これからもさらなる団体活動の発展が期待されるであろう。

第7章　台湾と日本のボランティア団体とボランティア活動

三浦　典子

1. はじめに

　ボランティア団体は、高齢者や子育て中の家族への、行政による福祉サービスを補う担い手として、どれだけ期待できるものであろうか。一般的には、都市化は、伝統的地域社会に拘束されていた個人が自立的に活動を行う可能性を拡大していき、都市地域においては、さまざまなボランタリーな活動が顕著にみられるようになってきた。同時に、都市地域においては、社会関係から孤立する個人が増加し、ボランティア団体には、社会関係の再構築という新たな期待も寄せられている。

　日本における市民活動団体に対する調査は、都市化の程度を異にする地域において、団体の組織化の契機や活動の広がりに違いがみられることを想定して行われた[1]。すなわち、伝統的な地縁団体と新たなボランタリーアソシエーションとが担う福祉サービスの実態を比較分析することが主たる目的で実施された。

　次章で詳しく述べるように、大都市地域では、ボランティア団体参加者の自己目的を契機として団体が組織化される傾向にあるのに対して、地方都市においては、行政によって要請されてボランティア団体が組織化されて、地縁的な団体と連携しながら社会的な問題解決に貢献している傾向がみられることを明らかにすることができた。

　特に大都市では、ボランティア活動は、自分の生きがいであり、活動の結果、社会的ネットワークを拡大することができ、それがいよいよ大きなやりがいにつながるといったメカニズムがみられた。

しかしながら、自発的に結成された団体活動の大きな課題は、活動資金の調達に次いで、活動をひき継ぐ後継者が現れないということで、ボランティア団体の活動の持続性は不安定となっている。その問題を解決するためには、まず、ボランティア活動を始める動機づけや、自発的な行動の背後にある価値規範が内面化される方法を明らかにする必要がある。すなわち、団体の創設者は、一定の理念を抱いて、賛同者を得て団体を結成し、活動を展開しているが、団体創設の理念が、活動に参加している会員全体に共有化されていないのではないかと思われる。

　今日、わが国においては、ボランタリーに新たに団体を結成していく機運は醸成されてきたが、団体活動の持続化のためには、ボランタリズムに通底する社会的価値規範が不可欠であろう。ややもすれば、近代化は私化を促進し、社会的価値規範は希薄化していき、価値意識が細分化される傾向にあると思われるからである。

　しかしながら、東アジア社会には、近代化にともなう私化に抵抗するような、固有の社会的価値規範が存続しているのではなかろうか。このような問題意識から、台湾においても、ボランティア団体やボランティア意識を比較分析するための調査は計画された[2]。

　本章では、特に、台湾におけるボランティア団体の実態を分析していくものであるが、まず、日本のボランティア団体と台湾のボランティア団体を比較して、台湾のボランティア団体の全体的な特徴を把握し、その上で、台湾における大都市と地方との都市度を異にする地域の団体の比較分析を行い、近代化によるボランティア活動やボランティア意識の変化を解明していきたい。

2. 台湾におけるボランティア団体（社会服務慈善団体）

　台湾のボランティア団体は、社会服務慈善団体と呼ばれる団体で、民間の市民団体の一部を構成している。台北市や台北県（現在の新北市）では、社会局に市民団体が登録されており、その実態概要がホームページに公開

されている。

　台北市社会局ホームページには、調査対象団体を抽出した時点（2010年11月）で3,444の民間団体が登録されていた。団体の分野別の詳細と実数は以下の通りである。

台北市の人民団体服務（民間団体）

　儲蓄互助社（15）、機關員工消費合作社（80）、學校員生消費社（148）、合作農場（1）、公用合作社（2）、利用合作社（4）、民間消費合作社（10）、區里社區合作社（13）、勞働合作社（40）、運銷合作社（1）、運輸合作社（16）、社會福利（慈善）基金會（91）、身体障礙社會福利基金會（13）、老人社會福利基金會（26）、婦女社會福利基金會（6）、兒少社會福利基金會（16）、其他社會福利基金會（5）、工商自由職業團體（213）、經濟團體（218）、醫療團體（61）、台北市體育團體（315）、台北市學術團體（291）、台北市婦女團體（49）、台北市宗教團體（180）、台北市宗親會團體（89）、教師會（243）、同郷會（269）、民衆服務社（13）、校友會（120）、台北市國際團體（421）、<u>社會服務及慈善團體</u>（466）、教育會（9）

　登録されている民間団体には、経済団体、地域団体、教育団体、親族団体、国際団体、各種社会福利基金会と並んで、社会服務慈善団体があり、社会服務慈善団体が全体の13.5％と、最も大きな比率を占めている。

　次に、台北県（当時）社会局のホームページには、調査時点では、2,683団体が登録されており、活動分野は、台北市ほど細かくは区分されてはおらず、社会福利基金会の項目もない。民間団体は、主に、経済団体、地域団体、教育団体、親族団体、国際団体と社会服務慈善団体である。台北県の団体の詳細と実数は以下の通りである。

台北県（新北市）の人民団体服務（民間団体）

工業（1）、自由職業（59）、<u>社會服務慈善團體</u>（1,183）、宗教（29）、宗親會（78）、商業（112）、同學校友會（39）、同鄉會（83）、國際團體（239）、學術文化（282）、經濟業務（170）、醫療衛生（15）、體育團體（393）

　台北県の民間団体も、台北市とほぼ同じような分野に分けられているが、社会服務慈善団体が1,183団体と最も多く、全体の44.1％を占めており、大都市には多様な民間団体が組織化されているのに対して、地方では、ボランティア団体の占める比率が大きい。

　台湾におけるボランティア団体の調査は、まず、台北市の466の社会服務慈善団体から225団体を調査対象として無作為に抽出した。台北県の1,183の社会服務慈善団体は、市部と郡部とに地域別に区分した結果、市の団体が909、鎮が103、郷が169、その他が2であった。台北県郡部の鎮と郷の社会服務慈善団体からも225団体を抽出した。

　合わせて450の調査対象団体に対して、調査票を郵送した結果、78団体から調査票が回収された。78団体を地域別にみると、台北市が51団体で、回収率は22.7％、台北県は27団体で、回収率は12.0％であった

　全体の回収率は17.3％とそれほど高くはなかったが、同じ内容の日本のボランティア団体に対する調査の結果と比較しながら、台湾のボランティア団体の特徴をみていきたい。

3．台湾のボランティア団体と日本のボランティア団体

　まず最初に、台湾のボランティア団体と日本のボランティア団体の概要を比較しておきたい。図7-1には、会員数を示した。日本の団体は10人以下の小規模な団体が1割以上を占めているが、台湾の団体は相対的に大きく、会員数が100人以上というものが最も多くなっている。

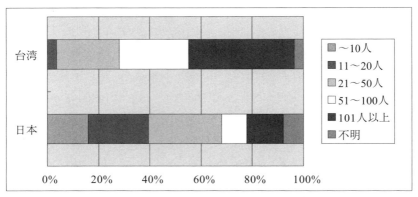

図7-1　台湾と日本のボランティア団体の会員数

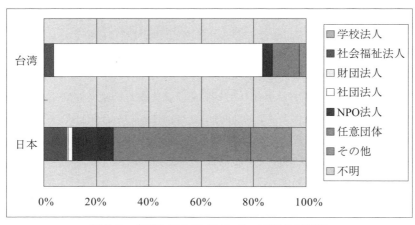

図7-2　台湾と日本のボランティア団体の種類

　図7-2には、団体の種類を示した。日本では、任意団体が最も多く、NPO法人、社会福祉法人、その他などの多様な団体が含まれているのに対して、台湾では社団法人が大部分を占めている。台湾では社団法人は、30人の賛同者を得て届け出ることによって、比較的簡単に団体を設立することが可能であるとともに、社団法人の資格を取得することによって、行政や基金会などの、各種の経済的支援や寄付を受けやすいこともあって、

団体の種類において、社団法人が多くなっている。

　図7-3には、主な活動分野を示した。日本のボランティア団体は、活動分野に青少年の健全育成が含まれるものから抽出したこともあって、子育て分野が圧倒的に多い。それに対して、台湾の団体の活動分野は、医療・福祉、環境・まちづくり、教育、生活改善など、多岐にわたっている。

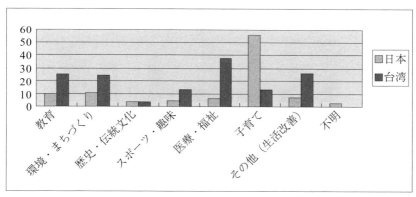

図7-3　台湾と日本のボランティア団体の活動分野

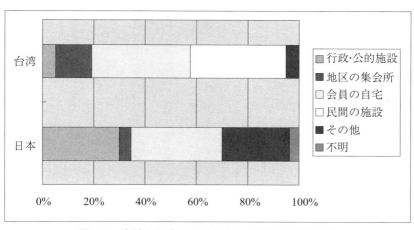

図7-4　台湾と日本のボランティア団体の連絡場所

図7-4は、ボランティア団体の活動の拠点として、連絡場所を尋ねた結果である。いずれも、会員の自宅が最も多くなっているが、日本では、市民活動のセンターを行政が用意することがあり、行政の要請で団体が結成されることもあって、台湾に比べて行政や公的施設が連絡場所という団体が多く、全体の3割を占めている。それに対して、台湾では、市民が自発的に団体を結成する傾向が強いからか、公的な機関が連絡場所というもの

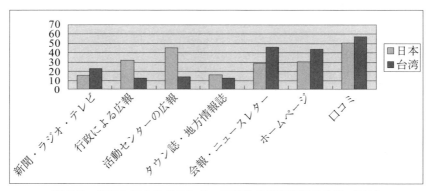

図7-5　台湾と日本のボランティア団体の情報発信の方法（MA）

はわずかで、民間の施設の占める割合が高い。実際に、台湾のボランティア団体を訪問した際に、民間の集合施設や集合住宅に事務所があるものが多くみられた。

　図7-5は、広報のための情報発信の方法を示したものである。いずれの国においても、口コミが最もよく使われているが、台湾では、ホームページを作成している団体が多く、自主的に、ニュースレターもよく発行されており、広報活動に熱心であることがわかる。それに対して、日本では、活動の拠点が行政や公的機関に置かれているのと同様に、活動の広報も、活動センターの広報や行政の広報に依存している姿がうかがわれる。

　総じて、日本と台湾のボランティア団体の形態を比較してみると、台湾の方が、自主的に団体が結成され、自立的に活動を行っており、日本のボランティア団体の方が、自立性や自主性に欠けているように思われる。

図7-6には、活動のための収入源を示した。いずれも会費収入が多いが、台湾では個人からの寄付が最大の収入源である。企業や財団からの寄付も38.5％を占めている。積極的な活動広報は、幅広く民間から寄付金を集めることの必要性から行われていると思われる。それに対して、日本では、市町村からの助成金が台湾より多い。台湾の場合は、県政府からの助成金が多くなっている。

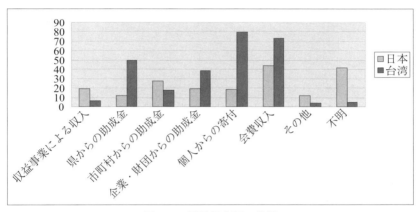

図7-6　活動収入源の比較

　団体活動の自立性は、活動の実態についてもいえそうである。図7-7には、イベントへの参加、図7-8には、同じ地域にある団体との交流を、日本と台湾とで比較したものである。イベント参加においても、同じ地域での交流においても、いずれの活動においても、台湾の方で交流がよく行われており、日本の団体のイベント参加や地域での交流は相対的に低調で、交流なしとする団体の比率も高くなっている。
　図7-9から図7-12には、台湾の団体に顕著にみられた、団体の設立の契機は「社会の役に立つため」と、日本の団体に顕著にみられた「友人ネットワークの拡大のため」という設立の契機とを比較し、それぞれの活動に関する自己評価について示したものである。
　台湾のボランティア団体が、社会の役に立つために設立され、実際に役

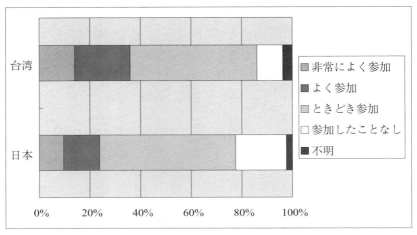

図7-7　イベント参加の比較

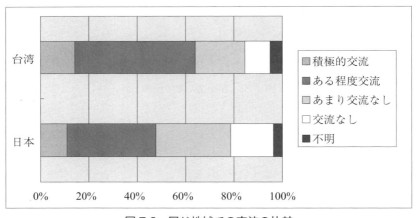

図7-8　同じ地域での交流の比較

に立っていると自己評価していることがよくわかる。日本の団体も社会の役に立つために設立されているが、評価からすれば、実際に役に立っているという実感は弱い。また、日本のボランティア団体は、友人ネットワーク拡大を契機に設立される傾向が台湾より強いが、活動の実態に対する評価では、台湾との違いはみられなかった。

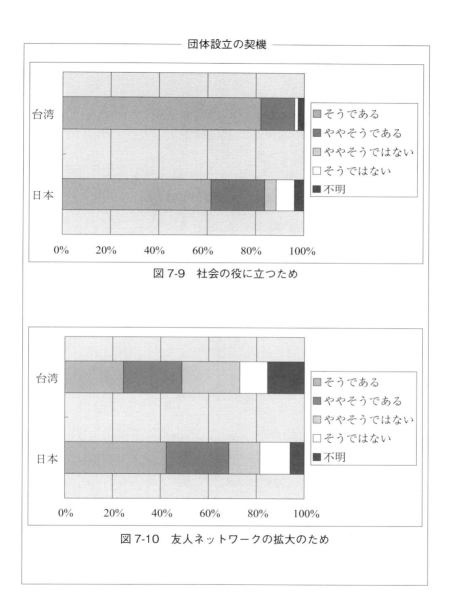

図 7-9　社会の役に立つため

図 7-10　友人ネットワークの拡大のため

第7章　台湾と日本のボランティア団体とボランティア活動　119

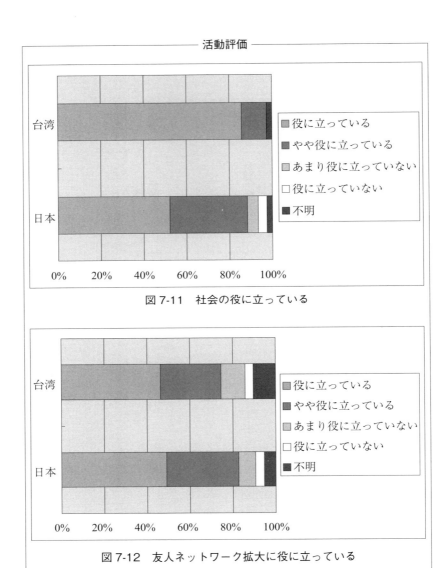

図 7-11 社会の役に立っている

図 7-12 友人ネットワーク拡大に役に立っている

4. 台湾のボランティア団体の地域間比較

　台湾のボランティア団体を、大都市の台北市と台北県の郡部とに区分して、活動の実態を比較してみたところ、日本における地域間にみられた差異ほどには、台湾のボランティア団体には、地域間にそれほど大きな違いはみられず、台湾の団体は、全体的には、どのような地域の団体にも、共通点が多くみられることが指摘される。

　相対的に差異がみられた特徴について、地域間の比較をしてみたい。

　図7-13には、団体設立の経緯を示した。いずれの地域でも社団法人が多かったこともあり、団体設立の理念に基づいて設立されたものが圧倒的に多い。しいていえば、台北県には、行政や地域住民の要請で設立された

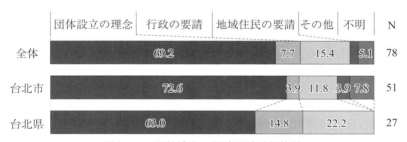

図7-13　団体設立の経緯の地域間比較

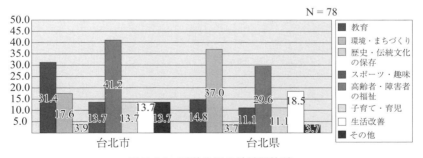

図7-14　活動分野の地域間比較

第7章　台湾と日本のボランティア団体とボランティア活動　　121

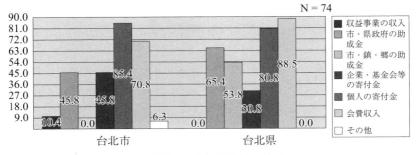

図7-15 収入源の地域間比較

ものもあるようである。

このことは、図7-14に示したように、活動分野に地域間の違いがみられることとも関連している。台北市では高齢者・障害者の福祉分野が最も多く、次いで教育分野の活動が目立つ。それに対して台北県では、環境やまちづくりの活動が最も多く、高齢者や障害者福祉の分野と並んで、生活改善などの分野の活動もあり、まちづくりや生活改善が、地域からの要請としてあるように思われる。

したがって、図7-15に示したように、収入源においても、会費や個人の寄付はいずれの地域においても多いが、台北市では企業からの寄付金が相対的に多く、45.8％を占めている。それに対して周辺部の台北県では、県政府からの助成金が65.4％、鎮・郷からの助成金が53.8％を占めており、地域の要請によって結成された団体が、地域から経済的にも支援を受けている様子がよくわかる。

5. ボランティア活動の事例

台湾のボランティア団体の状況を地域間で比較してみると、台北市の団体が周辺部の地域の団体より、自主的に団体を結成し、自立的に活動している。そこで、これらの違いは、地域の都市度の違いと関連しているかどうかを、個別の団体の詳細な事例から明らかにしてみたい[3]。

5.1　台北市：社団法人台北市学習障礙者家長協会

「台北市学習障礙者家長協会」は、1997年に学習障害者をもつ親や師範大学の教員が30人集まって、社団法人として発足した。現在の会員は80〜90名で、障害児をもつ親は子どもが成長すると退会する傾向にあるために、会員の移動は激しい。

協会は、学習障害者やその家族の生活の質を高めるために、特殊教育の情報を提供し、障害をかかえる子どもの適性教育や就職活動を支援することを目的としている。学習障害に対する認識を高める啓蒙活動や、兵役を高齢者への奉仕にかえる「代替役」の実現を目指し、障害者の権益の保護を政府に要求する活動を行いながら、将来の障害者の社会的負担を減少させることに関する活動を行っている。

具体的には、障害児をもつ親の学習会や講演会を開催し、それは会員全員が参加するのみならず、だれにでも開放している。春休みや冬休みには、学校を借りて子どもたちのための授業も行われている。学校に対しては、親がボランティアとして学習障害に関する広報活動に出向いている。現在は労働局が行うようになり不要な活動となったが、それまでは、学校を卒業して就職するまでの間の中間に「中途商店」を設置しようとしてきた。

活動資金は、会員の会費、政府からの支援はじめ、企業の基金会からの寄付や、一般の人々からの寄付によっている。学習障害児をもつ親に、学習障害を理解し、いかに対処するかを学ぶ冊子『認識学習障礙家長手冊』は、徳霖技術学院と宏国関係事業財団法人林堉琪先生紀念基金会によって発行されている。

台北市で、学習障害児のために自主的に設立された学習障礙者家長協会は、今日、宜蘭、桃園、高雄など台湾の都市部において支部が形成され、活動は拡大してきている。現在事務所は、台北市松山区敦化北路におかれており、支部ができた地域以外の、地方の学習障害者を支援するために、中華民国学習障礙者家長協会が設立されており、この協会の事務所も台北市の事務所内にあり、以前の台北市の理事長が、中華民国の協会の理事長を務め、連携した活動が行われている。

5.2　台北市：社団法人台北市松年福祉会玉蘭荘（日本語による高齢者デイケアセンター）

　社団法人玉蘭荘は、「基督の博愛精神によって、憩いと活動の場を提供し、高齢者が活動と奉仕を通して、愛と喜びのうちに相互にいたわりあい、最後まで社会の一員として尊厳のあるより充実した生活ができるようサポートしていきます」[4]という、宗旨をもつ団体である。

　台湾には、戦前、台湾の人と結婚して、戦後も台湾に留まり続けている高齢期を迎えた女性や、日本統治時代に日本語教育を受けたものが、日本語を自由に使えない状況があり、1989年、安和教会の地下室を借りて、日本語による礼拝「聖書と祈りの会」を母体に、日本語を通して心身ともに支えていく、高齢者ためのデイケアセンターを目指して誕生したのが、この団体である。台湾には、現在、日本語でのケアが必要な高齢者が、約60万人いるとのことである。

　毎週2回、一般的な活動として、懐かしい日本の歌を歌ったり、礼拝や、講演を聴いたり、健康講座を受講したり、手工芸や習字などの趣味活動が行われている。特別活動として、国内外の団体と交流会を行ったり、クリスマスの感謝礼拝や季節ごとの行事が行われている。

　正規の職員は2名で、日本企業の駐在員の家族などを含めて、20数名のボランティアが活動を支えている。会員はクリスチャンが半分強あり、会員の年会費は1,500元、センターの利用料は1回につき100元である。利用料を払うことが困難な高齢者やセンターに自力で通うことが困難な会員に対しては、訪問や電話相談などによって個別に対応している。

　活動費は、会費以外に、日系企業やロータリークラブ、国内外からの個人の寄付を仰いでいる。「交流協会」からはボランティアのサポートを得ている。

　当初、玉蘭荘の施設は賃貸であったが、安定した活動のためには自前の施設が必要と、宣教師らが中心となって、「家屋購入推進班」を組織して、タノモシ会（無利息で返還順序をくじ引きで決める）の形で資金を集め、企業家や慈善家を訪ねて募金を募り、慈善音楽会を開催するなど、皆で協

力することによってようやく購入することができたとのことである[5]。

　この団体は、キリスト教の宗教的なバックボーンをもつ団体であり、施設獲得の活動にみるように、団体としての結束力が強いところに大きな特徴がある。さらに、ボランティア活動を通じて、日本語でのケアの必要な高齢者が台湾にいるという状況に対して、社会的に問題提起を行っているところにも特徴がある。

5.3　台北県鶯歌鎮：社団法人台湾児童少年希望協会

　社団法人台湾児童少年希望協会は、2010年3月に成立した団体であるが、前身は「鶯歌鎮青少年教育関懐協会」として2001年1月にインターネットの資源を活用して活動を開始した団体である。インターネット利用者の交通事故による死亡を契機として協会が設立された。事務所は、台北県（新北市）鶯歌区国華路に置かれ、支部を三峡区隆恩街にもっている。

　鶯歌鎮には、原住民や貧困家庭などの社会的支援を必要とする家庭が多く、協会は、これらの家庭の児童少年の生活補導を主たる活動目的としている。活動の中心を担っている秘書長は、アメリカにおいて心理学を学び、留学を終えて台湾に帰国後、この地域の子供たちにとって不適切な環境を改善する活動を始めたという。

　協会は30名の協力者を得て、社団法人の資格を獲得して発足したが、学校を通じて支援が必要な対象者を紹介してもらうなど、行政と緊密な連携をとって活動している。活動資金は、新北市やこの地区の補助金を得ている。しかし、必要経費は不足ぎみで、企業の基金会からの助成金や、個人からの寄付金を受けており、全体的には、個人からの寄付金額のほうが多い。政府や基金会からの寄付は、政権が代わると得られなくなるおそれがあり不安定であるが、個人の寄付金は安定的であるという。

　協会が毎季発行している広報誌『希望城堡』には、寄付金を寄せた基金会や個人の氏名が寄付金額とともに記されている。その数の多さは、寄付金額の多寡よりも寄付を寄せた人々の数が重要であることを示しているようである。2011年1月から3月までの寄付で、最大は673,470元から、最

小は100元まで、さらには物品の寄付も、果物1箱に至るまで記載されている。

おもな団体からの寄付を列挙すれば、新北市政府長期照顧管理中心、新北市少年輔導委員会などの公的機関、中華社会福利聯合勧募協会、台湾天下為公慈善協会、鶯歌工商婦女公益推展協会、鶯歌国際獅子会、魏公盛祭祀公業などの民間団体、及び吉得力企業有限公司、翔慶精密工業有限公司、昊剛貿易有限公司、凱蒂堡教育機構、傲力企業有限公司、米登峰有限公司などの企業など多岐にわたっている。その他、家和有線電視公司からインターネットの保守を、近隣の食堂からは給食等を、常時支援してもらっている。

協会にはソーシャルワーカーも常駐しており、彼らは、ソーシャルワーカー養成のための実習を引き受けたり、小中学校と連携して、ソーシャルワーカーが中心となって学校の先生の児童・生徒指導の活動を支援したりしている。

台湾児童少年希望協会の活動をみると、志あるものが社会的な問題に対して解決のための団体を立ち上げることは相対的に容易で、官民からの支援もよく得られていることがわかる。

5.4　台北県淡水鎮：淡江大学種子課輔社

同じようなことは、大学生のボランティア団体についてもいえる。

台北県淡水鎮にある淡江大学では、2011年度より、学生たちの団体活動を必修科目として単位化して、学生たちが団体活動を積極的に組織化し、活動を遂行し、活動に参加することを要請してきている。

また、大学の学生活動指導センターが中心となって、毎年「淡江大学学生社団評鑑」を実施して、学生団体の活動を評価し、優れた活動には報奨金を与える制度をもっている。

学生団体は、活動内容によって、学術性（14/16）、文芸性（10/12）、体育性（25/33）、康楽性（趣味団体）（12/14）、服務性（16/19）、連誼性（地区校友会、宿舎自治会など）（26/34）、宗教性（9/12）、音楽性（12/14）、

学会（31/41）、その他（3/4）の属性に区分されている。括弧内の数字は、それぞれの分野の団体数と2010年度の学生社団評鑑に参加した団体数を示している。2010年度の団体数は199を数え、参加団体は158であった。

団体活動の評価の結果、活動分野の属性ごとに1名、特優奨として6,000元を、参加社団数5団体ごとに1名、優等奨として3,000元が授与されている。

ところで、ボランティア活動の分野は、服務性にあたり、その中の一つの団体が「淡江大学種子課輔社」である。この団体は、2010年から活動を開始した新しい団体で、困っている子どもたちのために何かやりたいという学生の思いから結成された。そして、貧困家庭やひとり親の子どもたちの宿題補助を、放課後、毎日、行うことにした。

支援が必要な子どもたちは学校から紹介され、当初は小学校と三芝区公所で実施したが、学校の使用には制約があり、現在は区公所のみで活動しているとのことである。支援を受ける子どもの数は約60人で、これまで支援してきた子どもの延べ数は、3,000人になるという。さらに、夏休みや冬休みには、キャンプを実施して、僻地での教育を支援している。

活動費は、会員の会費もあるが、図7-16に示したように、明確な活動企画書を作成し、予算書を提出して、審査を受け、企業の基金会からも得ている（43万元）。また、図7-17は、団体活動を遂行していくために必要な知識や技術を身につけるための、社員訓練のための行事暦である。会員は、毎週実施される教学活動に出席することが義務づけられ、活動に必要な知識や技術を学ぶことになっている。

種子課輔社のみならず、あらゆる学生団体は、活動企画書や行事暦を作成して大学に提出している。すなわち、大学において団体活動が単位化されるためには、このことは不可欠の事柄である。

ところで、種子課輔社は新しい組織ではあるが、2010年度には、特優奨の6,000元を獲得している。それは、組織を代表する社長が、「青年活動企画師」の資格をもつ有能なリーダーであることが大きい。青年活動企画師の資格は、青年輔導委員会（民間機関）の付与する資格で、委員会が

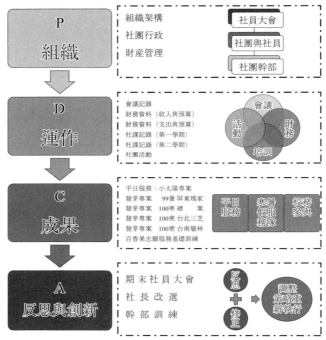

図7-16　種子課輔社の活動概要

開講する講義を受講し、試験を受けて獲得する。数年前から淡江大学においても、資格を取得するための講義が開講されるようになり、学生たちは割安で資格を取得することができるようになったという。しかし、現在、資格をもつ学生はそれほど多くはない。

　大学生のボランティア団体である種子課輔社の活動からも、台湾児童少年希望協会と同じように、ある目的をもった人びとが、社会的に要請された問題を解決するために、組織を結成していることがわかる。そして団体活動が、地域の学校や役所と連携を取りながら行われている姿をうかがい

| 100学年度　淡江大学種子課輔社行事暦 ||
| ♥小小種子・大大希望♥ ||
日期	社課名称
09/13（二）	期初社員大会
09/19（一）	学生互動
09/26（一）	教育心理学
10/03（一）	教学技巧
10/17（一）	創意思考
10/24（一）〜10/28（五）	期中考準備週無社課
10/31（一）〜11/04（五）	期中考週
11/07（一）	企画書撰写
11/14（一）	営隊架構
11/21（一）	教案設計
11/28（一）	教員設計
12/05（一）	活動設計
12/12（一）	自我肯定
12/19（一）	期末社員大会
12/26（一）〜12/30（五）	期末考準備週無社課
01/02（一）〜01/06（五）	期末考週
01/07（六）	寒假開始
無名小站 http://www.wretch.cc/blog/tlouseeding	
（以上活動内容可因実際状況作調整）	

図7-17　種子課輔社の行事暦

知ることができる。

　このような地方における、地域との連携の強い団体活動と比較すれば、学習障礙者家長協会や玉蘭荘のような大都市の団体は、学習障害者や日本語によるケアの必要な高齢者に対する問題解決のために、自主的に団体を設立し、団体の目的達成のために、政府や社会に対して問題を提起してお

り、いささか違いがあることがわかる。

6. 台湾におけるボランティア活動の特徴と課題

　台湾においては、1988年の民主化以降、自由な自発的な活動が活性化され、社会団体の結成が急速に進んできた。当然のことながら、社会服務慈善団体（ボランティア団体）の結成も促進され、社会服務慈善団体の活動数は、1990年の5,835から1999年には26,065に増加したという。社会服務慈善団体のみならず、それ以外の分野の団体の活動も活性化し、活動に占める社会慈善活動や公益活動の割合も増えてきている。

　例えば、宗教団体においては、1990年の活動回数が306回で、そのうち社会慈善活動の占める割合は9.3％にすぎなかったが、1999年には活動数が4,945に10倍以上増加し、社会慈善活動の割合は34.3％を占めるようになり、宗教団体のボランティア活動も身近な生活場面によくみられるようになったことがわかる[6]。

　台湾では、困っている人のために役に立ちたいという気持ちから、ボランティア団体が次々と結成され、企業や経済団体、親族団体、国際交流団体などが基金会を設立して、その活動を支える仕組みができあがっていることがわかる。それらの活動が、ボランタリーな意識に支えられていることもまた事実で、台湾には、根強く張り巡らされている寄付文化があり、一人ひとりの個々人もボランティア団体の活動を支えるために、惜しまず寄付をしている。新興宗教団体の慈済会は、これらの寄付文化に支えられて、400万人といわれる会員から会費を集めて活動を行っている[7]。

　日本に比べれば、台湾においては、社団法人という比較的自由に結成できる団体としてのボランティア団体が多く、それらの活動を支援する市民的な気運も高いことが明らかとなった。このことは、近代化とともにボランタリズムが促進される側面とは異質の、東アジア社会に固有のボランタリズムが、台湾社会の基層構造として存在していることを示唆している[8]。

　しかしながら、台湾では日本以上に、さまざまな分野の活動に対して外

部から評価するという、アメリカの評価文化が入り込んでいる。ボランティア団体の活動が活発に行われるようになってきた背景には、経済的な支援を獲得するためには評価を受けなければならないという制約があるといえる。この評価文化が伝統的な東アジア的文化をどのように凌駕していくのか、あるいは評価文化に抵抗するように東アジア的文化がどのように持続されていくのかが、興味あるところである。

注
1) ボランティア団体に対する調査は、福岡市と山口県において、子どもの健全育成を活動分野に含んでいる市民活動団体を、ホームページ上の情報から抽出して対象とし、郵送法にて実施した。その結果、福岡市においては558団体から199団体、山口県においては、403団体から162団体より回収され、全体の回収率は37.6%であった。
2) 台湾におけるボランティア団体に対する調査は、台北市と台北県（現在の新北市）の郡部（鎮・郷）の社会服務慈善団体を、社会局に登録されている団体をホームページ上から、それぞれ225ずつ抽出して、郵送法にて実施した。全体の回収率は17.3%であった。(http://www.bosa.taipei.gov.tw/gmap/Default.aspx?a=0864 よりリスト作成)
3) 台湾のボランティア団体調査に対する聴き取り調査は、2011年1月と9月に実施した。
4) 社団法人台北市松年福祉会玉蘭荘パンフレットより。
5) 「玉蘭荘の礎を築いた許長老」『玉蘭荘だより』129号、2011年1月15日発行。
6) 寺尾忠能「台湾――抑圧の対象から『台湾』の担い手へ――」重冨真一編、2001、『アジアの国家とNGO』明石書店、339頁。
7) 慈済会の活動の実態に関しては、三浦典子「高齢化社会台湾における宗教団体の活動」三浦典子編、2010、『台湾の都市高齢化と社会意識』渓水社、95-112頁、を参照のこと。
8) この点については、三浦典子、2012、「東アジアにおけるボランタリズムと公共性」『社会分析』39、61-79頁（本書第2章）、を参照のこと。

第8章　日本のボランティア団体
―― 山口県と福岡市のボランティア団体 ――

林　寛子・三浦　典子

1. 問題の所在

　近代化や都市化とともに、個人の自発的な活動が活性化され、さまざまなボランティア活動が生み出されている。日本におけるボランティアに対する関心の高まりは、1995年の阪神・淡路大震災が契機となっている。震災という非常時において、ボランティア活動とその重要性が認識された。
　震災時、行政はボランティア活動の参加者の増加に対して、ボランティアの組織化に対応できなかった。そのため、行政は全国的にボランティア活動の推進を検討するようになった。震災時にボランティア活動をスムーズに組織化できなかった反省から、中央省庁においてもボランティア活動を支援する仕組みの制度化がすすめられた。以降、新たなボランティア団体が誕生し、活動参加者はますます増加した。
　行政がボランティア活動に期待し、推進してきた背景には、行政財の疲弊がある。行政財が不足していることから、行政として障害者や高齢者、子どもに対する多様なニーズに応える福祉事業を新たに整備することは困難になっている。ボランティアは従来の制度が行ってこなかった活動に価値を創出することができる。そのため、ボランティア活動は公共サービスの行き届いていないところを埋めるという状況が生じ、このようなボランティアの活動に期待が寄せられている。
　震災後のボランティア活動への関心の高まりは、活動を認識することだけでなく、その活動が円滑に行われることや、活動が継続して行われることにも関心が寄せられ、1998年には特定非営利活動促進法が施行された。

法人格がない任意団体の活動は社会的信用が得にくく、活動の継続面で支障をきたした。このような経験をもとに、法人格を付与する法がつくられた。これにより、ボランティア活動は政策面で転換期を迎えた。

ところで、日本におけるボランティア活動の推進は、震災を機にはじめられたわけではない。1990年代以前からも進められていた。特に地域福祉とかかわる内容で、障害者や高齢者の介護等のボランティア団体が設立されており、社会福祉協議会がそれらのボランティア活動のネットワークの拠点となっていた。現在においても、地域福祉にかかわる領域のボランティア活動については、社会福祉協議会のボランティアセンターがネットワークの拠点となっている。また、県や市町村はそれぞれ、市民活動のネットワークの拠点となるセンター等を設置し、助成事業や研修事業等を行っている。

行政が施策としてボランティアへ期待し、推進する一方で、ボランティア活動に参加する個人は、自己実現を図る手段として活動に参加するものが増えていると指摘されている。ボランティア活動は、自己実現型の社会参加としてとらえられ、活動する個人は活動に参加することを通じて自ら生活を高め、心を豊かにし、ゆとりと生きがいを実感しようとしているのである。ボランティア活動は、行政が進める地域福祉の施策の方向性と個人の自己実現の欲求とが絡み合いながら展開されてきている。

現在も行政の施策はボランティア活動を推進しており、「協働」を基本とした社会づくりを目指すことが掲げられている。こうした施策のもとでは、ボランティア団体が自発的に設立され、自立して活動を展開しているというよりは、ボランティア団体が行政によって育てられ、行政の下請けとなる危険性が考えられる。行政主導型として組織されたボランティア団体は、自発性が喪失しているため、長く団体活動を継承していくことは困難であろう。また、ボランティア活動において、個人が社会に貢献することが強調されすぎれば、個人の主体性や自発性も損なわれ、また、個人が自己実現を図ることも難しくなるであろう。

このような問題意識から、都市化の状況が異なる山口県と福岡市におい

てボランティア団体の調査を行った。本章は、日本のボランティア団体の実態を明らかにしていくものであるが、特にボランティア団体と行政との関係、及びボランティア活動が自己実現を図る手段になっているのかという点に注目し、ボランティア団体の自立の実態を都市化の状況の異なる地域比較から明らかにしたい。

2. 日本のボランティア団体の自立の実態

2.1 ボランティア団体調査の概要

　近代化、都市化にともなって、ボランティア団体の活動が活性化することを踏まえて、都市化の程度が異なる山口県と福岡市との2地域において、ボランティア団体に対する調査を2009年12月から2010年1月にかけて実施した。

　山口県の人口は、1,451,338人（2010年）である。福岡市は福岡県の県庁所在都市であり、政令指定都市で、人口は1,463,743人（2010年）である。人口規模は、山口県と福岡市はほぼ同じである。年齢構造は、2010（平成22）年国勢調査の結果によると、山口県の65歳以上の年齢のものが占める比率は28.0％、福岡市の老齢人口も28.0％で、いずれも高齢社会の域に達している。

　しかし産業構造には大きな違いがみられる。山口県では第2次産業従事者が26.8％を占め、第3次産業従事者が67.7％であるのに対して、福岡市の第2次産業従事者は、わずか12.9％にすぎない。第3次産業従事者が77.9％を占め、産業化の程度には大きな違いがある。

　このように都市化の程度が明確に異なる2つの地域において、ボランティア団体調査を行うために団体の抽出を行った。山口県においては「やまぐち県民活動支援センター」と「自治体」のホームページから団体リストを作成し、福岡市においては福岡市NPO・ボランティア交流センター「あすみん」と「福岡市」のホームページから団体リストを作成した。団体は、子どもの健全育成を活動分野として登録している全てのものを抽出

した。その結果、調査対象団体は961団体となり、これらの団体に郵送法で調査票を配布し、回収した。その団体の詳細な内訳は以下のとおりである。

 山口県 403団体
  ・市民活動団体   224団体
  ・子育てサークル、団体 179団体
 福岡市 558団体
  ・市民活動団体（あすみん） 277団体
  ・子育てサークル、団体 281団体

382団体より調査票が回収され、全体の回収率は、39.8％であった。山口県の団体からの回収率は40.2％、福岡市の団体からの回収率は39.4％で、回収率には地域間で大きな違いはみられなかった。

2.2 ボランティア団体の活動実態

まず、ボランティア団体の活動の実態をみておきたい。

主な活動内容（図8-1）は、団体の主な活動分野を一つだけあげてもらった。子どもの健全育成に登録されている団体を抽出したため、両地域とも子育て支援活動をあげるものが最も多いが、福岡市の方でより多くなっている。山口県では、子育て支援とともに環境やまちづくりを主な活動分野とする団体が福岡市より多くみられる。

会員の人数（図8-2）は、山口県では10人以下の小規模な団体が福岡市よりも多い。これに対して、福岡市はもう少し規模が大きい21～50人以下の団体が多くなっている。

活動年数（図8-3）は、全体では約4割が10年以上活動を続けている団体である。山口県では20年以上活動が継続されている団体が2割を超えている。

活動頻度（図8-4）は、両地域とも月に1回活動している団体が多く、

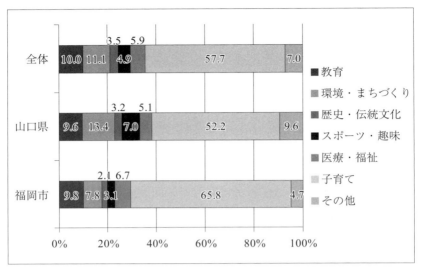

図 8-1　主な活動内容
$\chi^2 = 35.319$　df = 12　p = 0.000

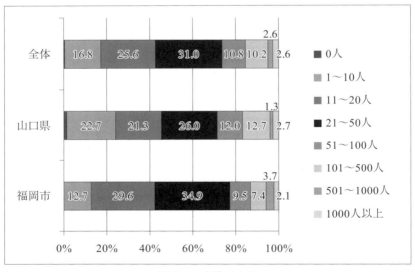

図 8-2　会員の人数

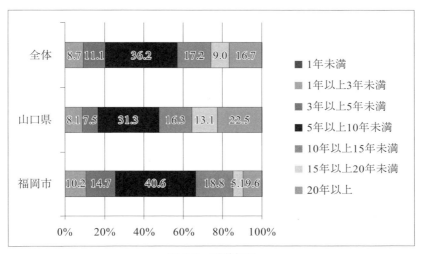

図 8-3 活動年数
$\chi^2 = 32.796 \quad df = 12 \quad p = 0.001$

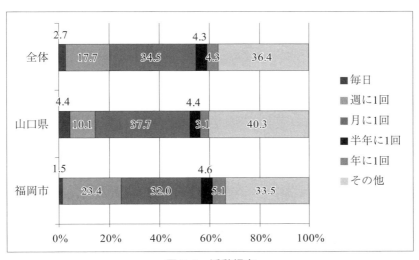

図 8-4 活動頻度

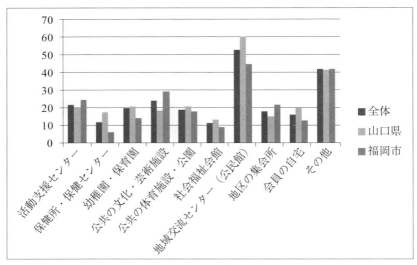

図 8-5　活動場所

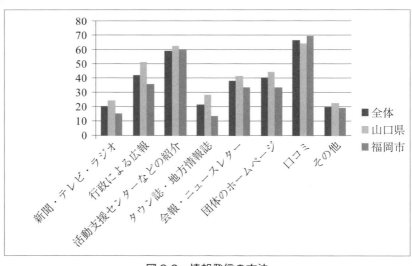

図 8-6　情報発信の方法

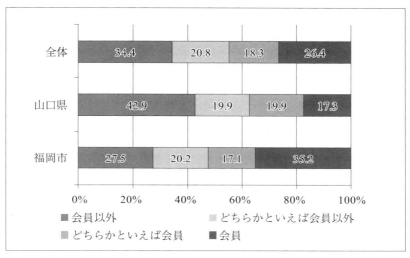

図 8-7　活動の対象
$\chi^2 = 23.187$　df = 6　p = 0.001

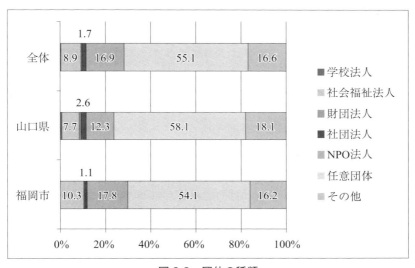

図 8-8　団体の種類

第 8 章　日本のボランティア団体　139

毎日活動している団体はわずかである。

活動場所（図8-5）は、両地域とも地域交流センターが最も多い。会員の自宅が利用されている団体は少なく、行政の施設が利用されていることがわかる。

情報発信の方法（図8-6）は、両地域とも口コミが多い。次いで活動支援センターなどの紹介、行政による広報となっている。団体独自の広報媒体もあるが、行政や活動センターの広報に便乗している傾向が強い。

活動の対象（図8-7）は、団体の会員に限定されるか、あるいは会員以外に及んでいるかを確認した。全体としては、会員以外の人のための活動と会員に限定した活動の団体がほぼ二分されている。地域別にみると、山口県では会員以外の人のための活動が多く、福岡市では会員に限定した活動が多くなっている。

団体の種類（図8-8）は、全体としては任意団体が55.1％を占めており、NPO法人格をもつ団体は16.9％となっている。地域間を比較してみると、NPO法人は都市部の福岡市にやや多くみられ、山口県は任意団体として活動するものがやや多い。

ボランティア団体の活動の実態をまとめると、都市部の福岡市で、会員20～50人くらいの中規模の団体が多い。会員のために活動を行う団体が多く、法人格を取得する傾向がみられる。これに対して、山口県では会員10人以下の小規模の団体も多く、会員以外のもののために活動する傾向がみられる。

2.3 ボランティア団体としての自立の実態

ボランティア団体の自立の実態を明らかにするために、団体の会則定款の有無、設立要請、行政主催のイベントへの参加の状況についてみてみる。

まず、会則定款の有無（図8-9）は、全体において78.1％の団体に会則定款がある。地域別にみると福岡市で会則定款がある団体が多い。

会員の入会時の紹介の有無（図8-10）では、全体の87.4％の団体で紹介は必要なく、ほとんどの団体が開かれた団体といえる。地域別にみると

山口県の9.4％の団体において紹介が必要になっており、福岡市よりも高い。

　会長の選定（図8-11）方法は、全体では、会員からの推薦が最も多く、次いで役員が選定となっている。地域別にみると、山口県では会員からの推薦が比較的高く、これに対して福岡市では立候補によって選定される傾向が強い。

　設立要請（図8-12）については、設立時に既存の組織や団体から団体設立の要請を受けたかどうかみてみた。全体では、自治会・町内会・部落会から設立要請を受けて団体を設立したという団体が42.9％にのぼる。地区別にみると、山口県では設立要請を受けた顕著な既存の組織や団体をあげることはできないが、それぞれの既存の組織や団体から2～3割程度の団体が要請を受けた経緯をもつ。これに対して、都市部である福岡市で自治会・町内会・部落会からの要請を受けて設立した団体が51.7％にのぼり、山口県よりもこの傾向が強い。なお、その他には要請は受けていないことを記入している団体が多かった。

　団体の収入源（図8-13）は、山口県も福岡市も会費が最も多く、次いで市町村からの助成となっている。

　自治体主催のイベント参加（図8-14）は、自治体が主催するイベントに団体としてどの程度参加しているのか確認した。山口県も福岡市もときどき参加しているが最も多く、自治体が主催するイベントに積極的に参加している団体は少ない。

　同じ活動分野の団体との交流（図8-15）は、全体では6割が交流している。地域別では山口県のほうが積極的に交流している傾向にある。

　同じ活動場所の団体との交流（図8-16）は、全体では交流している団体と交流していない団体がちょうど二分される。地域別ではこちらも山口県のほうが積極的に交流している傾向にある。

　活動の成果（図8-17）は、代表者が会の運営において、会員に団体の活動の成果があがるような行動を求めるかどうかみてみた。全体では会員の自主性に任せる傾向にある。地域別では、会員の自主性に任せる傾向は

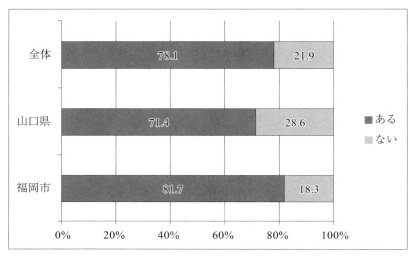

図 8-9　会則定款の有無
$\chi^2 = 9.31$　df = 2　p = 0.01

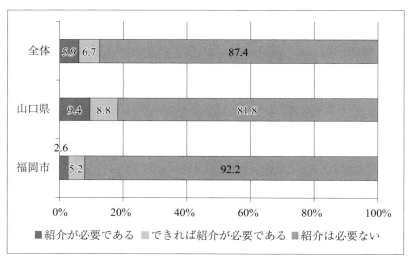

図 8-10　入会時の紹介の有無
$\chi^2 = 10.351$　df = 4　p = 0.035

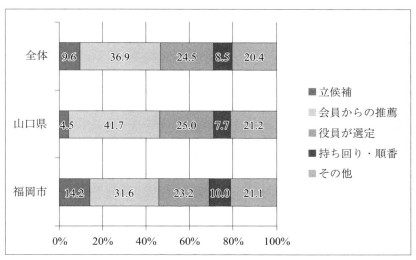

図 8-11　会長の選定
$\chi^2 = 17.125$　df = 8　p = 0.029

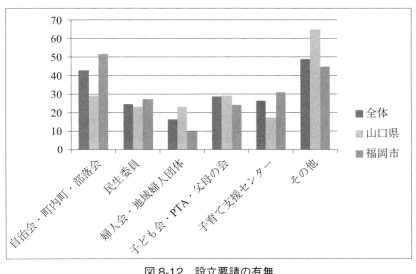

図 8-12　設立要請の有無

第 8 章　日本のボランティア団体　143

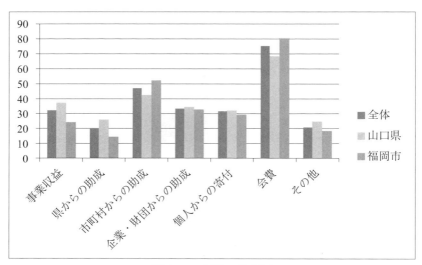

図 8-13　団体の収入源

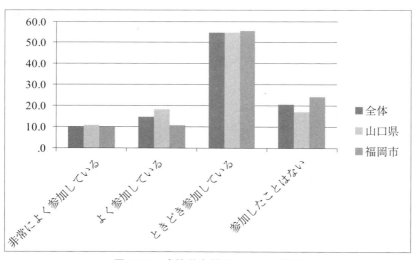

図 8-14　自治体主催のイベント参加

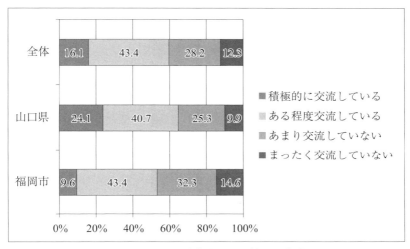

図8-15 同じ活動分野の団体との交流
$\chi^2 = 22.47$　df = 6　p = 0.001

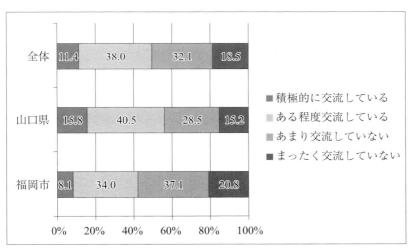

図8-16 同じ活動場所の団体との交流
$\chi^2 = 17.123$　df = 6　p = 0.009

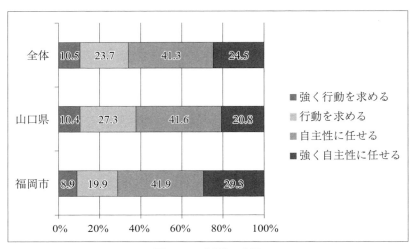

図 8-17 活動の成果
$\chi^2 = 13.911$　df = 6　p = 0.031

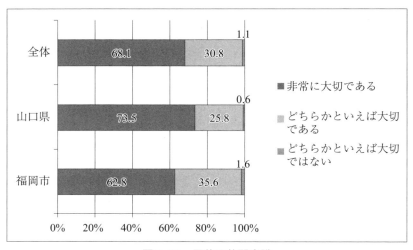

図 8-18 団体の仲間意識

福岡市に強く、山口県では会員に強く行動を求める団体が福岡市よりも比較的高い。

団体の仲間意識（図 8-18）は、代表者が会員同士の仲間意識を大切にしているかどうかみてみた。ほとんどの団体が大切にしている。地域別では、山口県のほうが非常に大切にしている団体が多い。

ボランティア団体の自立の実態をまとめると、山口県の団体は既存の組織や団体からの要請によって設立したというよりは自発的に結成されている。そして、地域社会の中で他の団体と連携して活動している。任意団体のままで活動し、会員の入会時も紹介を求め、会長選定時も会長や役員等の主要メンバーが継承できる人を育て、引き継いでいる。このことから、ボランティア団体の外部に対しては開かれた活動を行っているものの、内部における会員間の繋がりは少し閉鎖的で、会員の仲間としての繋がりを重視し、会の活動の成果があがる行動を求める傾向があるといえる。

これに対して、福岡市の団体は自治会・町内会からの要請を受けて設立した団体が5割ある。既存の組織や団体の要請に応えるかたちで設立され、収入源も自治体の助成が山口県よりも多い。法人格を取得し、会則に従った運営が行われ、会長選出は会員や役員の推薦だけでなく、立候補による選出の団体もある。会員の入会には、紹介をほとんど必要とせず、会員になることは誰に対しても開かれている。しかし、地域社会の中で他の団体との交流はそれほど積極的ではなく、団体のみで活動する傾向がみられる。前節でみた活動の対象が会員に限定的であるか、会員以外にも拡大しているかが、それぞれの団体の構成メンバーのあり方と密接に関わっている。

両地域とも自治体主催のイベントへの参加の有無は、両地区とも「ときどき参加している」状況で、積極的な参加はみられなかった。設立時に自治体の施策にかかわる組織や団体から設立要請を受けた団体や自治体からの助成を受けている団体は、イベントに参加する傾向にあるのではないかと予測したが、そのような結果にはならなかった。自由記述には、「市や県と協働することも多いが、各種、フェスティバル等の割りあて参加を求められることも多く、小さい子どものいる家庭では、休日等なかなか子ど

もを預けづらいので、負担になることもある」という記述もあったが、既存の組織や団体から要請を受けて設立した団体、自治体からの助成を受けている団体が数多くあるものの、団体活動そのものは自治体の事業の下請けにはなっていないようである。

3. 子育て支援団体の構造分析

活動の対象が、会員に限定的であるか、会員以外にも拡大しているかは、それぞれの団体の構成メンバーのあり方と密接に関わっている。

図8-19には、地域別に団体の種類を示した。子育てサークルは、子育

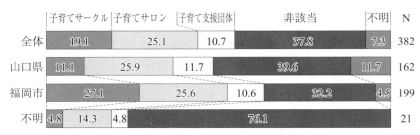

図8-19　地区別支援団体の類型

て中の母親が中心となって活動している団体であり、子育てサロンは、子育てを支援するものと子育て中の母親とが一緒に活動しているのに対して、子育て支援団体は、子育てを支援するもののみが活動する団体である。

いずれにも属さない非該当が4割近くを占めているが、子育てサロンが最も多く、次いで、子育てサークル、子育て支援団体となっている。福岡市では、子育てサークルが山口県よりも多くみられるが、都市部で会員に限定された活動が多かったこととも関連している。

それぞれの団体は、団体構成メンバーが異なるとともに、団体の理念や活動の現実に差異がみられ、団体間で比較することは、子育て支援団体の、今後のあり方を展望する上で重要となる。

まず、それぞれの団体がどのような経緯で組織されるに至ったかについ

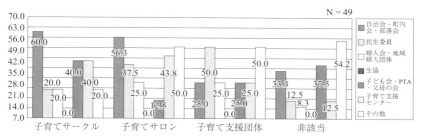

図 8-20　団体活動種類別団体設立を要請した相手組織

てみてみよう。図 8-20 は、団体活動種類別に団体設立を要請した相手組織を示したものである。

子育てサークルや子育てサロンは、自治会や町内会からの要請が最も大きく、子育て支援団体は、民生委員が中心になって設立される傾向が強い。また、子育てサークルは子ども会やPTA・父母の会というような子どもに直接関わる団体からの要請もみられる。子育てサロンは、これらの子ども関連の団体とともに、子育て支援センターが要請して設立されている。

図 8-21 には、これらの団体がどのような資金で活動を行っているかを示した。子育てサークルは、市町村からの助成もあるが、会員の会費によって運営されている。子育てサロンや子育て支援団体は、過半数が不明とこたえている。強いていえば、会費よりも市町村からの助成金のウエイトの方が大きく、若干の事業費も資金となっているようである。

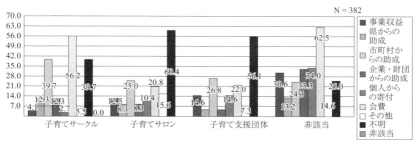

図 8-21　団体活動種類別収入源

第 8 章　日本のボランティア団体　149

4. ボランティア団体の理想と現実

4.1 活動評価にみるボランティア団体の理想と現実

　ボランティア団体は、理想を掲げ、団体の目的を達成するために結成される自発的組織である。そこで、団体設立のきっかけとして、①社会の役に立つため、②身近に起きている問題を解決するため、③技術・能力・経験を生かすため、④友人などネットワークを広げるため、⑤余暇を有意義に過ごすため、の5項目に関して、「そうであるか」「そうではないか」4段階で評価してもらった。その結果について、「そうである」に4点、「どちらかといえばそうである」に3点、「どちらかといえばそうではない」に2点、「そうではない」に1点を与え、得点化した。図8-22は団体設立のきっかけの平均点を示したものである。

　両地域とも「社会の役に立つ」のスコアが比較的高くなっており、次いで「問題解決」や「ネットワークの拡大」となっている。団体設立時の理想は、以上の3点に重きが置かれて団体が結成されたといえる。

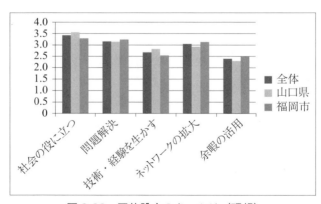

図8-22　団体設立のきっかけ（理想）
　　社会の役に立つ　　：p=0.01
　　技術・経験を生かす：p=0.023

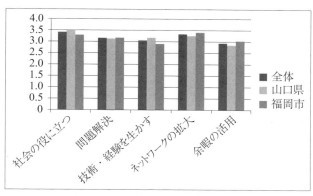

図 8-23　団体活動の成果（現実）
社会の役に立つ　　：p=0.028
技術・経験を生かす：p=0.007

　また、実際の団体活動の成果を団体設立のきっかけと同じ質問項目を用いて確認した。図 8-23 が団体活動の成果の平均点の結果である。両地域とも「社会の役に立つ」「問題解決」「ネットワークの拡大」のスコアが平均値 3.0 を超えており、活動成果の評価が高い。
　そこで、活動の理想（きっかけ）と現実（活動の成果）をまとめて示した。全体では（図 8-24）、「社会の役に立つ」ためや「問題解決」に関し

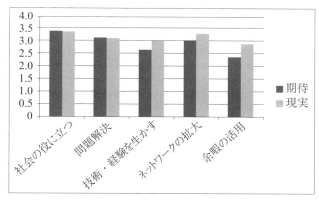

図 8-24　団体活動の理想と現実（全体）

第 8 章　日本のボランティア団体　151

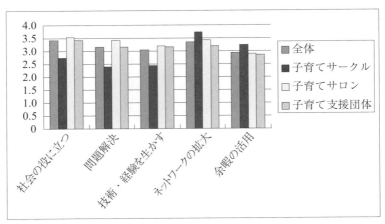

図 8-25　団体設立のきっかけ（理想）

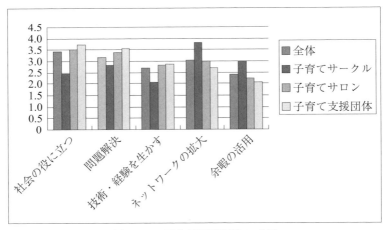

図 8-26　団体活動別活動の成果

ては、理想と現実がほぼ一致しているが、「技術・経験を生かす」や、「ネットワークの拡大」、「余暇活用」は、理想よりも現実の評価が高く、予想以上の効果をあげていることがわかる。地域別には大きな差はみられない。

　団体活動の種類別に、団体設立のきっかけを示したものが、図 8-25 で

ある。会員中心の子育てサークルは、全体と比較して、「ネットワークの拡大」や「余暇活用」をきっかけとして設立される傾向にあり、子育てサロンや子育て支援団体は、「社会の役に立つ」ためや「問題解決」のために設立される傾向にある。「技術・経験を生かす」ために設立されたものも、子育てサロンや子育て支援団体の方が、子育てサークルよりも多い。

図8-26には、団体活動の種類別に、実際の団体活動の成果を示したものである。団体活動の成果もほぼ同じ傾向で、子育てサークルは、「ネットワークの拡大」や「余暇活用」が相対的に多い。「社会の役に立つ」は子育てサロンや子育て支援団体におけるスコアが高い。問題解決は、特に子育てサロンや子育て支援団体でスコアが高くなっている。

以上のことから、ボランティア団体活動の現実は、社会の役に立つ活動であると評価できる。また、技術や経験を生かしたり、ネットワークの拡大につながったり、余暇を活用できるといった会員の自己実現を図る手段になりうる活動であると評価できる。

4.2　自由回答の記載内容からみるボランティア団体活動の課題

ボランティア団体が自らの活動を高く評価していることが明らかになったが、アンケート調査票の自由回答欄に記載された内容から、ボランティア団体活動の抱える問題点や課題が浮き彫りになっている。

まず、団体活動の継続上の問題として2点をあげることができる。

1つ目は、ボランティアの人材確保とリーダーの養成の問題である。団体設立期に思いを同じくするものが集まって団体が結成されたとしても、活動が継続していくとともに当初のメンバーは高齢化していく。活動はマンネリ化し、衰退する傾向がみられる。また、たとえ新たな会員の加入があったとしても、初期会員との間に意識の違いが生じている。ボランティアの支援を受けた人が、ボランティア活動に参加するという循環を期待していた活動も、実際には参加者が一つのサービスとして支援を受け取ったにすぎない例もあげられている。ボランティア精神をいかにして育成していくかは大きな課題である。新たなボランティア活動を行うものを養成し、

活動の後継者をみいだしてスムーズな世代交代を図ることは、活動を継続していく上で重要な課題である。

＜人材確保の問題＞

- ボランティア（会員）の拡大を考えているが、なかなか難しく、常に人数確保に頭を悩ませている状況がある。
- 会員の高齢化、経済状態による多忙、若い会員が増えない等の為、活動力が低下している。又、運営委員等、事務局人材が不足で、活動の維持に不安がある。
- 高齢化率の高い地域のため、子どもの数も少なく、子育てサロンを手伝っていただくボランティアも人材不足である。そのため会員も定着率が低く、なかなか活動の幅を広げることもできずにいる。
- 新規会員の確保が難しく、若者の団体参加（組織への加入）離れが進んでいる。
- 民生委員が中心になって「子育てサロン」をつくった。民生委員以外のボランティアになかなか参加していただけない。
- 余暇が多様化しており、一つの事を深く追求する人が少なくなっており、団体運営スタッフの確保が難しい状況となっている。
- 会員同士数年来というように、少人数でながくやってきたので、新しい人に入って頂くのに、少し難しいところがある。
- 会の設立後5年以上が経過し、立上げのメンバーとその後の入会のメンバーの意識の差が出ている。
- 会員の意思統一が図られていない。古い会員と新しい会員のギャップが埋めきれていない。
- 子育てはお互い様という気持ちで、子育てサロンの利用者がボランティア登録をしてくれる事を期待していたが、便利なものは利用するだけという声も聞かれる。現在登録しているボランティアも高齢化が進んだ場合、サロンの継続が難しいのではないか。
- 育児ボランティアで、13年前に仲間と一緒にはじめた自主グループです。構成員は60歳代が中心のグループです。「遠くに住む孫より、地域の孫支援」がスローガンです。若い世代からは考えられないと思いますが、手出し、金出し、時間出し、すべて会員がボランティアでやっています。40、50歳代の会員は、優秀な人材ほど、子どもが大学生になる頃に仕事

をするために辞めて行かれます。こうした理由で、私達の会では、代表のバトンタッチが出来ません。設立者の志がそのまま受けつがれる交代はほとんどないでしょう。私たちは一代限りだと思います。
- 世代交代を図って行きたいが、ある程度時間を自由に使える人は限られてくる為、若い人達がなかなか育たない。

　2つ目は、活動資金の問題である。団体活動は、調査の結果では会員の会費が主たる収入源であった。そのため、会員の減少は即資金難につながる。また、団体創成期には、団体育成を目的としたさまざまな活動助成金があり、それに基づいて活動を始めることになるが、創成期の活動助成には年限があり、年限が切れるとその後の資金獲得が問題になっている。事業委託も全ての団体が受託できるわけではない。団体は、さまざまな助成金や協賛金を獲得する努力を行っているが、助成金や協賛金も削減状況にあって、資金獲得にも影響が及んでいる。個人の寄付も集めることは難しい状況にある。

＜活動資金の問題＞
- NPOの活動として、民間学童保育所の運営も行っているが、現行のままでは非常に経営が困難。行政からの助成も全くなく、収益事業による収入が出ないために、他からの個人収入で支出を補っている。小学生の学童保育に対する助成を必要とします。
- 現在、市との委託契約でつどいの広場を運営しているが、将来的にも継続していくには資金（人件費）が厳しい。団体の運営として、他の財源確保の道を模索中です。
- 会員の会費で活動が成り立っているので、会員の減少は財政面でも苦しく、思うように活動が出来ない。
- 現在は個人の寄付にたよっている部分が多いがそれも年を追うごとに難しくなってくる。（時代の流れで若い人は寄付という考えはない）費用は基本的に会員の持ち出しになっている。
- 市からの運営助成金が設立から3年間で打ち切りなので、4年目からは

- 資金難になる。大いに問題あり。
- 初めの 2～3 年は助成金を申請して助成活動をしながら　団体運営をしていました。最近 3～4 年は会員も減り、わずかな事業収入と会費で運営していますが、スタッフの士気も下がりこの不況で　企業も協力してもらえません。せめてスタッフの活動費くらいが捻出できるといいのですが……。資金難で来年度の団体の存続が厳しい状況です。
- 現在は、会員からの会費と寄付（会員の会費以外のものと会員ではなく知り合いの方などからのもの）に加え、利用する子どもたちの会費と助成金で活動をしています。しかし、助成金は、人件費に使えるものは限られているので、人件費に使ってよいものがあれば……というのが、NPO で活動する多くの団体の思いだと感じます。
- 2009 年の事業仕分けで「子供夢基金」が削除され、今後の活動での助成金や協賛金（企業等から）が減少して、活動がやりにくくなる懸念がある。
- 運営費の 99％が会費、寄付金、助成金のため、継続的な資金づくりに毎年苦労している。

　また、支援のあり方についての問題点を 2 点あげることができる。1 つ目は、ボランティア団体の活動によって生じる、支援する側と支援を受ける側の隔たりという問題である。具体的には、支援されるもの（例えば、子どもや子育て中の母親）の意識が個人主義的になっており、支援するものの思いや理念と隔たりができているということである。人材確保の問題でもみたとおり、子育て支援のボランティア活動やサークル等の活動をあくまでサービスの一つとして受け止めているため、たとえサークルのような自主活動団体であってもお客様としての受け身的な関わりしかもたない。子どものあいさつや言葉遣いなど、支援するものは気になる点が多いようで、支援するものが子どもやその親にしつけの部分でどこまで関わっていいのかをはかることも難しくなっているようである。

＜支援されるもの（子ども・子育て中の親）の問題＞

- 今の子どもは親から叱られていないので、指導上で厳しくすることが出来ない。もっと規律正しい子どもたちになるよう努力したい。
- 親に直接に躾などの指導はせず、子どもを通してあいさつなどの指導を行っていますが……。家庭での躾や言葉づかい、人とのまじわり方などどこまで親御さんに言ったらよいのか迷っています。
- 子育てサロン（フリースペース）の中で、原則として見守りをしているボランティアグループですが、参加するお母さん方の目がご自分の子どもから離れて、おしゃべりに夢中です。ボランティアがいるとの安心感もあるとは思っていますが……。ボランティアは子どもたちと接していられるので楽しいのですが、お母さんたちの子どもに対する注意力、教育力（家庭における躾）が弱いのではないかと感じる日々です。
- 子どもをまともに育てられない親が増え子どもの将来が不安定になる。親が子ども、親と子ども一緒になって教育を考えなければ日本の将来は無い。
- 私たちが活動を始めた時期は、子育て中の母親世代との融合や共有ができていたが、現在は、やや思いや理念にへだたりを感じている。母親の世代が自分達中心の考え方で支援者との関係が広がっている。
- サークル＝自主活動のはずなのに、「お客さま」状態で、受け身で活動に参加される傾向にあり、困る。だいたい同世代で考え方は同じだと思っているのに、活動に協力的でない（＝気がきかない）人も多く、悲しい。

　2つ目は、支援過多の問題である。地域の既存の組織や団体からの要請を受けて団体が結成されたり、行政の施策の影響を受けて活動したりすることもあり、団体が活動する地域周辺のニーズに合わせるというよりも、その時代のニーズの流れの中で活動が行われている。そのため同じような活動をする組織や団体がたくさんある。例えば、子どもの健全育成や子育ての支援においては、子どもを対象としたさまざまなイベント等がさまざまな組織や団体から提供型で企画され、実施されているため、参加者の確保が問題になっている。

<支援過多の問題>

- 夏のデイキャンプ、冬のクリスマス会を企画していますが、年々参加人数が減っています。会員それぞれに他の行事（兄弟児の分も含む）と重なったりして、今年度から保護者会へ呼びかけもしています。
- 10月にペットボトルロケットの製作教室を開催いたしましたが、子どもたちの申込みが少なく、困りました。秋のイベント、スポーツ大会等で、子どもの取り合い状態です。
- 子育てサロンへの参加者が少ない。参加者が望むサロンって何だろうと思う。
- 課題は、参加者をいかに定着させていくかということにつきると思います。しかし実際は、他に同種の行事が色々な場所で行われていることなどから、なかなか難しいのが現状です。

　さらに、注目したい問題点が2つある。1つ目は、ボランティア活動において経験豊富な人材を生かす仕組みがないことである。この点については、自由記述において問題点として記載されたわけではない。自由記述における記載内容は、ボランティア活動が設立時の役割を終え、活動が終了した、あるいはしようとしているというものである。ボランティア団体の活動が対象とする人々のニーズの変化に影響をうけることは、当然のことである。ましてや、ニーズに合わせて同じような活動があらゆるところで実施されていると、参加者や会員の奪い合いが生じる。特に、ボランティア活動には、公共サービスが行き届いていないところを埋めてきた活動もある。支援活動から問題意識が高まり、公共サービスとして行われるようになると、ボランティア団体活動の役割は終わる。こうして、団体活動がその役割を終え、解散を決定することも、流れとしては当然であろう。団体が活動の役割を終えて、解散するという決断を下すことは決して問題ではない。しかし、解散と同時に、ボランティア団体で活動してきた大切な人材が失われていることが問題である。ボランティア活動の経験が生かされる、新たなステップを見出し参加できる、そうした仕組みがあれば、ボランティア活動のすそ野の拡大につながると思われる。

＜役割を終えた団体＞

- 既に解散しました。私は平成14年度、平成15年度に会長をさせて頂いていました。その当時、20人前後の会員で、週1回、当番制で絵本を読んで、手遊び、又色々な遊びを年間スケジュールにそって行い、おやつを食べていました。子ども同士もですが、どちらかといえばお母さん同士の仲間作りが中心で、その中で、子育てなどのことを話し、お母さん達もリフレッシュしていました。その後、近くの保育園で子育て支援が毎日行われるようになり、そちらへ行った方が全て園の先生方がして下さることもあり、参加が5、6家族となってしまい、運営できなくなったので解散となりました。又、その頃、支所、保健センターでの子育てのイベントも増えたので……。
- 私たちは今年度で解散予定です。地域に1つしかない育児施設を何とか残したいとのNPO法人化でしたが、園児数1名となり、保育園は21年3月末で閉園とし、21年度は放課後児童教室と子育て支援を主としております。来年度は市直営の児童クラブとなりますので、私達の役割は終えたとの申し合わせになっております。もちろん各々が子育て支援等に努めて行く事には変わりありませんが、組織として動くには経済的に負担が大きすぎるというところでしょうか。
- 私たちは、感動！発見！ふれあい！教室の1つで、絵本の読み聞かせを年に3度だけしています。(土 or 日曜) どんどん子どもの数が減り、集まってくれる人も少なくなってきました。対象は、小学生の低学年が主ですが、土・日にスポ少やいろんな習い事をする子ども達が増え、どの教室も人数が少しずつ減ってきています。でも、1人でも足を運んでくれる子どもがいれば、教室を開いてあげたいと思っている気持ちもあります。いつまで続けられるか分かりませんが、今のメンバーが出来る所まで、頑張っていこうと思っています。
- 子育て支援センターなどの先がけとしての役目を果たした。いろいろなところで、子育て活動が行われるようになり活動の目的は達成された。事業終了か。
- 子育てと支援活動を行う団体、サークルが近所にも増えてきたので、当サロンの方向性を考え直す時期にきたのかなと思っています。

　2つ目は、ボランティア団体、特にNPO団体と行政とがうまく連携を取れていない点である。一部のNPO団体ではあるが、行政と連携し、

第8章　日本のボランティア団体　159

もっと活動の幅を広げたいと求めている。一方で、自由記述には「行政はボランティアの活用ばかりに重点をおいている」という批判もあったが、1つ目の問題と絡んで、本当に意欲あるあるいは経験のある団体や個人と行政との協働の仕組みがうまく確立していない状況がうかがえる。

＜協働して活動したいのに機会がない団体＞

- NPO法人として立上げ 4期目を迎えています。最初のころは行政に全く見向きもしてもらえず細々とやりくりしてきました。（現在も続いていますが……）私達の出番はいろいろとありそうですが、なかなか入っていけません。
- 協働がやっと表に出てきていますが、まだ私のような法人にはハードルが高いです。もっとチャンスを与えてほしいのです。
- 行政は、縦割りでNPO法人としての認識も薄く、協力をする場も少なくもちろん協力もして頂けない。

5. 総括：日本のボランティア団体の課題

　ボランティア団体の実態から、ボランティア活動は行政の施策に関連する既存の組織や団体から要請を受けたり、行政から協働という形でのイベントの参加を割り当てられたりすることもあるようだが、団体の活動は、行政の下請けとして活動しているというよりは、概ね自立して行政や他の団体と連携を図って活動していた。団体のルールに従い、活動対象者のために仲間を大切にしながら活動し、団体が活動開始時に期待した以上の成果をあげていた。この期待以上の成果は、活動する個人の自己実現に繋がる部分であり、ボランティア活動は、地域社会に対しても、活動する個人に対しても意義のある活動になっているといえる。

　団体活動が自立して展開されていくためには、資金の面が大きいことが自由回答からみえてくる。活動を立ち上げる際の助成金の年限が切れた後、いかに資金を獲得する仕組みを整えるかが団体の自立と活動継続の大きなポイントとなる。

また、都市部である福岡市において、既存の組織や団体から要請を受けて結成された団体が多く、法人格の取得が進む傾向にあった。都市部では、地域福祉のニーズに合わせて仲間を作って協力して対応していくネットワークが希薄であるため、自治体や町内会を核としてネットワークを形成し、そのネットワークを広げることで、福祉コミュニティの仕組みを作りあげているといえる。

　これに対し、自発的に個人のネットワークで仲間が集まり団体が結成される傾向にある山口県では、他の団体と連携を図り、団体活動のネットワークを広げていた。

　ボランティア団体が結成された後、団体が自立して、継続して有意義な活動を展開していくためには、他の団体と連携を図ることも重要なポイントである。それぞれの団体が連携し合うことで、対象者のニーズに対応した活動が展開できる。また、イベント過多といった問題も解消されるだろう。さらに、団体の活動が役割を終えたとしても、新たに生じるニーズに対応して、解散する団体の人材を巻き込んで、新たな活動を生みだすことにつながるだろう。

　団体が連携するということは、地域が抱える問題は地域社会全体で対応していくという方向性をもつということである。団体同士の連携は、福祉コミュニティ形成のために不可欠なものであろう。

参考文献
水上徹男、2003、「地域社会とボランティア活動」佐々木正道編『大学生とボランティアに関する実証的研究』ミネルヴァ書房、3-21頁
仁平典宏、2011、『「ボランティア」の誕生と終焉：〈贈与のパラドックス〉の知識社会学』名古屋大学出版会
三浦典子、2010、「近代化とボランティア団体による家族支援の可能性」『跨文化：民族與文化再生』2010国際学術検討会会議論文集　台湾国立政治大学社会学系・民族学系、235-251頁

第 9 章　台湾の子育て支援
―― 台北、高雄の調査から ――

王　珮瑜・林　寛子

1. はじめに

　台湾の家族形態は、戦後、三世代同居家族に代わって核家族が主流となっていった。しかし、核家族化しながらも三世代が近所に住む家族が数多くいる。その一方で、両親が都市部で働くために祖父母と孫だけが共に住む家族、あるいは夫婦別居の家族など、家族が一緒に住まない多様な形態がみられる。都市化にともない生活形態が多様化している。台湾では 6 歳以下の子どもの養育については、家庭の責任という考えが強く、特に母親の責任とされてきた。子どもが幼いほどこの意識は強い。

　内政部児童局『99 年臺閩地區兒童生活狀況調查報告』（2010 年台閩地域児童生活状況調査報告書）によると、2 歳未満の子どもの理想的な育児方法は、「家で母親がする」が 60.27％もいた。

　2013 年の行政院主計総処の統計[1]によると、15 歳～49 歳の子どもを育てた経験のある女性の、3 歳児未満の子どもの子育ての担い手は、51.82％が自らみており、38.08％が親戚、9.07％がベビーシッターに頼っている。1990 年にさかのぼると、自分でみたものは 69.72％、親戚が 24.15％、ベビーシッターが 5.94％となっており、自分でみる母親が減少する一方で、親戚が増加し、また、ベビーシッターや育嬰所も増加傾向にある。子育ての担い手の変化がみえ始めている。

　台湾では、高学歴化が進み、女性の社会進出も進んでいる。子育ての担い手として、母親から親戚（祖父母）やベビーシッターなどに依存する割合は、ますます高まってくると思われる。子育ての担い手が変化している

中で、1998年以降少子化が進み、深刻な状況にある。2010年の台湾の合計特殊出生率は0.895[2]に低下し、世界最低となった。出生率低下の原因は、晩婚、非婚、あるいは子どもを生まないと決めた夫婦が増加をしていることにある。経済不況や子育てにかかる費用が高額であるなど、家庭における経済的要因が出産願望に影響を与えている。

　出生率の低下や子育てにかかる経済負担等を背景に、台湾においては子育ての領域において新たな問題が生じている。一つは、外国人花嫁が増加し、その外国籍の女性から生まれた子どもたちの増加である。中には言葉が通じない外国籍の母親もおり、子どもも含めて支援を必要とするようになってきた。また、原住民の家庭の子どもと原住民ではない家庭の子どもの教育水準の差である。原住民の親世代は学歴が相対的に低く、低収入世帯も多い。経済的支援だけでなく、生活支援、学習支援も必要になっている。台湾が子育ての領域で抱えている問題は、少子化現象にいかに対応するかだけでなく、外国籍の母親のもとに生まれた子どもや原住民の家庭の子どもへの対応も迫られている。

　本章においては、台湾における子育ての担い手としての親族ネットワークや公的サービスのあり方だけでなく、自発的に子育て支援にかかわる活動を行っているボランティア団体にも焦点を当て、台湾の子育て支援における諸団体の聴き取り調査をもとに、台湾の子育て支援の現状と課題について検討していきたい。

2. 台湾の子育て支援の社会的背景

2.1 台湾の少子化と早期教育

　1998年以降、台湾の出生率は急激に低下し続け、少子化が進んでいる（表9-1）。少子化は、台湾だけでなく日本も含めた多くの国々が直面している現象であるが、2010年の台湾の合計特殊出生率は0.895に低下し、世界最低となった。

　少子化が進行する以前から、台湾では教育への関心が強かった。台湾の

表9-1　1996年～2014年
合計特殊出生率の推移

年	出生率
1996	1.760
1997	1.770
1998	1.465
1999	1.555
2000	1.680
2001	1.400
2002	1.340
2003	1.235
2004	1.180
2005	1.115
2006	1.115
2007	1.100
2008	1.050
2009	1.030
2010	0.895
2011	1.065
2012	1.270
2013	1.065
2014	1.165

出典：http://www.ris.gov.tw/zh_TW/346（2015.12.13）内政部戸政司全球資訊網（Department of Household Registration, M.O.I サイト）より作成。

高校生の高等教育進学率（表9-2）は1991年には51.94％であったが、2000年には、74.77％であり、2014年には95.7％となっている[3]。日本の高等教育進学率は1990年30.5％、2010年54.3％であり、日本よりも台湾のほうが高学歴社会となっている。

家庭における子どもの数の減少と学歴社会を背景に、台湾の親は幼児期の子どもの教育に非常に熱心である。台湾の幼児園（幼稚園や托児所）においては、英語教育、スポーツ指導、美術や音楽などの芸術指導などが、それぞれの施設の特色として積極的に導入されており、受入れ子ども数の獲得につとめている。親は、それぞれの施設の教育内容を一つの選択材料として、預ける施設を選ぶことになる。

また、教育熱心な傾向は、幼児期だけでなく学童期の教育にも反映されている。小学校が終了した後の放課後に、「補習班」（日本で言う学習塾）を利用する子どもが多い。親が働いている家庭は、放課後に勉強を教えてくれる塾を兼ねて子どもを預かってくれる「安親班」を利用しているケースが多い。日本では、塾が

放課後の学童保育を行うといったような状況がすすんでおり、学童期の学習に力が入れられている。

　もっとも、充実した幼児教育を行う幼児園（幼稚園や托児所）や、補習班や安親班を利用するには、高額な費用が必要となる。親の所得が低い場合は、充実した幼児教育が整った幼児園等を選ぶことはできない。それ以前に、幼児園や保育施設を利用することすらできない状況がある。

表9-2　台湾の子どもの進学状況

	1991年			2000年			2014年		
	計	男	女	計	男	女	計	男	女
小学校卒業者進学率	99.28	99.34	99.22	99.79	99.78	99.79	99.95	99.95	99.96
中学校卒業者進学率	86.09	83.08	89.19	95.31	94.46	96.20	99.52	99.41	99.64
高校卒業者進学率	51.94	55.24	48.43	74.77	75.43	74.11	95.70	94.34	97.00
職業学校卒業者進学率	13.68	14.47	13.04	36.90	33.52	40.07	81.01	77.69	84.94
6歳適齢児童就学率	99.59	99.55	99.62	99.71	99.69	99.73	-	-	-
学齢児童就学率	99.90	99.89	99.91	99.94	99.94	99.95	-	-	-

出典：http://depart.moe.edu.tw/ED4500/cp.aspx?n=1B58E0B736635285&s=D04C74553DB60CAD　（2015.12.13）
　　　教育部統計処各級学校概況表（1991～2014年度）から作成。

2.2　女性の労働と子育ての担い手

　学歴社会の台湾において、台湾人女性の多くが大学を卒業し、その後、職に就いている。台湾の女性の労働力率（図9-1）をみると、30年前と大きく変化している。女性の労働力率は、1980年には20歳代前半の労働力率が高く、30歳前後の結婚、育児期に労働力率が下がり、40歳代に労働力率が少し増加し、その後減少するといったM字型に近いカーブを描いて

第9章　台湾の子育て支援　165

いたのに対し、近年は、20歳代後半の労働力率が最も高く、その後緩やかに減少し、50歳代に入ると急激に減少するという状況になっている。

　台湾においては、結婚・出産期の落ち込みは少なく、若い層の労働力が主流となる。そして、高学歴の女性は職を得やすい状況にあるとともに、学歴による賃金格差も大きく、高収入を得られる高学歴の女性たちは、就学前の子どもを抱えていても、何らかの形で子育ての援助が確保できれば、仕事を続けている。

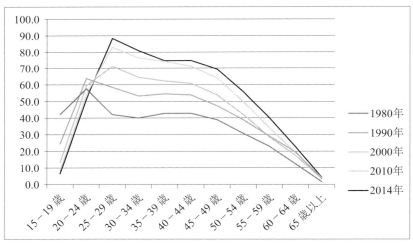

図9-1　1980年〜2014年年齢階級別女性労働力率

出典：http://www.dgbas.gov.tw/ct.asp?xItem=30866&ctNode=3247&mp=1（2015.12.13）
　　　行政院主計処100年人力資源査統計年報「表7 歴年年齢組別之労働力参与率」、
　　　http://www.dgbas.gov.tw/ct.asp?xItem=18844&ctNode=4943&mp=1
　　　（2015.12.13）
　　　103年人力資源統計年報「表8 歴年年齢組別之労働力参与率」より作成。

　ところで、働いている母親たちの子どもを誰がみているのかについて、既婚女性の学歴別にみる末子の育児方法（表9-3）をみてみると、「自分でみる」のは学歴が低い母親で、学歴が高い母親たちは職に就くものが多く、学歴が低い母親たちよりも「自分でみる」ものが減少し、「祖父母・親族」「ベビーシッター」の割合が増加する。つまり、高学歴の母親たち

は「祖父母・親族」「ベビーシッター」に支えられて、子育てをしているといえる。

　働いている高学歴の母親が「ベビーシッター」に支えられて子育てをしている状況がみられるが、共稼ぎの場合、台湾では、子どもが2歳くらいまでは、祖父母、おじ、おば、いとこ等も含めて親族ネットワークを中心として、子育ては行われているようである。子育ては家庭の責任という考えが強く、特に母親の責任とされ、子どもが幼いほどこの意識は強い。

　乳児の保育サービスとして、公的サービスである托嬰所、それ以外には国が関与して整備したベビーシッターのサービスがあるが、子どもが自分で食事もできない時期から他人に預けることに抵抗を示す人が多く、利用者はそれほど伸びていない。そのため、祖父母が田舎に住んでいる場合、幼児園に入ることができる2歳位になるまでは田舎の祖父母に預けたまま、親子が離れて暮らすケースもある。

表9-3　15〜49歳既婚女性の学歴別にみる末子の育児方法

年齢別育児＼学歴	末子3歳まで（中国語では3足歳と書いてあるが、数え年ではなく、満年齢）				末子3歳から6歳まで			
	合計	中学以下	高校・職業学校	大卒以上	合計	中学以下	高校・職業学校	大卒以上
合計	100.00	100.00	100.00	100.00	100.00	100.00	100.00	100.00
自分と夫（同居人）	51.82	73.43	57.43	38.45	23.17	30.91	24.48	18.03
祖父母（自分の親）	37.08	23.67	35.22	43.66	13.47	9.43	13.65	15.05
その他の親族	1.00	0.51	1.05	1.12	0.23	0.11	0.19	0.33
ベビーシッター	9.07	2.10	5.78	14.96	1.55	0.33	1.16	2.61
外国人お手伝いさん	0.27	0.23	-	0.57	0.11	0.21	-	0.21
職場付設托児所	0.13	-	0.09	0.21	0.56	0.14	0.51	0.80
公立托児所	0.04	-	0.01	0.09	17.34	25.36	18.43	12.36
私立托児所	0.59	0.06	0.43	0.95	43.56	33.51	41.58	50.60

出典：http://www.dgbas.gov.tw/public/Attachment/531293127198HDYFK.pdf（2015.12.13）
　　　行政院主計処綜合分析102年より作成、民国102年（2013年8月）のデータ。

2.3　低所得家庭の子どもの問題

　少子化や晩婚化、未婚化の社会状況と対外開放政策を背景に、台湾では、外国人花嫁が増加している。女性の大学進学率が急激に上昇し、それにともない教育水準の低い男性の結婚が困難になってきたといえる。そのため教育水準の低い男性と外国籍の女性との結婚が一時増加していた。外国人花嫁は、2007 年に、ベトナム女性が全体の 59.24％を占め最も多く、インドネシア 10.80％、タイ 10.73％と続いていた。しかし、2015 年 6 月の統計によると、ベトナム女性が 33.84％に減り、次いでタイ 14.02％、インドネシア 8.66％、日本 8.45％と続いており、外国人花嫁の国籍は多様化してきている[4]。

　外国人花嫁たちは言葉のコミュニケーションが難しいことから、子どもの教育や生活への適応、文化理解などにおいて問題を抱えるケースがある。母親だけでなく、子どもも同じく言葉の問題を抱えやすい。また、外国人花嫁を迎える男性は教育水準が低い傾向にあり、所得が低く生活困難に陥りやすい傾向にもある。

　また、台湾には原住民が全人口の 2.3％存在する。半数以上は台湾東海岸の花蓮県や台東県、南部の屏東県に居住するが、約 42％のものが大都市で生活している[5]。原住民の教育水準は台湾全体と比較すると極めて低い。行政院原住民族委員会『103 年原住民経済状況調査報告』（図 9-2）によると、2014 年 9 月時点で 15 歳以上の原住民のうち、「高校・職業学校」の学歴をもつものが最も多く 38.88％を占め、次に「小学校・小学校以下」21.12％、「中学」19.28％と続いている。「大学卒以上」は 14.61％である。すなわち、低賃金労働や肉体労働に従事している原住民が多く、集落を離れて都市郊外の工業地帯の製造業において単純作業に従事するものや、レストランや酒場で店員として働くものもいる。

　原住民の所得は、行政院原住民族委員会『103 年台湾原住民族経済状況調査報告』によると、2014 年の台湾全体の家庭収入が 107.14 万元であるのに対し、原住民の家庭収入は 65.8 万元である。つまり、原住民の子どもたちの親の所得は低く、子どもは教育を受ける機会に恵まれない場合が

多い。また日常生活において、衣食住の問題を抱えたり、事件やトラブルに巻き込まれやすい劣悪な環境の中で生活している場合もある。

　台湾においては、個人中心の生活が重視されるようになり、子育てにおいて、子どもの学歴獲得のための競争が激化している中で、支援を必要とする子どもたちの存在が明らかになってきた。外国人花嫁や原住民だけでなく、ひとり親の子どもも含めて、低所得の家庭の子どもたちの教育や成長過程に必要な生活支援が求められている。

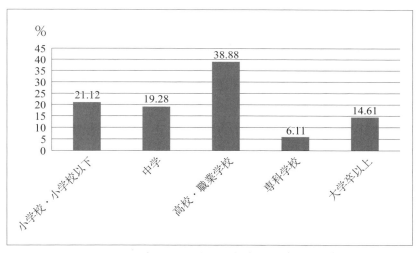

図 9-2　15 歳以上の原住民の教育水準（2014 年）
出典：行政院原住民族委員会『103 年台湾原住民族経済状況調査』（2015.12.13）より。
http://www.apc.gov.tw/portal/docDetail.html?CID=C5FBC20BD6C8A9B0&DID=0C3331F0EBD318C26CDB64C048198BF8

3．台湾における子育て支援の事業と質

　前述のとおり、台湾では子育ては親族ネットワークで助け合う慣行があるため、保育の公的制度が日本ほどは整備されていない。
　子育て支援に関わる児童福祉の大きな流れをみてみると、1973 年に児童福利法が制定された。1996 年に台湾初の総統直接選挙で李登輝が選出

されて以降、社会保障・社会福祉関連法が次々に制定、あるいは改正され、実施され、現在に至っている。児童福利法は2003年に児童及少年福利法に改正された。この法に基づく具体的支援の内容は、貧困・低所得者対策が中心にあり、家族責任を強調するところに特徴がある。さらにこの法は、2011年に児童及少年福利与権益保障法に改正された。

　台湾は、飛躍的な経済成長を遂げ、多くの国民の所得水準が上昇するにともなって、政府は個人主義、自己責任、自己負担の原則の方向で社会福祉政策を進めており、児童福祉の領域においても、公設民営、事業委託の形で保育等のサービスが営利・有償性をもって行われている。

　しかし、個人主義、自己責任、自己負担の原則の中では、保育サービスを受けることができない貧困・低所得者の家庭の子どもの問題が生じ、少子化対策の一つとして、行政院（内政部）は新たに「父母未就業家庭育児津貼（無職の者に子育て費用を補助）」を設け、2011年12月に「父母未就業家庭育児津貼実施計画（父母無職家庭育児補助金実施計画）」に基づいて、2012年1月1日より施行されている[6]。2歳未満の子どもをもっている無職のものは育児補助を申請できるが、他の補助と同時に申請することはできない。補助金の額は各家庭の経済的状況によって異なり、低収入家庭には、毎月1人5,000元、中低収入家庭には、毎月1人4,000元が支給される。

　政府の経済支援の取り組みの一方で、経済支援だけでは子どもの健全な成長はもたらされず、生活支援や学習支援を必要とする子どもや家庭に対する取り組みがみられる。その一つが、ボランティア団体の結成である。大きな組織としては、基金会などの活動が知られているが、大学生による活動や地域住民による活動などさまざまのものがみられる。台湾においては、1990年代に入り、政治の民主化の中で、互いの独自性を尊重しながら共存を模索しようとする動きが社会全体に出現し、ボランティア団体が数多く結成されている。このボランティア団体が子どもたちの生活支援や学習支援に大いに貢献している。

　そこで、具体的に、台北県（新北市）、台北市、高雄市における台湾の

子育て支援の事業を行う個別の組織、団体の詳細な事例から台湾の子育て支援の特徴と課題を明らかにしたい。

3.1 子育ての施設サービス
3.1.1 托嬰所（托嬰中心）
　托嬰所は、日本の保育園（所）にあたる施設である。子どもの年齢によって、生後1か月以上から2歳以下の保育は托嬰所（托嬰中心）で、2歳以上から就学前の子どもの保育は托児所に分けられている。日本の保育園（所）のように、日中の保育に欠ける家庭の子どものみ利用することができるというような利用制限はなく、母親が専業主婦でも利用することが可能である。托嬰所では、生活習慣を身につけさせることが主な教育内容とされている。子どもに対応する職員は、専門的な資格（教保員・助理教保員）が必要である。利用時間は16時くらいまでで、その後は18時ごろまで預かり保育になる。設置形態としては、公立と私立がある。

　公立では、低所得家庭や中度以上の障害者家族をもつ家庭や原住民の受け入れを優先している。しかし、都市部である新北市、台北市には公立の托児所は少ない。低所得家庭や原住民の子どもたちに、生活習慣だけでなく学習指導も必要であることから、基礎的な算数・国語については托児所でも教えている。

永和区の公立托児所におけるボランティアの読み聞かせ

第9章　台湾の子育て支援

新北市永和区の公立托児所（2011年に幼児教育及照顧法が公布され、托児所と幼稚園が一つに統合され、幼児園になった。それにしたがって2012年8月1日から「新北市立永和幼児園」に改称された）を例にみてみると、保育料は新北市が決定し、金額は年齢に応じて一律である。2009年の0歳〜2歳児の保育料は月9,800元、3歳〜5歳児の保育料は半期20,000元（約月3,300元）であった（2010年時点）。保育料は低所得の家庭に対して特別措置（減額の措置）がある。私立幼児園では、生活習慣や基礎的な算数・国語を学ぶだけでなく、英語教育等の学習にも力が入れられている。また、モンテッソーリ教育、シュタイナー教育等も行われている。そのため、保育料は各園で違い公立と比べて高額になる。

3.1.2　幼児園

　台湾では、近年、幼托整合（幼保一貫）が進められており、2011年に幼児教育及照顧法が制定されたことによって托児所と幼稚園が幼児園に統合された。幼児園の受け入れ対象の子どもは2歳から就学前の子どもである。そのため、低年齢児を受け入れている幼児園の場合は、保育士にあたる専門職の資格保有者も必要である。また、幼児園でも遅い時間まで預かり保育が行われている。主管する機関は教育局で、幼児園教師の資格が必要である。幼児園では、学習を教えることが主な教育内容とされている。設置形態は、公立と私立がある。

　公立は、国民小学校附属幼児園が主で、私立に比べると数は少ない。国民小学校に設置されているため、地区ごとに分かれており、その地区の住民しか入ることができない。保育料は公立の保育園とほぼ同じくらいである。

　これに対して私立幼児園の保育料は高額になり、裕福な家庭の子どもが利用する傾向にある。少子化によって、園児獲得の競争が激しいため、私立幼児園は、モンテッソーリ教育、英語教育、スポーツ指導等を導入し、園独自の教育方針を前面にアピールしている。また、防犯など設備、管理面にも力が入れられている。さらに、卒園した小学生の放課後の預かり

(安親班)をしている私立幼児園もあり、学歴が高く働いている母親たちは、幼児期だけでなく学童期にまで長期にわたって、安心して子どもを預けることができる支援体制が整えられている。

園が導入しているスケート教室

熱心に行われる学習風景と学習教材(手前)

高雄市にある私立新育幼児園(元新育幼稚園)を例にみてみると、入園金は7,000元、保育料は前期・後期ごとに8,500元、そして月々の諸経費として6,000元が必要となっている(2010年時点)。月々の諸経費には給食費、音楽・美術・スケート・英語教育費が含まれている。また、同じ施設内で安親班を行っている。

施設の入り口には、専門的な資格を有する幼児園の教員の顔写真が掲示され、園の職員の質の高さと、園の信頼性をアピールしている。

3.1.3 学童保育

日本でいう学童保育は、台湾では2つの形式で行われており、それぞれの施設によってサービスが異なり、それぞれの家庭が選択して利用している。主管する機関は社会局であり、放課後ケア人員としての専

幼児園入口にある職員の写真

第9章 台湾の子育て支援 173

門的資格が必要であるが、設立形態は私設のみで、政府から補助金を受けて運営されている。

　まず1つ目の形式は、放課後托育センターである。親が働いている小学生が利用しており、放課後、親が仕事を終えて迎えに来るまで預かっている。収入が少ない親、片親の家庭が利用しているケースが多い。

　2つ目の形式は安親班である。小学校の付近に多数存在し、小学生の放課後の学童保育を兼ねた塾である。下校時刻に、安親班の指導員が子どもを学校まで迎えに行き、親が迎えに来るまで宿題を手伝ったり、さまざまな学習指導を行ったりする。利用可能時間は11時から19時、20時くらいが一般的であるが、22時くらいまで対応するところもある。利用料は低学年3,800元、中・高学年3,200～3,250元が平均的な料金である。低学年は午前中で授業が終わり下校することが多く、安親班で給食を提供することがあるため、高額になる。また、学習指導は英語教育等、安親班によってさまざまで、学習指導や送迎のサービスの分、放課後托育センターよりも利用料金が高額になる。親が働いている家庭だけでなく、親が家にいても放課後子どもの勉強をみてほしい家庭も利用している。

　なお、日本における学童保育ではないが、放課後の子どもたちの居場所の一つとして、台湾においても主管する機関が社会局ではない補習班を紹

教育局から認定された許可証

さまざまな用途に対応できるスペースを備えている

学習風景

介しておく。補習班は日本でいう塾、あるいは習い事の場である。設置形態は全て私設であるが、設置には教育局の許可が必要である。ただし、指導に当たる職員の免許・資格は特に設けられてはいない。

補習班では、英語教育、絵画、音楽、ダンスなどさまざまな分野がある。また、親の仕事が遅くなっても預かれるように、居宅のようなスペースを設けて、子どもや指導員が休めるような設備を整えているところもある。

3.2 子育ての個別サービス
3.2.1 保母（ベビーシッター）

台湾では以前から保母（ベビーシッター）がおり、利用する母親たちは、口コミで保母を探し求めて子どもを預けていた。ところが、保母による子どもへの虐待が事件として報道されたこともあり、資格のない保母にわが子を預けることに抵抗を示す親が多い。しかし、女性の就労状況が変化しており、特に都市部においては、祖父母や親戚に子どもを預けることができない状況下でも、仕事を続けようとする女性が増えてきており、保母を利用せざるをえない家庭が増えつつある。政府としては、親族に子どもを預けることができない共稼ぎ世帯の子育て支援という新たな子育てにおける問題への対応として保母を推進している。保母の利用が進まない大きな問題として、保母に対する信用があることから、政府は、保母の資格制、登録制を 2009 年から正式に開始し、保母の質の向上に努めている[7]。

保母を主管する機関は社会局である。保母として子どもを預かるためには、保母の資格が必要になった。保母の資格は、2011 年に公表された「児童及少年福利与権益保障法（26 条）」によると、20 歳以上で、以下のいずれかに該当するものは保母の資格をもっていると認められる[8]。(1)「保母人員技術士証（保母人員技術士試験合格証明書）」を有しているもの、(2) 高校以上（大学、大学院も含め）の幼児保育学科、家政科、看護学科などを卒業したもの、(3) 保母専業訓練課程（講座、講習）を受け修了証書を取得したもの、の 3 つである。

また、(3)「保母専業訓練課程を受け修了証書を取得したもの」に関し

ては、行政院労工委員会（労働局）によって認められる次のものである。①2004年以前、政府に認可された托育に関する訓練課程を80時間受け、修了証明書を取得したもの、②2004年以前、「児童福利専業人員訓練実施方案（児童福利専門職訓練実施プログラム）」に参加し、修了証明証書を取得したもの、③2005年以降、「児童及少年福利機構専業人員資格訓練課程（児童及び少年福利機構専門人員資格訓練課程）」、または、保育人員専業訓練課程を受けて、主管する機関から証明書をもらったもの、④その他、主管する行政院労工委員会（労働局）から教育機関に認められた民間団体から托育関連の講習、授業などを受け、幼児托育関連の授業を20単位以上取得、または360時間以上受けたもの。あるいは、保母関連の専門的な講習を7単位以上取得、または126時間以上受けたもの、である。なお、④その他において、労働局から委託を受けた民間団体が開講した講座を所定の時間の講習を受けた後、「結業証書（研修証明書、講習を受けた証明書）」をもらえるが、免許ではない。免許を取る場合は労働局が行う「全国技術士技能検定」試験を受けなければならない。そして、社区保母系統に保母の会員加入（登録）が必要である。

　社区保母系統を主管するのは、内政部児童局と各地方政府の社会局である。社区保母系統の主な機能は保母の紹介、保母の講習・研修、保母同士の交流事業である。社区保母系統では、保母は1人につき、子ども4人（自分の子どもを含めて4人であるが、2歳未満の子どもを預かる場合、4人の中に多くても2人までである）まで預かることができ、保母が子どもの家でみるケースと、保母が自分の家で預かるケースがある。保母の申し込みは、親がインターネット等を用いて社区保母系統に対して行い、社区保母系統は社会局に申請する。保母に子どもを預けた場合の保育料はそれぞれ保母によって異なる。政府は標準金額を示したいと考えているが、現時点ではまだ出されていない。対応する子どもの保育状況が大きく異なることが主な理由である。

台北市第4社区保母系統

3.2.2 外国人家事労働者

　台湾では、日常の家事をマレーシア人やフィリピン人等のお手伝いさんを雇って行っている家庭がある。しかし、家事全般を行うお手伝いさんであり、保育を主とする専門家ではない。高齢者の介護に外国人労働者が利用されるケースも多いが、子どもの保育、子育てを任せているケースは少ない[9]。

3.3　子育て支援のボランティア
3.3.1　地域の人々による活動
　幼児園において、施設を利用する母親たちだけでなく、地域の人々に

第9章　台湾の子育て支援　177

よってもボランティア活動が行われている。中でも、絵本の読み聞かせボランティアはあらゆる場所で行われている。

社会福祉センター内の親子図書館で活動しているボランティア

3.3.2　学習指導の大学生ボランティア

　大学生のボランティア団体が貧困家庭やひとり親家庭の子どもの学習支援等を行っている。現在、台湾の大学では学生たちが団体活動に積極的に参加することを要請している。そのため、学生が積極的に組織化し、活動を行っていくことを支援している。また、大学の必修科目として単位化している。

　学生ボランティア団体である淡江大学種子課輔社を例にみてみる。この団体は、貧困家庭やひとり親の子どもたちのために何かやりたいという学生の思いから団体が結成され、放課後、子どもたちの学習指導を毎日行っている。支援を必要とする子どもたちは、小学校から紹介され、区公所で宿題などをみてもらっている。また、夏休みや冬休みには、キャンプを実施して、僻地においても学習支援を行っている。2010年に活動を開始した新しい団体であるが、これまで支援してきた子どもの数は延べ3,000人、日常的に支援をしている子どもの数は60人（2011年9月時点）になるという。

　この学生ボランティアを利用する子どもたちは利用料は求められない。学生は大学や企業の基金会等からの助成を受けて活動費を確保し、活動している。活動費を得るためには大学や企業に対して活動計画書や活動報告

書を提出しなければならず、学生のボランティアではあるが、資金管理、活動の充実、スタッフの教育に至るまで、組織的に行われている。

活動写真

大学に提出する活動計画書

3.3.3 青少年健全育成のためのボランティア団体

　台湾における青少年の健全育成や子育てを支援するボランティア団体は、台北県や台北市のボランティア団体の中で1割を超える程度で、高齢者や障害者へのボランティアと比べると多くはない。

　その中で、台北県鶯歌鎮にあるボランティア団体、社団法人台湾児童少年希望協会を例にみてみる。この団体は2010年3月に設立された団体であるが、鶯歌鎮青少年教育関懐協会として2001年から活動を行っていた。

衣類のストック

第9章　台湾の子育て支援　179

食品のストック　　　　　　　　　　学習室

　鶯歌鎮には原住民や貧困家庭等社会的支援を必要とする家庭が多く、この団体では、これらの家庭の子どもたちの不適切な環境改善、生活指導が主たる活動である。協会にはソーシャルワーカーがおり、活動を行っている。支援を必要としている子どもは、学校を通じて紹介してもらい、行政と連携をとって活動している。

　生活が困窮していたり、劣悪な生活環境のもとに育っている子どももいるため、給食や衣類の提供ができるような環境も整えており、食品や衣類のストックを常時行っているとともに、近所の食堂からも食事の提供を受けられるようになっている。また、放課後の補習から進路相談に至るまで学習支援を行っている。

　子どもたちには利用料を求めず、協会が資金を確保して運営されている。この協会では、台北県（新北市）や鶯歌鎮（鶯歌区）の補助金を得るとともに、企業の基金会や個人からの寄付をうけて活動を行っているが、資金の状況は厳しい中で活動は行われている。政府からの補助は不安定で、個人からの寄付金による収入のほうが安定しているという。

4. まとめ

　以上、子育て支援の活動について詳細にみてきた中で、台湾の子育ての支援事業の課題を2つあげることができる。

まず1つは、子育てにおけるサービスの提供の拡充と保育従事者の質の確保の問題である。台湾はもともと親族におけるネットワークで子育てが行われていたこともあり、子育てのサービス提供は公的には重点が置かれてこなかった。また、子育てにおいても市場経済の価値が強く浸透しており、裕福な家庭では、より質の高い教育を求めて子どもにお金をかける。そのため公的施設における保育は信頼をさほど得られていない。むしろ、私立の施設で行われる積極的な早期教育や有能な職員を配置しているとアピールしている教育や保育に人気が集中している。現在、親族のネットワークに子育てを頼ることができないが、働き続けようとする親を支援する政府の一つの方策として保母（ベビーシッター）の資格化がある。保母の質の向上をはかっているが、現在始まったばかりであり、どれだけ台湾の働く母親たちから信頼を得られるかが重要になるだろう。

　現在の台湾の少子化や子どもを育てながら働き続けようとする女性の増加の状況下では、今後、今以上に多様な保育施設や保育サービスへのニーズがますます増加するであろう。公的な保育サービスも拡充が必要になってくるであろうし、親からの信頼獲得のため保育従事者の質や地位の向上もますます必要になってくるであろう。

　ただ、子育ての支援にあたる保育従事者の資格化や研修などをもって地位向上を進めても、競争にますます拍車がかかり、裕福な家庭の子どもがますますよりよい教育を受ける機会に恵まれる一方で、貧しい家庭の子どもが取り残されていくことになる。

　2つ目の課題は、ひとり親の子ども、原住民の子ども、外国人花嫁の子どもや低所得家庭の子どもに対する支援の充実を図ることである。台湾における学歴獲得競争の中で、低所得の家庭の子どもの多くが支援を必要とする子どもとして存在していることは事実である。通常の学校教育とは別に生活支援や学習支援を必要としている子どもたちを支援し、安心できる生活環境、及び教育を受ける機会を与えることが子どもたちの健全な育成において重要になってきている。

　公的には子育てに必要な経済支援が行われているが、生活支援や学習支

援を行っているのは、社会的な問題を解決するために主体的に結成されたボランティア団体である。この種のボランティア団体は、学校や政府と連携しながら支援を行っているが、団体活動の資金獲得は容易ではない。政権が代われば、政府からの資金支援は困難な状況に陥る可能性もあるという。

おそらく、台湾の子育ての支援は、今後も現在と同様、親族ネットワークやボランティアネットワークによって行われ、子育ての公的な責任が今まで以上に強く求められる可能性は低いであろう。しかし、少子化対策が緊急課題としてある中で、改善のために政府としての強力な姿勢が求められている。

注
1) 1990 年～ 2013 年子育ての担い手の変化

	自分	親戚に頼む	ベビーシッター	外国人のお手伝いさん	育嬰所とその他	合計
1990 年	69.72	24.15	5.94	－	0.19	100.0
1993 年	71.62	21.63	6.44	－	0.31	100.0
2000 年	67.78	23.90	7.72	0.20	0.40	100.0
2003 年	63.90	26.67	8.68	0.18	0.57	100.0
2006 年	59.50	31.02	8.58	0.43	0.47	100.0
2010 年	54.90	34.74	9.37	0.30	0.70	100.0
2013 年	51.82	38.08	9.07	0.27	0.76	100.0

出典：http://www.stat.gov.tw/ct.asp?xItem=35733&CtNode=1854&mp=4（2015.12.13）
中華民国統計資訊網（National Statistics,R.O.C.）「15 至 49 歳已婚女性子女之主要照顧者」より作成。

2) 台湾では、「育齢婦女総生育率」という。
3) 中学を出た人が進学する 3 年制職業学校が高等職業学校で、卒業後は主に 4 年制の「科技大学」、「技術学院」に進学するが、「大学」に進学する人もいる。表9-2 は 2014 年 7 月に卒業した人の進学率を表している。103 学年度（2013 年 8 月～ 2014 年 7 月）。
4) 内政統計週報 104 年第 32 週（2015 年 6 月末までの外国人統計）（2015 年 12 月 13 日取得、http://sowf.moi.gov.tw/stat/week/list.htm）。
5) 104 年第 7 週内政統計通報（103 年末原住民人口概況）（2015 年 12 月 13 日取得、http://www.moi.gov.tw/stat/news_content.aspx?sn=9235）。

103 年台湾原住民経済状況調査（2014 年台湾原住民経済状況調査）（2015 年 12 月 13 日取得、http://www.apc.gov.tw/portal/docDetail.html?CID=C5FBC20BD6C8A9B0&DID=0C3331F0EBD318C26CDB64C048198BF8）。
6) 台湾行政院公報資訊網（2015 年 12 月 13 日取得、http://gazette.nat.gov.tw/egFront/Gaz/browseHistory.jsp?metaId=67220）。
7) 台北市政府は 2000 年に正式に社区保母支持及び管理制度を導入したが、国（内政部）は 2001 年から全国的に社区保母制度を推進し、各県庁に地域の保母ネットワークを構築するように勧めた。さらに、2009 年から公認保母資格取得者リストを利用者に提供するようになった。
8) 「児童及少年福利与権益保障法」は 2011 年 11 月 30 日に公表されたが、25 条、26 条、27 条に関しては実施開始日は 3 年後の 2014 年 12 月 1 日となっている。そのため、保母（托育人員）の資格制や登録制なども 2014 年から法制化されることになった。また、2014 年 9 月 15 日に「居家式托育服務提供者登記及管理弁法（居家托育服務提供者の登録及び管理法）」も公表された。
9) 2005 年 12 月 30 日に修正された外国人従事就業服務法によると、初申請の場合、条件として 3 歳未満の三つ子を持った家庭があげられる。

参考文献
原住民委員会編『103 年臺灣原住民經濟狀況調査（2014 年台湾原住民経済状況調査)』（2015 年 12 月 13 日取得、http://www.apc.gov.tw/portal/docDetail.html?CID=C5FBC20BD6C8A9B0&DID=0C3331F0EBD318C26CDB64C048198BF8）
行政院主計総処「15 至 49 歳已婚女性子女之主要照顧者」（2015 年 12 月 13 日取得、http://www.stat.gov.tw/ct.asp?xItem=35733&CtNode=1854&mp=4）
行政院主計処「人口統計表」（2012 年 08 月 30 日取得、http://www.dgbas.gov.tw/ct.asp?xItem=31652&ctNode=3263&mp=1）
行政院主計処「100 年人力資源調暨統計年報　表 7 歴年年齢組別之労働力参与率」（2015 年 12 月 13 日取得、http://www.dgbas.gov.tw/ct.asp?xItem=30866&ctNode=3247&mp=1）
内政統計週報 104 年第 32 週（2015 年 6 月末までの外国人統計）（2012 年 08 月 30 日取得、http://sowf.moi.gov.tw/stat/week/list.htm）
103 年人力資源統計年報「表 8 歴年年齢組別之労働力参与率」（2015 年 12 月 13 日取得、http://www.dgbas.gov.tw/ct.asp?xItem=18844&ctNode=4943&mp=1）
保母人員資格「修畢保母専業訓練課程且領有結業証書」（2012 年 08 月 31 日取得、http://www.cbi.gov.tw/CBI_2/internet/main/index.aspx）
児童及少年福利与権益保障法
台湾行政院公報第 017 巻第 250 期 20111230 内政篇
台湾女性史入門編纂委員会編、2008、『台湾女性史入門』人文書院
池田充裕・山田千明編著、2006、『アジアの就学前教育』明石書店

第10章　地域社会における子育て支援活動

林　寛子

1. はじめに

　戦後の高度経済成長は急激な工業化や都市化を招き、都市への人口集中をもたらした。都市化の進行は家族の形態を大家族から核家族へと移行させた。それに加えて少子化傾向が進行し、国はさまざまな子育て支援策を講じてきたが、その歯止めはかかっていない。

　近年、行財政が疲弊してきている中で、地域社会に立地する企業・事業所、地域住民がボランタリーに形成するフォーマル、インフォーマルな団体や組織が数多くみられるようになってきている。これまで社会資本として生活構造の中核をなしていた、血縁・地縁・職縁を基礎とした関係に代わって、ボランタリズムが高揚し、自発的に自由に取り結ぶ知友関係や多様な市民活動が活性化している。

　子育ての領域をみると、子育てはもともと地縁・血縁を基礎とした地域共同体の中で営まれてきたが、都市化が進み、核家族化・地域の崩壊などが進むにともない、子育ては親、特に母親が主として関わるといった極めて他者との関わりが少ない構造に変化した。このような変化の中で、母親の子育てにおける不安や児童虐待などが社会問題化してきた。また一方では、女性の社会進出により、共稼ぎ世帯における子育てと就労の両立の難しさが問題とされてきた。

　この子育ての危機に対してさまざまな施策が展開され、近年、地域における子育て支援策に重点が置かれている。子育て支援は国の施策に基づいて地方自治体主導の公的支援が中心であったが、近年は地域の母親同士の

相互扶助といえるファミリーサポートセンター事業や子育てサークル、子育てサロンなど、母親たちのボランティアによる子育て支援活動が展開している。

今後、子育て支援も行財政の疲弊にともなって公的な子育て支援では対応できない部分が拡大するだろう。そうなると、地域住民がボランタリーに形成する団体や組織における活動に頼るところは大きくなると考えられる。

子育て支援の領域において、いかにして活力ある住みやすい地域社会を形成していくのかを検討するためには、まず子育て支援の現状とどのような課題があるのかを整理する必要がある。本章においては、近年の子育ての問題と地域における子育て支援施策の変遷についてまとめ、地域社会における子育て支援の必要性と今後の課題について検討する。

2. 子育て家庭の現状と子育ての変容

2.1 子育て家庭が抱える問題
2.1.1 子育て家庭の孤立化

日本の合計特殊出生率は1974年以降、人口置換水準（人口を増減なく保つために必要とされる水準）の約2.07を下回って推移しており、2005年には1.26と過去最低となった。少子化の原因として、平均初婚年齢や未婚率の上昇、結婚観や人生観の多様化、女性の社会進出にともない仕事と子育てや家事との両立の難しさなど、さまざまな問題点が指摘されている。

少子化はさまざまな方面に影響がでることが懸念されるが、子育ての領域からは、子どもの健やかな成長に対する影響が心配される。少子化によって子どもに対する保護者の過保護や過干渉の傾向が現れる一方で、子ども同士の交流の機会が減少するなど、子どもが従来においては自然に身につけることができた人間性や社会性を育むチャンスが失われるといった問題点を指摘できる。

また、きょうだい数が少ない中で育った近年の子育て家庭の親にとって、第1子に対する子育ては全てがはじめての経験であって、子育て上のさまざまな場面にとまどい、育児情報誌等に頼ることになる。マニュアルどおりにことが運ばなければ子育てにおける不安は増大し、些細なことで一喜一憂したり、ストレスをかかえてしまったりすることが考えられる。

　さらに、核家族における子育てという状況が相まって、親の子育てにおける不安を増大させている。高度成長期以前はごく自然に子育てに関する援助を祖父母などの血縁関係者や地域の人々から受けられていたものが受けにくい環境になった。特に新興住宅地においては、他の土地から移り住んできた人によって社会が構成されるために地域に対する意識が薄い。近隣との人間関係は希薄であるため、子育て上の支援を地域社会から受けることは難しい状況にある。

　近年の子育て家庭は、核家族世帯で子育てに祖父母の援助を得ることができない状態にあり、地域社会から孤立したような状態にあれば、子育てにおける不安・ストレスが増大するという問題点を抱えている。

2.1.2　母親の就労と子育て

　近年、就労システムは、子育て中の母親が専業主婦であることを前提としたシステムから、パートタイマーを含め、母親が就労するシステムへと移行している。厚生労働省による「第3回21世紀出生児縦断調査（平成22年出生児）」の結果[1]によると、出産の1年前には62.1％の女性が就業しているが、出産直後には35.5％に低下している。出産を契機に就業女性の約半分が離職している。

　しかし、児童のいる世帯における末子の年齢階級、母の仕事の有無、勤めか自営か別構成割合（図10-1）をみると、児童のいる世帯の母親の仕事の有無では「仕事あり」が65.7％となっている。末子の年齢階級でみると、末子の年齢が高くなるにしたがって、「仕事あり」の割合は高くなる傾向にあり、勤めか自営かでみると「パート・アルバイト」の割合が高くなる傾向にある。

子どもを出産しても正規職員・従業員として就労し続ける女性は、育児休業するなどしている。育児休業制度の取得率も高くなってきており、平成20年度は90.6％になった（図10-2）。

　育児・介護休業法では労働者が事業主に申し出ることにより子が1歳に達するまでの間、育児休業をすることができる。平成17年4月の法改正により、一定の場合には、子が1歳6か月に達するまで育児休業ができるようになった。事業所によっては、1歳6か月よりも長く育児休業をできるところもある。「平成26年度雇用均等基本調査」[2]によると、育児休業制度がある事業所において、「1歳6か月（法定どおり）」が84.9％で最も多く、次いで「2歳～3歳未満」7.6％、「1歳6か月を超え2歳未満」4.6％、「3歳以上」2.8％の順になっている。

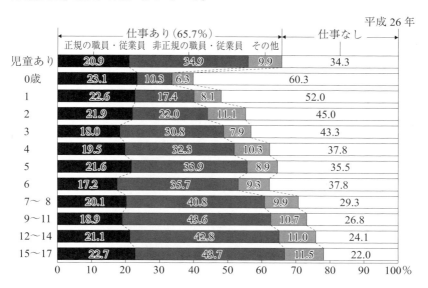

注：1）「仕事の有無不詳」を含まない。
　　2）「その他」には、会社・団体等の役員、自営業主、家族従業者、内職、その他、勤めか自営か不詳及び勤め先での呼称不詳を含む。

図10-1　児童のいる世帯における末子の年齢階級、
　　　　母の仕事の有無、勤めか自営か別構成割合
　　出典：「平成26年国民生活基礎調査の概況」。

しかし、育児休業の取得率は増加しているものの育児休業の取得期間は短く、平成24年は約70.2％が12か月未満で職場復帰している[3]（図10-3）。つまり、0歳児を保育所などに預けて職場に復帰していることになる。正規職員・従業員として働き続けるためには、保育所等へ預ける必要が出てくる。

そこで、保育所の状況をみると、保育所の受け入れ状況は良好とはいい難い。近年の保育所定員数、利用児童数及び保育所数の推移（図10-4）をみると、保育所定員、利用児童数、保育所数は年々増加している。平成27年は就学前児童数の37.9％[4]が保育所を利用している。保育所利用児童の年齢区分別割合（表10-1）をみると、3歳未満児よりも3歳以上児の利用割合が高い。0歳時、1・2歳児、さらに3歳児以上になるにつれて利用割合は増加している。しかし、3歳未満児の保育所受入れは厳しい状況にある。待機児童の約8割が3歳未満児であり、特に1・2歳児の待機児童の割合が高い（表10-2）。この待機児童の問題は、地域差が大きい。

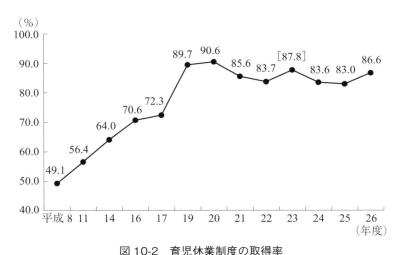

図10-2　育児休業制度の取得率
出典：厚生労働省　「平成26年度雇用均等基本調査結果概要」平成27年8月

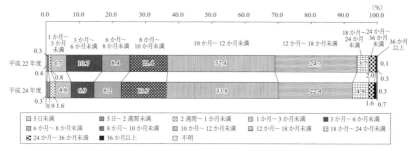

図 10-3 取得期間別育児休業後復職者割合

出典：厚生労働省 「平成 24 年度雇用均等基本調査結果概要」平成 25 年 7 月。

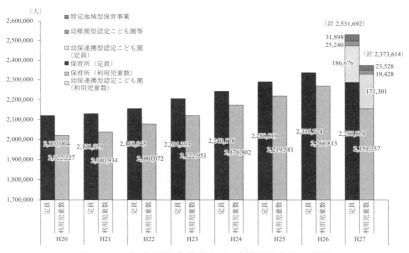

図 10-4 保育所等定員数および利用児童数の推移

出典：厚生労働省　報道発表資料「保育所等関連状況取りまとめ（平成 27 年 4 月 1 日）」平成 27 年 9 月。

表 10-1　年齢区分別の保育所利用児童の割合

	平成 21 年	平成 27 年
3 歳未満児（0 〜 2 歳）	709,399 人（21.7%）	920,840 人（38.8%）
うち 0 歳児	92,606 人　（8.4%）	127,562 人　（5.4%）
うち 1・2 歳児	616,793 人（28.5%）	793,278 人（33.4%）
3 歳以上児	1,331,575 人（40.9%）	1,452,774 人（61.2%）
全年齢児計	2,040,974 人（100%）	2,373,614 人（100%）

第 10 章　地域社会における子育て支援活動　189

表10-2　平成27年待機児童の状況

	平成27年待機児童数
3歳未満児（0〜2歳）	19,902人　（85.9%）
うち0歳児	3,266人　（14.1%）
うち1・2歳児	16,636人　（71.8%）
3歳以上児	3,265人　（14.1%）
全年齢児計	23,167人　(100.0%)

（保育所利用児童の割合：当該年齢の保育所利用児童数÷当該年齢の就学前児童数）
出典：厚生労働省 報道発表資料「保育所等関連状況取りまとめ（平成27年4月1日）」
　　　平成27年9月。

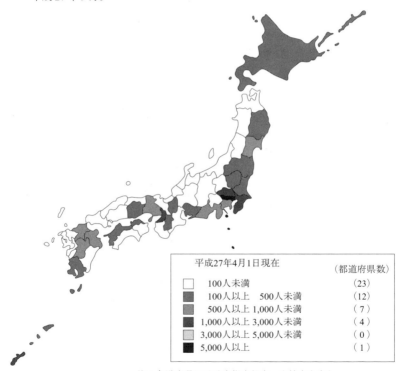

図10-5　都道府県別待機児童の状況
出典：厚生労働省　報道発表資料「保育所等関連状況取りまとめ（平成27年4月1日）」
　　　平成27年9月。

図 10-5 は都道府県別に待機児童の状況を示したものである。東京都が最も多く 5,000 人以上、千葉、埼玉、大阪で 1,000 人以上、福岡、大分、熊本、兵庫、愛知、神奈川、宮城は 500 人以上 1,000 人未満の待機児童がいる。都市において待機児童が多いといえる。

母親の就業と子育てにおける問題は、まず、仕事と育児の両立が困難ということにある。特に、母親が就労するにあたり 3 歳未満児の子どもを預ける保育所の受け入れが、親が希望するほどには整っていないのである。また、たとえ保育所に子どもを預けることができたとしても保育時間も問題となる。保育所の保育時間は 8 時間を原則としているが、保護者の就業時間などに合わせて延長保育を行う保育所が増加した。しかし、その多くは朝 7 時から夕方 7 時くらいまでが平均であり、母親の職種によっては保育所の送迎が困難となっている。現行の保育制度を利用しても就労と子育ての両立の困難さがある。

2.2 子育てを担うものの変容

子どもは、親や地域社会におけるさまざまな他者とのかかわりの中で社会化されていく。一般的に社会化とは、人が他者とのかかわりの中で、社会の一員として生きていくために必要な、社会共通の価値や善悪の基準、知識、技能といった集団的価値を内面化して習得していく過程のことである。

社会化は人の生涯にわたって行われる過程であるが、中でも、乳幼児期から子ども期にかけての社会化は人格形成において重要であり、その後の発達段階における社会化を方向づける。子どもを主に社会化するのは家族である。つまり、親は子どもの人格形成や集団的価値の内面化に非常に大きな影響をおよぼす重要な立場にあり、これらの社会化が子育てである。

子育てという営みは構造的な性格上、家族のなかで行われる私的な行為であるが、社会の一員として集団的価値を内面化する上においては社会的な制約を多分に受ける。また、子育てという行為そのものも集団的価値として世代間で継承されるものである。しかし、社会状況や家族形態が変化

し価値が多様化する中で、子育ての担い手に変容がみられるようになった。

　子どもを生み育てることが自然なことととらえられ、家族や地域の他者からも気軽に子育てにおける支援を受けることができた時代から、核家族化にともなって親が子どもに責任をもつという意識が成立し、子育てに家族の私的な意味付けが強調されるようになった。そして、母親は専業主婦で、子育ては母親の仕事であるとするイメージが定着した。

　それが個人の自由と価値観の多様化などが進み、女性も社会へ進出するようになると、子どもをもつことは雇用機会を狭め、女性の職業的な自立を難しくするという考え方が大勢を占めるようになった。子どもをもつことが達成困難な選択肢になることによって、逆に子どもをもつことの意義が高まることになった。子どもをもつことは「自己実現」のための価値ある選択肢という意味合いが強まった。

　山本聡（山本聡、2009：199）は子どもをもつことによる「自己実現」のための価値として、①家族がにぎやかになる、夫婦間の絆が深まるという情緒的価値、②次世代育成という社会的意味付けとしての社会的価値、③子どもを育ててみたい、その経験が自分を成長させる、あるいは生きがいとなるといった個人的価値という3つの精神的価値を見出し、「子どもの成長・発達にとっての親」（子ども中心主義）という視点から「親の自己実現としての子ども」（親の主体的な選択物としての子ども）への変容を指摘している[5]。

　子育ての主要な担い手として想定されてきた女性の高学歴化・就業率の増加といったライフスタイルの変化が、結婚や妊娠・出産を自然な営みから自ら自己決定する選択的価値へと変化させた。そして、この変容は子どもを生み育てることを選択した個人のみが子育ての責任を負うのではなく、子育てを社会的に行うという方向性を強めた。個人における子育ての限界に対してだけでなく、個人の生き方の価値の選択を支える仕組みとして子育てを支援することが重視され、子育てが社会的に行われなければならないことが強調されている。

　その子育て支援を具体的にみると、企業は2005年に施行された次世代

育成支援対策推進法に基づいて、事業主は従業員の両立支援策など次世代育成支援のための行動計画を策定することが求められている。また、労働者の仕事と生活のバランス（ワーク・ライフ・バランス）という考え方への関心が高まっている。少子化の急速な進行から経済社会への深刻な影響が懸念されているため、子を生み育てやすい社会の形成という観点から、政府・地方公共団体・企業等が一体となって取り組もうとしている。

「ワークライフバランス推進官民トップ会議」において策定された「ワークライフバランス憲章」によると、仕事と生活の調和が実現した社会の姿とは、「国民一人ひとりがやりがいや充実感を感じながら働き、仕事上の責任を果たすとともに、家庭や地域生活などにおいても、子育て期、中高年期といった人生の各段階に応じて多様な生き方が選択・実現できる社会」[6]であり、就労による経済的自立が可能な社会、健康で豊かな生活のための時間が確保できる社会、多様な働き方・生き方が選択できる社会と位置づけられている。

3. 子育て支援の施策と展開

3.1 子育て支援の施策

子育て支援が政策課題として登場してきたのは、1990年代以降のことである。1990年のいわゆる「1.57ショック」を機に、子育て支援施策は大きな転換点を迎える。「これからの家庭と子育てに関する懇談会報告書」では、出生率の低下を「深刻で静かなる危機」ととらえ、子どもを取り巻く環境を「縮小化と希薄化」と表現した。その上で日本社会は「これまで、家庭や子育ての問題を社会全体の問題としてとらえるという視点は必ずしも強調されてこなかった」と子育てへの社会的支援の乏しさを認め、「安心して子どもを生み育てることができる社会」へと政策転換をはかっていった[7]。

専業主婦についてはそれまで子育ての政策の対象から除外されてきたが、孤立化する子育て家庭の現状を鑑み、専業主婦も対象とした子育て支援が

展開され始めた。一方の就労する母親に対しては、「子どもを外部に預けてまで仕事に従事したり趣味に興じたりすることは、従来であれば親のわがままであるとして否定的にとらえられてきたところであるが、現在の子育て事情を踏まえると、固定的観念に固執せず、親子が心身ともにリフレッシュする時間を持つことの重要性から肯定的に受け止めることも必要となっている」[8]といった言及が広まるなど、それまでの子育ての担い手の意識の転換ともいえる言及が広がっていった。

具体的な施策としては、現在の子育て支援の施策の発端となった1994年のエンゼルプラン「今後の子育て支援のための施策の基本的方向について」（厚生・文部・労働・建設大臣合意）がある。これは、将来を見据え、概ね10年間を目途に取り組むべき内容が示され、仕事と育児との両立のための雇用環境の整備、多様な保育サービスの充実、安心して子どもを生み育てることができる母子保健医療体制の充実、住宅及び生活環境の整備、ゆとりある学校教育の推進と学校外活動・家庭教育の充実、子育てに伴う経済的負担の軽減、子育て支援のための基盤整備などを重点項目とした。

この「エンゼルプラン」では、少子化は年金などの社会保障費用に係る現役世代の負担の増大、若年労働者の減少等による活力の低下等の影響が懸念されるとして、少子化はマイナスの影響を社会に与えるとの立場を明らかにしている。そして、安心して子どもを生み育てることができるような環境を整えるという視点に立つことが必要であるとしている。

また、エンゼルプランと同年の「緊急保育対策等5か年事業」（厚生・大蔵・自治大臣合意）がある。これにより、保育需要の多様化等に対応するために緊急に整備すべき保育対策が具現化された。具体的には、一時的保育事業（保護者の傷病、私的理由）、地域子育て支援センター事業（育児相談・指導、子育てサークル育成・支援）、保育所地域活動事業（育児講座、育児リフレッシュ支援事業）などがあげられている。

その後2000年には、重点的に推進すべき少子化対策の具体的実施計画「新エンゼルプラン」が策定され、2001年には待機児童ゼロ作戦、保育サービスの充実、放課後児童対策や地域の子育て支援などについて盛り込

んだ「仕事と子育ての両立支援策の方針について」を閣議決定した。2003年には企業や地方公共団体の事業主に対し、雇用者の子育てを支援する行動計画の策定義務を定める「次世代育成支援対策推進法」が成立した。

2005年には、子育て家庭における児童の養育支援を図るため、市町村における子育て支援事業の実施や市町村保育計画の作成を定める措置を規定する「児童福祉法の一部を改正する法律」が施行され、少子化対策や子育て家庭の支援に向けた取り組みが進められた。

2007年に厚生労働省は「地域子育て支援拠点事業実施要綱」を告示し、それまで保育所を中心として行ってきた地域子育て支援センター事業や集いの広場事業という子育て支援の拠点づくりから、新たな地域子育て支援拠点事業として児童館の活用も図り、「ひろば型」、「センター型」、「児童館型」の支援の拠点を編成した。2013年には支援の拠点を「一般型」「連携型」に再編し[9]、子ども同士・親同士の交流を地域のボランティアにも働きかけて、地域全体で子育てを支える取り組みを展開した。この地域子育て支援拠点事業や利用者支援事業により、子育てサークルや子育てサロン等の支援活動が行政主導のもとで数多く展開してきた。

「エンゼルプラン」では少子化対策に視点の重心が置かれ、支援の対象は「子ども」よりも「親」に置かれていた。こうした傾向は、続く「新エンゼルプラン」から現在に至るまで一貫している。また、支援者については、それまで国、地方公共団体が主であったものを、企業職場、地域社会等、多様な主体をあげ、保育所や地域子育て支援センター、児童委員や子育てを終えた女性や老人などの市民ボランティアなども検討する方向性が示されている。

それまでの保育所を中心とした専門機関による子育て支援であったが、子育ての新しいニーズに応えられない状況が登場し、新たな子育て支援の構築が望まれたのである。就労する母親よりも専業主婦の方が子育てにおける不安が高いこと、地域の中で孤立している母親は子育てにおける不安も高いなどの報告[10]から、就労する母親への対応だけでなく専業主婦が抱える子育ての問題への対応も新たなニーズとして認識が進んだのである。

さらに、子育て支援の転換が進められた背景として、戦後50年続いた社会福祉の基本構造も改革が求められるようになったことがあげられる。「自己責任原則と市場原理」に裏打ちされた構造改革の出現である。国民が自らの生活を自らの責任で営むことが基本とされ、自らの努力では自立した生活を維持できない場合に「社会連帯」の考え方に立った支援がなされる構造へと方向づけられた。

　営利・非営利を問わずさまざまな主体による多様なサービスの提供、利用者とサービス提供者の対等な関係が目指されるようになり、地域福祉計画の策定において住民の参加や、利用者の視点を盛り込むことが求められるようになった。また、地域住民を施策の対象としてのみではなく、地域福祉の担い手として位置づける視点が導入された。

3.2　地域住民相互扶助の子育て支援の展開

　「社会連帯」の具体的な子育て支援としては、保育所や幼稚園などの公的機関や、ボランティア団体、住民参加型民間団体、民間企業、児童委員、NPO、子育て支援に参加意欲のある市民ボランティアなどによる活動がみられる。そして行政は、一時的保育事業、地域子育て支援センター事業など公的機関において運営されている事業に加え、ファミリーサポートセンター事業の整備や子育てサークル等の活動場所の提供推進[11]、全国子育てマップの公表[12]等を推進している。特に、子育ての負担感が大きい3歳未満児を中心とした支援活動が推進されている。

　子育て支援は、国の施策に基づいて自治体主導による公的支援が中心であった。つまり、親や家庭にとっては与えられる支援であった。しかし、就労する母親も専業主婦の母親も公的に整備されている子育てのサービス以外のサービスを求めている。例えば、就労する母親の中には、保育所に子どもを預けられず誰かに子どもを預かってもらいたいや、保育所の保育時間と就業時間が合わないため誰かに保育所の送迎をお願いしたいなどのニーズが生じている。専業主婦においては子育ての悩みを相談できる場や仲間とつながる場が欲しいなどのニーズが生じている。このような新しい

ニーズは既存の公的サービスに対応できるものはなく、また、新しいニーズに対応して新たなサービスを整備することは行政財が疲弊しているため困難である。

しかし、近年、地域の母親同士の相互扶助といえるファミリーサポートセンター事業や子育てサークルなど、母親たちや地域住民によるボランティアが専門の公的サービスを補足する、あるいは代わるものとしての支援となってきている。その支援によって安心して働きながら子育てをすることができる家庭、不安を母親一人で抱え込まないで子育てをすることのできる家庭が存在している。これは、自治体主導によるトップダウンの支援からボトムアップの潮流を示すものであり、現時点は子育て支援の一つの転換点ととらえることができる。

そこで、地域住民による子育て支援活動のファミリーサポートセンター事業、子育てのネットワークづくりとしての子育てサークル・子育てサロンなど子育て市民活動団体について概観する。

3.2.1 ファミリーサポートセンター事業

子育てにおける地域住民の相互扶助の子育て支援活動の例として、ファミリーサポートセンター事業をあげることができる。ファミリーサポートセンター事業は、1994年、労働省（現・厚生労働省）の「仕事と育児両立支援特別援助事業」としてはじめられたものである。そして、1995年からはじまった国の「エンゼルプラン」で出された緊急保育政策の内容に合致するものとしてファミリーサポートセンターの設置が推進された。「新エンゼルプラン」では1999年現在、全国にある62か所の施設を2004年までに180か所にする数値目標が示された。2006年10月1日現在で集計された地方公共団体の行動計画策定状況においては、2004年度実績で344か所になっており、「新エンゼルプラン」の目標は達成されている。さらに「子ども子育て応援プラン」において2009年度に710か所という目標値が設定された。2015年4月からはじまった「子ども・子育て支援新制度」においても、ファミリーサポートセンター事業は地域の子ども・

子育て支援の主たる支援内容として位置づけられた。

　設立は市町村を単位になされることが原則であり、厚生労働省は補助金の交付や指導、設置に関わり、設置に向けての事業主体は都道府県、相互援助事業についての事業主体は市町村という仕組みになっている。事業がスタートした当初は、子どもをもつ家庭の仕事と育児の両立支援が目的となっていたが、現在は子どもをもつすべての家庭へと対象も広がり活動が行われている。

　ファミリーサポートセンター事業は、会員は登録制であり、子どもを預かって子育て支援をして欲しい依頼会員と、子育て支援を行う提供会員が、ファミリーサポートセンターに会員登録し、ファミリーサポートセンターは依頼会員と提供会員のコーディネートを行う。依頼会員は提供会員に対して、依頼時間に応じて利用料金を払う仕組みになっており、有償型ボランティアと位置づけられている。会員には、依頼会員でありながら、提供会員でもある両方会員も認められている。提供会員は、一定の期間研修を受けたのち、実際のサービス業務が開始される。具体的な支援内容としては、保育所までの送迎を行う、保育所の開始前や終了後、学校の放課後や学童保育終了後に子どもを預かるなどさまざまである。子どもを預かる場所は、原則として提供会員の家庭である。援助時間は、早朝や深夜にわたる場合もあるが、原則として宿泊は認められていない。

　具体的に平成26年度の利用状況を山口市と福岡市でみてみると、山口市[13]では依頼会員854人、提供会員224人、両方会員109人、合計1,187人であり、福岡市[14]では依頼会員5,503人、提供会員1,039人、両方会員923人、合計会員数7,465人である。援助活動で最も多いのは、山口市も福岡市も保育園・幼稚園の迎え及び帰宅後の預かりである。

　これらの支援内容から、ファミリーサポートセンター事業は現行の保育制度では対応できない部分を担う役割をもち、従来の保育制度を補完する組織として位置づけられる。また、公設型で、かつ運営も公的組織として位置づけられるが、提供会員は自らの意志で会員となる。すなわち何らかの媒体を通してファミリーサポートセンター事業を認知し、支援内容に賛

同して活動をしようとする人々から構成されている。このことから提供会員はボランタリーな意志に基づく人々からなる集団として把握することが可能であろう。

3.2.2 子育てサークル・子育てサロンなど市民団体活動

　子育ての困難さが社会問題としてクローズアップされてくるのと同時に、各地で子育てにおけるネットワークとして子育てサークルや子育てサロンと呼ばれる活動が急増している。また、NPO法人として活動する団体も増えてきている。

　それぞれの活動団体によって多少の違いはあるが、主に0歳から幼稚園卒園までの年齢の子どもとその保護者が対象となっている。月に何度かグループで集まり、あそびを通して親子の交流を深める中から、親たちは子育てに対する知識や技術を高め、子育てにおける不安などを語り聞いたりする中で、子育てに対する自信を回復する。また時には子育てに対して保育士や保健師など専門職のアドバイスを受けることもある。

　子育てサークルや子育てサロンの運営主体は、保育所、児童館など社会福祉施設が行うもののほか、保健所、幼稚園、地域住民による自主的な活動として社会福祉協議会等が助成・支援しているものまでさまざまである。会への参加者も子育て中の親（主として母親）をはじめ、ボランティアや児童委員、自治会役員など、地域の住民が中心となっている。保健師による活動もあり、活動への参加者はさまざまである。

　活動団体の運営には2種類ある。第1は、親たちが会の企画運営に主体的にかかわっているものである。第2は、会の主催者がすべて企画運営するものに、親子が参加するものである。この運営のあり方から、前者を子育てサークル、後者を子育てサロン、と用いられているケースが多いが、NPOなどの活動もあり、明確に区別されておらず、それぞれの会の使用の仕方による。

　子育てサークルの意義は、孤立して子育てを行う母親を減少させるのと同時に、不安や悩みを話せる場をつくることによって虐待などの問題に発

展するのを防止することにある。さらに、母親たちがサークルの活動を通して主体性を形成し、子育てを通してすべての人が暮らしやすい地域社会づくりへと視点を広げていくこともある。子育てサークルのこのような意義をふまえると、子育てサークルの運営のあり方としては、主催者が企画運営してしまうものよりは、親たちが主体となって会を企画運営していくもののほうが有効であるといえる。

3.3　地域住民による子育て支援活動の必要性

　以上みてきたように、子育て支援を行う組織や団体は、子育て支援の対象、目的、方法、支援組織の特性、活動はさまざまである。この一様ではない地域住民による子育て支援に共通して求められているのは、地域住民が支援活動を通して主体性を形成し、子育てを通してすべての人が暮らしやすい地域社会づくりへと視点を広げていくことにある。地域住民がつながり、その地域が抱える子育ての問題に対応した支援活動が展開できると同時に、住みやすい地域社会を自分たちでつくることが可能になる。

　近代化や都市化は、専業主婦の孤立化や母親の就労と子育ての両立の困難さなどの問題を生じさせ、その問題の度合いは都市部において高くなっている。都市部においては、近隣との人間関係は希薄である上に、祖父母の援助が得られない子育て家庭も多い。また、保育事情も待機児童が多いという状況にあり、公的支援以外の支援を必要としている。都市部においては自らが知友関係を築いて地域の人々とつながり、相互に助け合わなければ公的な支援制度以外の支援を得ることができずに問題を抱えて生活することになる。

　しかし、子育て中の家庭だけではなく、多くの地域住民も人間関係が希薄な中にいる。公的支援以外の支援をどのように構築するかが課題となる。地域住民による子育て支援に行政が活動場所の提供を推進したり、公的な組織による子育て支援活動組織の設立や運営がみられるのは、住民の新しいニーズや問題に地域住民の相互扶助によって解決をはかれる仕組みを模索するものである。地域の人間関係が希薄な都市部ほど行政が地域住民の

ネットワーク形成においても支援する必要性があったのである。

4. おわりに：子育て支援活動の課題

　近年求められている地域住民による子育て支援は、単に子育て中の親への援助や仲間づくりになっているだけでなく、地域社会全体で子育てに取り組もうとする地域住民の自主性や地域の連帯感の育成につながる可能性をもっている。また、財政的に縮小傾向にある公的な子育て支援に代わるものとして頼るところが大きくなるであろう。それと同時に、行政の支援を受けて設立、運営してきた子育て支援活動は、地域住民組織として自立していかなければならない。
　しかし、既存の地域住民による子育て支援の展開をみると限界もみえつつある。それは、子育てサークルやサロンの継続にかかわる問題である。就学前までの子どもが主として支援の対象となる母親を中心としたグループ活動においては、子どもの成長とともに会を卒業するという形でメンバーが入れ替わる。メンバーの入れ替わりがうまく循環しなければ活動は解散してしまうことになる。また、リーダーの引き受け手がなければ、これもまた解散につながる。地域住民の自主的な活動においては、小さな活動をつなぐリーダーやコーディネーターが必要になり、リーダーがいなければメンバー全員が同じことを行ってしまうなど負担感が大きくなり、主体的な地域住民の活動も蓄積、継承されていかない。
　また、地域住民による人間関係上の問題もある。地域住民による子育て支援のネットワークは、身近な人との人間関係が形成され相互に助け合えるメリットがあるはずだが、逆に人間関係による疎ましさや疎外感を感じている母親たちの存在が報告されている[15]。地域住民による子育て支援のネットワークの中に子育て中の親たちが入ればその子育て相互扶助が行われ、日常に困難な状況がなくなるというわけではない。親が仲間をつくり、その関係性の中で生き生きと子育てできる環境づくりが重要である。
　それと同時に、地域住民による主体的な子育て支援活動は、多くの他者

と関係をもち、その関係性を維持して地域社会において主体的に市民活動に参加できる次世代育成も重要になってきている。

注
1）厚生労働省、2015、「第 3 回 21 世紀出生児縦断調査結果の概況」。
2）厚生労働省、2015、「平成 26 年度雇用均等基本調査結果概要」。
3）厚生労働省、2013、「平成 24 年度雇用均等基本調査結果概要」。
4）厚生労働省、2015、報道発表資料「保育所等関連状況取りまとめ（平成 27 年 4 月 1 日）」
5）山本聡、2009、「青少年対策と子育て責任のあり方 ――ペアレンティングと責任――」『青少年をめぐる諸問題　総合調査報告書』国立国会図書館調査及び立法考査局、199 頁。
6）内閣府、ワークライフバランス推進官民トップ会議、2007、「仕事と生活の調和（ワーク・ライフ・バランス）憲章」。
7）これからの家庭と子育てに関する懇談会、1990、『これからの家庭と子育てに関する懇談会報告書』ぎょうせい。
8）児童関連サービス研究会、1994、「児童関連サービス研究会報告書」150 頁。
9）2012 年に事業類型を新たに「一般型」、「地域機能強化型」、「連携型」に再編し、さらに 2013 年、「地域機能強化型」は「一般型」に加えられた地域支援と新規の利用者支援事業に組み込まれた。
10）牧野カツコ、1982、「乳幼児をもつ母親の生活と育児不安」『家庭教育研究所紀要』第 3 号、34-56 頁。
11）少子化対策推進関係閣僚会議、1999、「少子化対策推進基本方針」。
12）厚生省児童家庭局長、1999、「全国子育てマップの概要について」。
13）社会福祉法人山口市社会福祉協議会，「子育て応援情報誌山口市ファミリーサポート通信　春」Vol.37, 2015 年山口市のファミリーサポートセンター会員数は平成 26 年 12 月末現在。
14）福岡市のファミリーサポートセンター会員数は平成 27 年 3 月末現在。
15）子育てサークル研究会、2001、「文部科学省委託事業『家庭教育に関する活性化方策の推進』事業子育てサークル活動に関する調査報告書」。

引用・参考文献
大日向雅美編、2008、『子育て支援シリーズ 3　地域子育て環境づくり』ぎょうせい
厚生労働省、2015、「第 3 回 21 世紀出生児縦断調査結果の概況」、（2015 年 12 月 5 日取得、http://www.mhlw.go.jp/toukei/saikin/hw/shusshoujib/03/dl/01-2.pdf）
厚生労働省、2015、「平成 26 年度雇用均等基本調査結果概要」、（2015 年 12 月 5 日取得、http://www.mhlw.go.jp/toukei/list/dl/71-26r-10.pdf）

厚生労働省、2013、「平成24年度雇用均等基本調査結果概要」、(2015年12月5日取得、http://www.mhlw.go.jp/toukei/list/dl/71-26r-10.pdf)
厚生労働省、報道発表資料、「保育所の状況（平成21年4月1日）等について」、(2009年12月取得、http://www.mhlw.go.jp/houdou/2009/09/h0907-2.html)
厚生労働省、報道発表資料、「保育所等関連状況取りまとめ（平成27年4月1日）」（2015年12月5日取得、http://www.mhlw.go.jp/file/04-Houdouhappyou-11907000-Koyoukintoujidoukateikyoku-Hoikuka/0000098603.pdf)
これからの家庭と子育てに関する懇談会、1990、『これからの家庭と子育てに関する懇談会報告書』ぎょうせい
佐藤慶幸、2007、『アソシエーティブ・デモクラシー　自立と連帯の統合へ』有斐閣
汐見稔幸編、2008、『子育て支援シリーズ1　子育て支援の潮流と課題』ぎょうせい
児童関連サービス研究会、1994、「児童関連サービス研究会報告書」(2009年12月取得、http://www.ipss.go.jp/publication/j/shiryou/no.13/data/shiryou/syakaifukushi/491.pdf)
社会福祉法人山口市社会福祉協議会、2015、「子育て応援情報誌山口市ファミリーサポート通信　春」Vol.37
少子化対策推進関係閣僚会議、1999、「少子化対策推進基本方針」(2009年12月取得、http://www1.mhlw.go.jp/topics/syousika/tp0816-2_18.html)
鈴木順子、2007、「子育て支援システムにおける「支援」の一考察―ファミリー・サポート・センターの実践報告を事例として―」『名古屋市立大学大学院人間文化研究科人間文化研究』第8号
中央社会福祉審議会・社会福祉構造改革分科会、1998、「社会福祉基礎構造改革について（中間まとめ）」
所貞之、2004、「子育て支援の福祉的アプローチの理論化に向けた基礎的研究」『立教大学コミュニティ福祉学部紀要』第6号
内閣府、2007、ワークライフバランス推進官民トップ会議、「仕事と生活の調和（ワーク・ライフ・バランス）憲章」(2009年12月取得、http://www8.cao.go.jp/wlb/government/top/index.html)
中谷奈津子、2006、「地域子育て支援施策の変遷と課題―親のエンパワーメントの観点から―」『季刊　社会保障研究』Vol.42 No.2
福岡市ファミリーサポートセンター(2015年12月5日取得、http://www.fukuoka-shakyo.or.jp/work_service/center_family_support.html)
牧里毎治・山野則子、2009、『児童福祉の地域ネットワーク』相川書房
牧野カツコ、1982、「乳幼児をもつ母親の生活と育児不安」『家庭教育研究所紀要』第3号、34-56頁
山本聡、2009、「青少年対策と子育て責任のあり方――ペアレンティングと責任――」『青少年をめぐる諸問題　総合調査報告書』国立国会図書館調査及び立法考査局、199頁

＊林寛子、2010、「地域社会における子育て支援活動の現状と課題」『やまぐち地域社会

研究』7号、163-174頁

第11章 地域における社会的ネットワークとボランティア活動
――ファミリーサポートセンター会員調査を手がかりとして――

　　　　　　　　　　　　　　　　　　　　　　　　　　　林　寛子

1. はじめに

　近代化とともに家族の規模が縮小し、家族だけでは子育てから高齢者の介護に至る担い手が不足し、家族の役割を果たせなくなってきた。近年では、家族に代わる子育てや介護などの担い手が必要となり、福祉サービスが拡大した。さらに、地域住民によるボランティア活動も重要視され、現在、地域住民による相互扶助のボランティア活動が地域生活のあらゆる場面で行われている。

　例えば、ファミリーサポートセンター事業が地域住民による相互扶助のボランティア活動の例としてあげられる。ファミリーサポートセンター事業は、子育ての援助を受けたい人と、援助を行いたい人が会員となり、子育てを助け合うものである。ファミリーサポートセンター事業は、かつての地縁・血縁関係を代替するような会員相互の援助活動を組織化したものであり、センターは活動の窓口となる。

　ファミリーサポートセンター事業は、少子高齢化および核家族化が進むなかで、労働省が1994（平成6）年度から「仕事と育児両立支援特別援助事業」として都道府県を通じて市町村に設置の促進を働きかけている子育ての相互援助の仕組みである。この事業の目的は、労働者が仕事と育児、または仕事と介護を両立できる環境を整備するとともに地域の子育て支援を行うことである。2001（平成13）年度に対象が子育て中のすべての親に広げられ、2005（平成17）年度に国の交付金の対象になったのがきっ

かけで、次々と全国各地で設立された。

　子育て支援の領域では、2003年に次世代育成支援対策推進法が施行されて以降、少子化対策や子育て支援施策は保育対策よりも地域における子育て支援の事業に重きが置かれるようになった。この地域における子育て支援の事業は、地域住民がボランタリーに形成する団体や組織における活動に頼るところが大きく、このファミリーサポートセンター事業もその一つと位置付けることができる。

　地域住民による相互扶助の活動やボランティア活動は、現代社会における家族に代わる子育てから介護に至る担い手として大いに期待されている。しかし、地域はそれぞれの地域ごとにさまざまな特性をもつ。そのため、地域が異なればボランティアに対する意識も違うはずである。ボランティアに対する意識が違えば、ボランティアで支援を行いたいものの状況も、ボランティアに支援を受けたいものの状況も違うであろう。

　そこで、地域住民のために子育ての支援を行いたいもの、地域住民から子育ての支援を受けたいものが集まる子育ての相互扶助のネットワークである山口市のファミリーサポートセンター会員を例に、会員に対して実施したボランティア意識調査のデータ結果を用いて、地域住民によるボランティア活動の実態、ボランティアやコミュニティに対する意識の実態から、ボランティア活動の規定要因を検討するとともに、ボランティアに対する意識やボランティア活動が地域性を基盤にしていることを明らかにするために、地域性の異なる地方都市（山口市中心地域）と農山漁村地域（山口市周辺地域）を比較検討する。

2．山口市ファミリーサポートセンター事業の現状

　ファミリーサポートセンターは労働省の事業の一つであることから、山口市のファミリーサポートセンター事業は全国と同様の仕組みになっている（図11-1）。また、ファミリーサポートセンター事業の援助内容は表11-1のとおりである。このファミリーサポートセンター事業の援助は1時

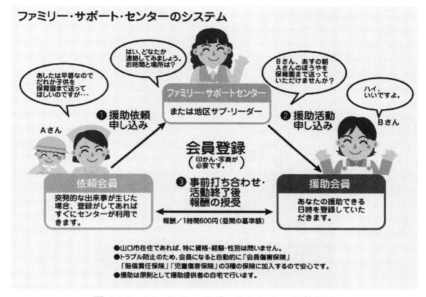

図 11-1　ファミリーサポートセンターの仕組み

社会福祉法人山口市社会福祉協議会本部 HP より
http://www.yshakyo.or.jp/service/detail01.htm#06

表 11-1　ファミリーサポート援助内容

1. 保育施設の保育開始時間まで子どもを預かります。
2. 保育施設の保育終了後、子どもを預かります。
3. 保育施設まで子どもの送迎を行います。
4. 学童保育終了後、子どもを預かります。
5. 学校の放課後、子どもを預かります。
6. 子どもが軽度な病気の場合などに、臨時的、突発的に終日子どもを預かります。
7. 子どもが熱をだし園から迎えがくるよう連絡が入ったが、仕事中で迎えに行けない。
8. 乳幼児を連れて出かけにくい。（参観日、病院、その他）
9. 産前・産後で、子どもの送迎がむずかしい。

社会福祉法人山口市社会福祉協議会本部 HP より
http://www.yshakyo.or.jp/service/detail01.htm#06

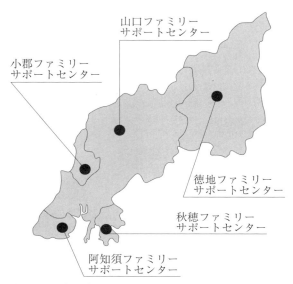

図11-2 山口市ファミリーサポートセンター所在地
（平成27年3月までの体制版）
社会福祉法人山口市社会福祉協議会本部HPより
http://www.yshakyo.or.jp/service/detail01.htm#06

間600円程度の謝礼を必要とするため、有償ボランティアとされている。

　山口市は平成17年10月1日、旧山口市と周辺地域の小郡町、秋穂町、阿知須町、徳地町の1市4町が合併した。そして、平成22年1月16日には阿東町と合併した。旧山口市である現在の山口市中心地域は山口県の行政、教育の中心となる地域であり、地方都市である。これに対し、周辺地域である小郡町は山口県の流通の中心となる地域で、秋穂町、阿知須町、徳地町、阿東町は農林漁業の地域である。

　現在、山口市にはファミリーサポートセンターの窓口が山口、小郡、秋穂、阿知須（旧小郡ファミリーサポートセンターを窓口）、徳地の3か所ある。平成27年3月までは、山口、小郡、秋穂、阿知須、徳地の5か所それぞれに窓口があった。合併当時、旧自治体には既にファミリーサポートセンターが設置されており、合併後、社会福祉法人山口市社会福祉協議

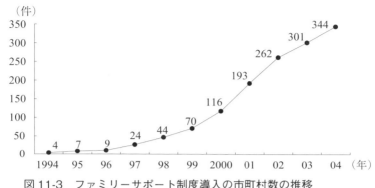

図 11-3　ファミリーサポート制度導入の市町村数の推移
出典：宮木由貴子、2006、「『助育』としてのファミリーサポート制度」
『ライフデザインレポート』株式会社第一生命経済研究所、27-29
頁。

会が新山口市のファミリーサポートセンターの本部となったが、平成 27 年 4 月より、現在の体制に改められた。

　ちなみに、旧山口市のファミリーサポートセンターは、1994（平成 6）年に山口県婦人教育文化会館（カリエンテ山口）において、山口市の委託事業として開設された。労働省が事業を開始した年度に事業を導入したのである。

　旧小郡町のファミリーサポートセンターは 2001（平成 13）年に職業生活と家庭生活との調和の取れた充実した生活を可能とするための環境整備対策の補助金事業として開設された。図 11-3 はファミリーサポート制度開始初期の制度を導入した市町村数の推移である。これをみると、旧小郡町の導入も全国的にみて非常に早い時期であったことがわかる。

　山口市ファミリーサポートセンターの活動件数は、平成 22 年（1 月～12 月）に 5,928 件あり、最も多い活動内容は、「放課後児童クラブの送迎」1,442 件であった。会員数は表 11-2 のとおりで、依頼会員が援助会員よりもはるかに多い状況にある[1]。特に、山口市中心地域となる山口ファミリーサポートセンターにその傾向が顕著であった。

表 11-2　山口市ファミリーサポートセンター会員数
(平成 22 年 12 月末　1,125 人)

	依頼会員	援助会員	両方会員
山口	566	143	97
小郡	161	52	19
秋穂	15	14	1
阿知須	21	22	2
徳地	8	4	0
計	771	235	119

　以上のように、同じ山口市ファミリーサポートセンター会員でも、山口市中心地域と周辺地域では、会員登録において地域の違いが生じている。そこで、地域性の違いはボランティアに対する意識やボランティア活動、ボランティア活動の規定要因に違いを生じさせていることを明らかにするために、山口市ファミリーサポートセンター会員を対象として 2011（平成 23）年 7 月に実施したボランティア意識調査のデータを使用して山口市中心地域（旧山口市）と山口市周辺地域（小郡、秋穂、阿知須、徳地）とを比較検討した。

　なお、平成 26 年 12 月現在、山口市には依頼会員 854 人、援助会員 224 人、両方会員 109 人、合計 1,187 人の会員がいる。活動件数は平成 26 年に 5,477 件あり、最も多い活動内容は、「放課後児童クラブまでの送迎」1,349 件、次いで「保育施設までの送迎」1,225 件であった[2]。

3. 山口市ファミリーサポートセンター会員のボランティア活動規定要因

3.1　会員の居住地域の特性

　調査はアンケート調査で山口市ファミリーサポートセンター全会員 921 名（2011 年 7 月 1 日現在）を対象に郵送法で実施した。会員の内訳は、

山口市中心地域会員816名、山口市周辺地域会員105名である。回収票は196票(山口市中心地域130票、山口市周辺地域66票)、回収率は21.3%(山口市中心地域15.9%、山口市周辺地域62.9%)であった。調査項目は、ボランティア活動の経験、ボランティア活動のきっかけ、ボランティアに関わる意識からなる。

　ボランティア意識や活動、およびボランティア活動の規定要因について検討する前に、調査対象者の居住地域の地域性を明らかにするために、会員の年齢(図11-4)、家族構成(図11-5)、近くにいる親族の有無(図11-6)、親しい親戚の有無(図11-7)、親しい近所の人の有無(図11-8)、親しい友人の有無(図11-9)、地域活動参加状況(図11-10)、地域活動数(表11-3)について確認しておく。

　山口市中心地域の会員の特徴は、40代の会員が最も多く、子育ての支援を必要とする可能性の高い20〜40代の会員が8割以上を占めている。

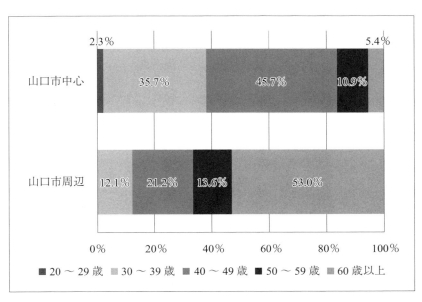

図11-4　会員の年齢
$\chi^2 = 63.509$　df = 4　p=0.000

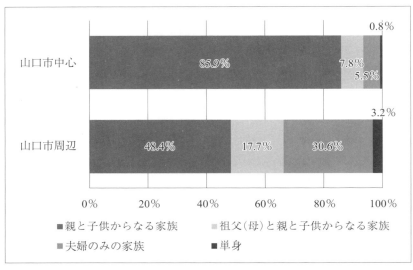

図 11-5　会員の家族構成
$\chi^2 = 32.647$　df = 3　p=0.000

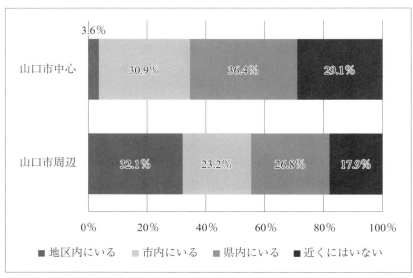

図 11-6　近くにいる親族の有無
$\chi^2 = 15.424$　df = 3　p=0.001

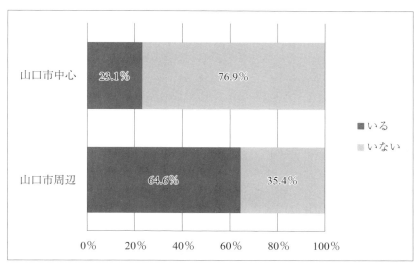

図 11-7　親しい親戚の有無
$\chi^2 = 17.544$　df $= 1$　p=0.000

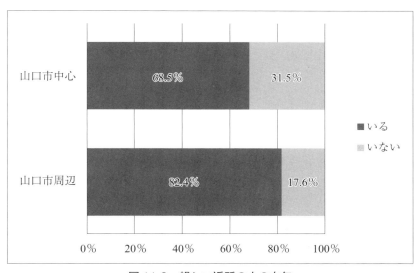

図 11-8　親しい近所の人の有無

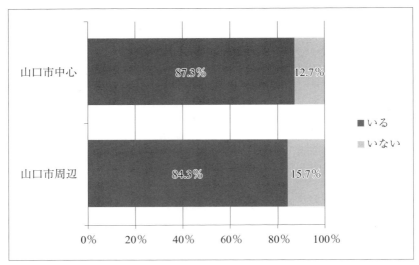

図11-9　親しい友人の有無

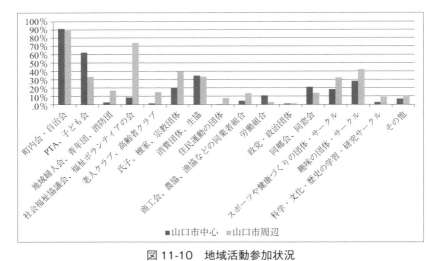

図11-10　地域活動参加状況

家族構成は、核家族が多い。身近に頼ることのできるネットワークは、山口市周辺地域に比べて親族や親戚が身近にいない会員が多い。地域活動は、

表11-3 地域活動数

	度数	平均値	F値	有意確率
山口市中心	129	3.16	21.916	.000
山口市周辺	66	4.35		
合　計	195	3.56		

町内会・自治会、PTA、子ども会に参加しているものが多いが、団体所属数は周辺地域よりも少ない。

　山口市周辺地域の会員の特徴は、60歳以上の会員が最も多く半数以上を占めている。高齢の会員が多いため、夫婦のみの家族が多い。また、中心地に比べ祖父（母）と親と子どもからなる家族も多い。身近に頼ることのできるネットワークは、近くに親族がいる会員が山口市中心地域よりも多く、特に地区内に親族がいる会員が多い。また、親しい親戚も近くにいる環境にある。地域活動は、町内会・自治会、社会福祉協議会、ボランティアの会に参加しているものが多い。地域における活動への参加状況は、山口市中心地域よりも団体などの活動への参加（所属数）が多い。

　以上のとおり、山口市中心地域と周辺地域の違いは、親族、親戚などの血縁的ネットワークの保有と、地域活動への参加度（所属数）に生じている。地域におけるネットワークが地域性の違いとして表れている。

3.2　ボランティア活動とボランティア意識

　つづいて、会員のボランティア活動について検討する。ファミリーサポート会員は、依頼会員として登録していても、日頃は利用せず、万が一のために利用登録だけしているものもいれば、援助会員として登録はしていても、日頃、援助活動を行っていないものもいる。また、謝礼の授受があるため、ファミリーサポートの援助活動をボランティアと思っているものもいれば、ボランティアと思っていないものもいる。特にファミリーサポートの援助をボランティアと思っていない会員が少なからずいることが自由記述から読みとれた。

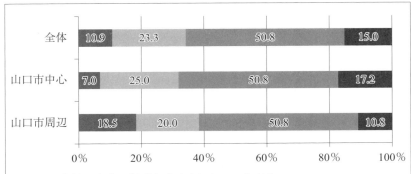

図 11-11　ボランティア活動に対する報酬の授受への考え

　ボランティア活動に対する報酬の授受についての設問の結果（図11-11）をみてみる。全体で、報酬を受け取っても良いとする考え方の会員が65.8％いるのに対し、報酬を受け取らないほうが良いとする考え方の会員が10.9％いる。地域別の有意な差はみられなかった。

　以上のことから、本章では、ファミリーサポートの活動をボランティアであるかどうかは、本人の認識に任せることとし、ファミリーサポートの活動だけでなく、広く地域におけるボランティア活動の実態を把握するため、ボランティア経験の有無（図11-12）、ボランティア経験者の活動分野（図11-13）、ボランティア経験者の活動頻度（図11-14）、ボランティア経験者の活動年数（図11-15）、ボランティア経験者のボランティア活動のきっかけ（図11-16）について地域比較を行う。

　まず、山口市中心地域は、ボランティア活動経験の有無について山口市周辺地域に比べ活動経験者が少ない。ボランティア活動経験者の活動分野では、環境・清掃活動、子育てが多い。ボランティア活動の動機は「身近に起きている問題を解決するため」といった問題解決や「友人などネット

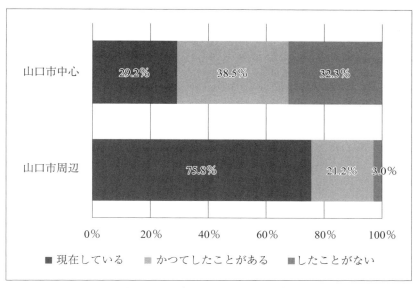

図11-12 ボランティア経験の有無
$\chi^2 = 41.810$ df = 2 p=0.000

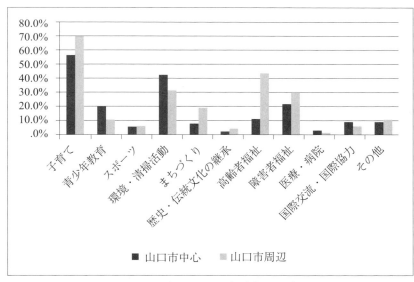

図11-13 ボランティア経験者の活動分野

第11章 地域における社会的ネットワークとボランティア活動 217

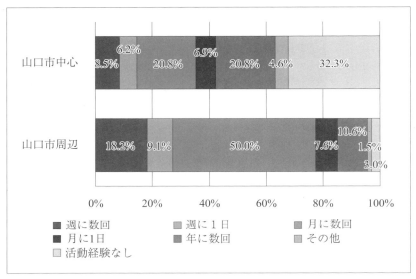

図 11-14 ボランティア経験者の活動の頻度
$\chi^2 = 36.797$　df $= 6$　p=0.000

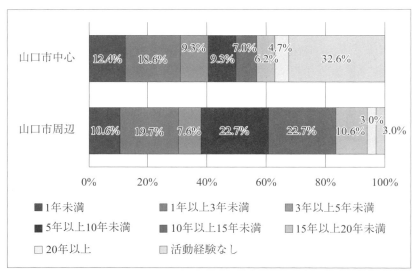

図 11-15 ボランティア経験者の活動年数
$\chi^2 = 33.032$　df $= 7$　p=0.000

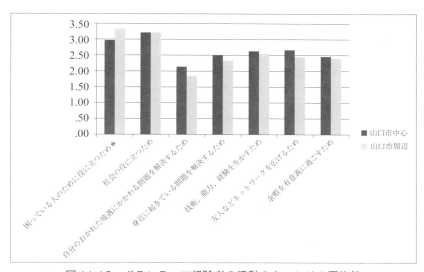

図 11-16　ボランティア経験者の活動のきっかけの平均値
＊：p=0.016　F 値 5.977
そうである：4 点　　　どちらかといえばそうである：3 点
どちらかといえばそうではない：2 点　　そうではない：1 点

ワークを広げるため」、「技術、能力、経験を生かすため」など、自己実現を求めるような動機の平均値が山口市周辺地域よりも高い。

　山口市周辺地域の会員は、ボランティア活動状況は中心地域よりも活動経験者が多い。ボランティア活動経験者の活動分野では、子育て、高齢者、環境・清掃活動、障害者が多い。また、周辺地域のボランティア活動経験者の方が中心地域よりも頻繁にボランティア活動をしており、長年にわたってボランティア活動をしている。ボランティア活動の動機は「困っている人の役に立つため」という自己犠牲的な動機の平均値が中心地域よりも高い。

　次に、地域におけるボランティア活動につながると思われる意識について検討する。ボランティア活動につながると思われる意識をボランティア意識、コミュニティモラールと考え、調査票にはそれぞれの意識について 8 項目を設定した。

表 11-4　ボランティア意識

1. 贈り物には同額を返すべき	（返済規範）
2. 人にかけた迷惑は償うべき	（返済規範）
3. 社会の利益を優先するべき	（自己犠牲規範）
4. 困っている人を助けるべき	（自己犠牲規範）
5. 相手の利益を優先するべき	（交換規範）
6. 頼っている人には親切にすべき	（交換規範）
7. 社会的弱者は皆で親切にすべき	（弱者救済規範）
8. 不当な立場の人を助けるべき	（弱者救済規範）

　まず、ボランティア意識については、箱井英寿・高木修（1987）が作成した援助規範意識を参考にした。箱井・高木による援助規範意識は、「返済規範意識」、「自己犠牲規範意識」、「交換規範意識」、「弱者救済規範意識」の4つの下位尺度から成り立っている。「返済規範意識」とは以前援助してくれた人にはその親切にお返しをすべきであるという互恵的な規範意識、「自己犠牲規範意識」とは自己犠牲を含む愛他的行動を支持する規範意識、「交換規範意識」は援助に見返りを期待し、自分に有利になるような援助を行うべきというような規範意識で、援助を相互交換的にとらえることに対し、肯定的か、否定的かを表す。「弱者救済規範意識」は自分よりも弱い立場、経済的に困っている人々に対する救済を支持する規範意識である。

　調査票は、箱井・高木の4つの援助規範意識のそれぞれの質問項目の中から2項目ずつ選び、表11-4のとおりボランティア意識項目として8項目設定した。そして、4段階評価で、そう思うに4点、どちらかといえばそう思うに3点、どちらかといえばそう思わないに2点、そう思わないに1点を与え、合計点を算出しボランティア意識・スコアとした。

　ボランティア意識・スコアの地域比較は図11-17のとおりである。ボランティア意識・スコアでは、地域の差はみられない。ボランティア意識を詳細にみると（表11-5）、全体では、弱者救済規範の2項目の平均値が高い。地域を比較してみると、山口市中心地域では、返済規範「贈り物には同額を返すべき」が高く、周辺地域は交換規範「頼っている人には親切に

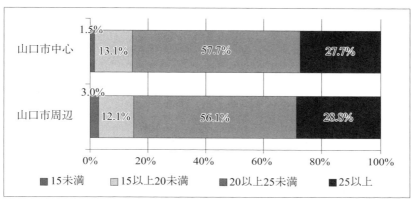

図11-17 ボランティア意識・スコア

表11-5 地域別ボランティア意識の平均値

		度数	平均値	F値	有意確率
1. 贈り物には同額を返すべき	山口市中心 山口市周辺 合計	130 66 196	2.91 2.48 2.77	10.59	.001
2. 人にかけた迷惑は償うべき	山口市中心 山口市周辺 合計	130 66 196	2.93 2.70 2.85	3.52	.062
3. 社会の利益を優先するべき	山口市中心 山口市周辺 合計	130 66 196	2.40 2.53 2.45	1.29	.257
4. 困っている人を助けるべき	山口市中心 山口市周辺 合計	130 66 196	2.41 2.42 2.41	.02	.893
5. 相手の利益を優先するべき	山口市中心 山口市周辺 合計	130 66 196	2.23 2.22 2.22	.00	.947
6. 頼っている人には親切にすべき	山口市中心 山口市周辺 合計	130 66 196	3.09 3.33 3.17	5.54	.020
7. 社会的弱者は皆で親切にすべき	山口市中心 山口市周辺 合計	130 66 196	3.28 3.42 3.33	1.96	.163
8. 不当な立場の人を助けるべき	山口市中心 山口市周辺 合計	130 66 196	3.39 3.31 3.36	.89	.347

第11章 地域における社会的ネットワークとボランティア活動

すべき」が高い。

つづいて、コミュニティモラールについては、鈴木広ら（1988）が1983年に実施した大都市コミュニティ調査の調査票を参考にした。コミュニティモラールは人々のコミュニティに関与する程度を知るための概念装置である。したがって、コミュニティモラールが高いほど、コミュニティ形成にとって望ましいといえ、地域における相互扶助の活動も可能になるといえる。

表11-6　コミュニティモラール

1.　リーダーは良くやっている
2.　地区の悪口は自分の悪口
3.　町の役に立ちたい
4.　市会議員を出すことは大切
5.　行事に参加する
6.　地域にずっと住みたい
7.　住民は助け合い、世話しあっている
8.　住民は団結心が強い

コミュニティモラールの項目は感情、統合認知、参加意欲の3要素からなっており、もともとの調査票は12項目からなっているが、本調査では8項目設定した。そして、4段階評価で、そう思うに4点、どちらかといえばそう思うに3点、どちらかといえばそう思わないに2点、そう思わないに1点を与え、合計点を算出し、コミュニティモラール・スコアとした。コミュニティモラール・スコアは山口市中心地域よりも周辺地域のほうが高かった（図11-18）。

3.3　ボランティア活動を規定する要因

以上、ボランティア活動とボランティアに関わる意識の実態を踏まえた上で、ボランティア活動に意識がどのように関連しているのか、そして、地域性がどのように影響しているのか検討する。山口市中心地域と周辺地域の地域性の違いは、地域におけるネットワークであった。そこで、ボラ

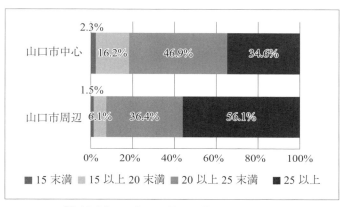

図11-18 コミュニティモラール・スコア
$\chi^2 = 9.569$　df = 3　p=0.023

ンティア経験の有無、ボランティア意識・スコア、コミュニティモラール・スコア、地域におけるネットワーク（近くにいる親族の有無・親しい親戚の有無・親しい近所の人・親しい友人・地域活動の所属数）の関連について検討する。

　表11-7はボランティア経験の有無、ボランティア意識・スコア、コミュニティモラール・スコア、ネットワークの相関を示したものである。全体では、コミュニティモラールが高い人が、ボランティア意識が高く、ボランティア活動をしている。コミュニティモラールは、親しい近所の人、親しい友人といった地縁的ネットワークをもつ人ほど、また地域参加が多い人ほど高くなっている。ボランティア活動は、コミュニティモラールの高さよりも地縁的ネットワークをもつ人ほど、また地域参加が多い人ほど活動している。

　地域比較では、山口市中心地域では、コミュニティモラールが高い人が、ボランティア意識が高い。しかし、ボランティア活動に意識はつながっていない。ボランティア活動につながっているのは、地域参加である。地域参加が多い人ほどボランティア活動をしている。

　山口市周辺地域では、コミュニティモラールとボランティア意識に相関

がない。コミュニティモラールはボランティア活動とも関連はなく、周辺地域においてボランティア活動はボランティアに関わる意識とつながっていないといえる。しかし、周辺地域において、ボランティア活動は、親しい近所の人、親しい友人といった地縁的ネットワークに強く関連している。地縁的ネットワークをもつ人ほど、地域参加が多い人ほどボランティア活動をしている。

　以上のことから、周辺地域は地域性の違いとして生じていた地域におけるネットワークが地域住民をボランティア活動に参加させる一つの要因になっており、ボランティア活動が地域性を基盤としていると考えられる。

　ちなみに、ボランティア意識の詳細項目とボランティア活動の有無との関連（表11-8）をみてみると、山口市中心地域も周辺地域も返済規範が強い人は、ボランティア活動をしていない。周辺地域では、自己犠牲規範が強い人がボランティア活動をしている。

　また、ボランティア意識とコミュニティモラール・スコアとの関連（表11-9）をみてみると、山口市中心地域も、周辺地域も、弱者救済規範はコミュニティモラールが高い人ほど高い。また、交換規範の「頼っている人には親切にすべき」は周辺地域においてコミュニティモラールが高い人ほど高く、自己犠牲規範の「社会の利益を優先すべき」は山口市中心地域においてコミュニティモラールが高い人ほど高かった。返済規範はコミュニティモラールとの関連はみられない。

　ボランティア意識は、ボランティア活動ほど明確に地域性を基盤にしているとはいい難く、山口市中心地域においても周辺地域においてもほぼ同様の意識が広がっていると考えられる。

4. まとめ

　以上の結果から、コミュニティモラールやボランティア意識が高いだけではボランティア活動に結び付いていないことが明らかになった。ボランティア活動を規定する要因として重要なものは、近所の人や友人などの地

表11-7 ボランティア活動・意識とネットワークの相関

	全体			山口市中心			山口市周辺		
	ボランティア活動	ボランティア意識・スコア	コミュニティモラール・スコア	ボランティア活動	ボランティア意識・スコア	コミュニティモラール・スコア	ボランティア活動	ボランティア意識・スコア	コミュニティモラール・スコア
ボランティア活動	1	-.074	.167*	1	-.121	.121	1	.058	-.069
ボランティア意識・スコア	-.074	1	.165*	-.121	1	.175*	.058	1	.182
コミュニティモラール・スコア	.167*	.165*	1	.121	.175*	1	-.069	.182	1
近くにいる親族	.001	.044	-.081	.161	-.009	-.077	-.190	.114	-.018
親しい親戚	.118	-.071	.096	-.065	-.005	.020	.078	-.158	.021
親しい近所の人	.252**	.027	.306**	.162	.049	.301**	.406**	-.003	.251
親しい友人	.190**	-.024	.231**	.162	-.013	.205*	.405**	-.043	.318*
地域参加（所属団体数）	.422**	-.110	.362**	.320**	-.059	.446**	.391**	-.173	.083

** 相関係数は1％水準で有意。（両側）
 * 相関係数は5％水準で有意。（両側）

表 11-8　地域別ボランティア活動とボランティア意識の Pearson の相関係数

		全体	山口市中心	山口市周辺
		ボランティア活動の有無	ボランティア活動の有無	ボランティア活動の有無
返済規範	1. 贈り物には同額を返すべき	-.314**	-.227**	-.310*
	2. 人にかけた迷惑は償うべき	-.109	-.092	.035
自己犠牲規範	3. 社会の利益を優先するべき	.065	-.027	.180
	4. 困っている人を助けるべき	.031	-.056	.256*
交換規範	5. 相手の利益を優先するべき	-.003	-.045	.109
	6. 頼っている人には親切にすべき	.032	-.010	-.160
弱者救済規範	7. 社会的弱者は皆で親切にすべき	.014	-.074	.072
	8. 不当な立場の人を助けるべき	.005	.011	.117

** 相関係数は 1% 水準で有意（両側）
* 　相関係数は 5% 水準で有意（両側）

縁的なネットワークである。ボランティア活動は地縁的なネットワークという地域性を基盤にして支えられている。

　ボランティア意識は、ボランティア活動ほど明確に地域性を基盤にしているとはいい難い結果が得られた。どちらの地域においても、ボランティア意識は弱者救済規範が全体的に高く、弱者救済規範が高い人ほどコミュニティモラールも高い。しかし、ボランティア意識が高いからといってボランティア活動につながってはおらず、ボランティア意識は地域に限らず基層的な意識となっているといえる。

　山口市ファミリーサポートセンター会員を事例とした調査結果からは、地縁的なネットワークだけでなく、血縁的なネットワークなど地域におけ

表 11-9 地域別ボランティア意識とコミュニティモラール・スコアの Pearson の相関係数

		全体 コミュニティモラール・スコア	山口市中心 コミュニティモラール・スコア	山口市周辺 コミュニティモラール・スコア
返済規範	1. 贈り物には同額を返すべき	-.014	.080	-.052
	2. 人にかけた迷惑は償うべき	-.029	-.032	.064
自己犠牲規範	3. 社会の利益を優先するべき	.181*	.224*	.073
	4. 困っている人を助けるべき	-.021	-.049	.023
交換規範	5. 相手の利益を優先するべき	.018	.028	.005
	6. 頼っている人には親切にすべき	.257**	.199*	.293*
弱者救済規範	7. 社会的弱者は皆で親切にすべき	.279**	.236**	.329**
	8. 不当な立場の人を助けるべき	.226**	.247**	.259*

** 相関係数は 1% 水準で有意（両側）
* 相関係数は 5% 水準で有意（両側）

るネットワークを多く保有している周辺地域の方が、地域活動参加者が多く、ボランティア活動をしているといえる。

　ファミリーサポート制度の仕組みは、依頼会員に地縁的なネットワークがなくても、援助が必要な時にセンターがコーディネートして援助会員を紹介してくれる。地縁的なネットワークのない依頼会員も援助を求めることで身近な地域の中に知人が広がっていくことになる。こうして広がった地縁的なネットワークが新たな援助会員を創出することにつながっていれば、ファミリーサポート制度の継続維持の仕組みも十分に機能していることになるであろう。

　ファミリーサポート制度のように地域住民による相互扶助の活動やボラ

ンティア活動が期待をされ、これらの活動について自治体も大いに期待し支援している。地域におけるボランティア活動の定着や拡大には、地域住民を身近な地域活動に巻き込んで、地域住民のネットワークを拡大していけるかが、重要になってくるであろう。

注
1）社会福祉法人山口市社会福祉協議会、2011、「会誌　山口市ファミリーサポート通信　春」Vol.33。
2）社会福祉法人山口市社会福祉協議会、2015、「子育て応援情報誌山口市ファミリーサポート通信　春」Vol.37。

参考文献
社会福祉法人山口市社会福祉協議会本部 HP（2011 年 12 月 1 日取得、http://www.yshakyo.or.jp/service/detail01.htm#06）
社会福祉法人山口市社会福祉協議会、2011、「会誌　山口市ファミリーサポート通信　春」Vol.33
社会福祉法人山口市社会福祉協議会、2015、「子育て応援情報誌山口市ファミリーサポート通信　春」、Vol.37
鈴木広編、1988、『社会分析（社会学研究年報）』17、434 頁
箱井英寿・高木修、1987、「援助規範意識の性別、年代、および、世代間の比較」『社会心理学研究』第 3 巻第 1 号、39-47 頁
宮木由貴子、2006、「『助育』としてのファミリーサポート制度」『ライフデザインレポート』株式会社第一生命経済研究所、27-29 頁

＊林寛子、2012、「地域における社会的ネットワークとボランティア活動―ファミリーサポートセンター会員調査を手がかりとして―」『やまぐち地域社会研究』9 号 135-146 頁

第12章　日本におけるボランティア意識の現状とボランティア活動への期待

三浦　典子

1. はじめに

　ボランティア活動の基底には、利他的なボランティア意識が存在すると思われる。利他主義は、キリスト教に代表されるように宗教的な倫理規範に依拠するものもあるが、伝統的な地域共同性も、集団的な利他主義といえる、他者を思いやる意識を涵養することも十分想定できる。
　一般的には、宗教的な規範や伝統的な集団主義的利他主義は、近代化とともに薄れていくことが仮定される。しかし、他方、近代化は自己の自立化を促進し、自発的な意識を強化していくことも想定される。
　ボランティア意識に関する現状を把握する調査は、このような問題意識に基づいて、日本と台湾において実施するように計画された。
　本章では、日本におけるボランティア意識に焦点をおいて、その現状と、ボランティア意識の構造を解明していきたい。

2. 調査の概要

　日本におけるボランティア意識の構造を知るための調査は、成人（山口ファミリーサポートセンターの会員）と、若者（大学生）に対して実施した。
　ボランティア意識は、生活地域における参加意識であるコミュニティモラールと関連がみられ、地域における生活経験が異なる成人と若者の意識を比較するとともに、近代化とともに自立意識は高まるが、同時に孤立意

識や自己疎外感も高まることが想定され、アノミー的態度との関連もみていきたい。

箱井英寿・高木修の研究によると*、ボランティア意識に関わる意識の因子分析を行ったところ、返済規範因子、交換規範因子、自己犠牲規範因子、弱者救済規範因子が導き出された。この結果から、以下の8項目の質問文をボランティア意識を測定するために用意した。

①人から何か贈られたら、同じだけお返しすべきである：返済規範
②人にかけた迷惑は、犠牲を払ってでも償うべきである：返済規範
③自分の利益よりも、社会の利益を第一に考えるべきである：自己犠牲規範
④人が困っているときには、自分がどんな状況であろうとも、助けるべきである：自己犠牲規範
⑤自分の利益よりも相手の利益を優先して手助けすべきである：交換規範
⑥私を頼りにしている人には、親切であるべきだ：交換規範
⑦社会的に弱い立場の人には、皆で親切にすべきである：弱者救済規範
⑧不当な立場で苦しんでいる人を少しでも助けるべきだ：弱者救済規範

＊箱井英寿・高木修、1987、「援助規範意識の性別、年代、および、世代間の比較」『社会心理学研究』第3巻第1号、39-47頁

調査対象者は、成人に関しては、山口市のファミリーサポートセンターの会員全体を対象とし、郵送で調査を実施した。センター会員は921名で、山口市の中心部が816名、合併して山口市となった周辺部が105名で、調査の結果、196票が回収された。回収率は全体で21.3％であったが、山口市が16.1％、周辺部が61.9％であった。

ファミリーサポートセンターは、サービスを依頼する会員とサービスを

提供する会員が入会しており、中心部では、地域に子育てを支援してくれる社会的ネットワークが不十分で、依頼会員の占める比重が高く、調査の協力が得られなかったと思われる。

学生に対する調査は、山口大学と久留米大学の学生に対して、集合調査の方法で実施した。

調査対象者は、大学全体から無作為に抽出されたものではないことをあらかじめお断りしておきたい。調査票は238名から回収された。

ファミリーサポートセンターの会員と学生の意識を比較することによって、世代によって意識がどのように違うかを推定し、意識の方向性をある程度推測することができると考える。

大学生に対する調査は、本章において直接比較分析は行わないが、台湾の大学においても同様な方法で、東呉大学、淡江大学、真理大学において実施し、380名から有効票を得ることができた。国別の意識の比較分析は他章にゆずりたい。

3. ボランティア活動の実態と活動契機

3.1 ボランティア活動の経験

まず最初に、ボランティア活動の経験について尋ねたところ、図12-1に示したように、学生においては、かつてボランティア活動を行ったことがあるものは、過半数を占めているものの、現在ボランティア活動を行っているものは、1割にも満たない。

それに対して、成人では、ファミリーサポートセンターの会員を対象にしたことから、現在活動を行っているものは、40%を超えており、8割近いものが、ボランティア活動を経験しており、ボランティア意識の比較分析を行う際に、この違いは念頭においておく必要がある。

表12-1には、ボランティア活動の分野の違いを知るために、それぞれの分野の活動を行ったことのあるものの比率を示した。

成人においては、調査対象者の特性から、子育て分野が48.0%と最も高

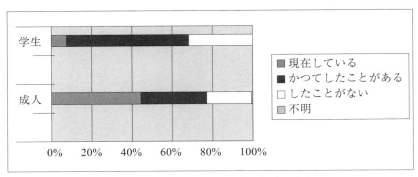

図12-1 ボランティア活動の経験の有無

表12-1 ボランティア活動の分野（MA）

	成人（%）	学生（%）
子育て	48.0	6.7
青少年の教育	12.8	5.5
スポーツ	4.6	5.0
環境・清掃活動	29.1	51.7
まちづくり	9.7	7.6
歴史・伝統文化の継承	2.6	2.9
高齢者福祉	19.4	21.8
障害者福祉	19.4	14.3
医療・病院	2.0	1.3
国際交流・国際協力	6.1	5.9
その他	7.7	2.1
不明	1.0	0.8

くなっているが、それ以外では、環境・清掃活動について、高齢者や障害者のための活動と、青少年の教育分野が10％を超えている。

それに対して、学生においては、環境・清掃活動の分野が過半数を占め

ており、成人と同じく、高齢者や障害者に対する活動が目立つ。子育てや青少年の教育に関する活動を行ったものはわずかである。

3.2 ボランティア活動のきっかけ

ボランティア活動を行ったきっかけとして、「困っている人のために役に立つため」「社会の役に立つため」「自分のおかれた境遇に関わる問題を解決するため」「身近に起きている問題を解決するため」「技術・能力・経験を生かすため」「友人などネットワークを広げるため」「余暇を有意義に過ごすため」の7項目をあげて、そうであるか、そうではないかをこたえてもらった。

全体的にみれば、成人も学生も、ボランティア活動は、困っている人のためや、社会に役に立つために行われる傾向が強くみられる。成人の約80％、学生の70％のものが、困っている人のために活動を行っており、社会の役に立つためには、成人の85％、学生の75％がボランティア活動を行っている。

その他のきっかけについては、成人においては、技術・能力・経験を生かすためと、ネットワークを広げるための理由が5割を超えている。この理由は、学生においては4割程度に過ぎない。

ボランティア活動を行うきっかけについて、学生と成人との比較を詳細に示したものが、図12-2 から図12-8 である。

「そうである」という積極的な肯定の回答は、困っている人の役に立つためという項目についてのみ、学生に比べて成人にかなり多くなっている。社会の役に立つためという項目は、学生にも肯定するものが多い。しかし、その他の項目については積極的な肯定はそれほど多くなく、しかも成人と学生との間に顕著な差はみられない。

「どちらかといえばそうである」という消極的肯定を積極的な「そうである」と合計すれば、自分のおかれた境遇に関わる問題解決のためという項目を除けば、成人の方に、肯定的回答が多くみられる。

成人と比べれば、学生は、自分自身に関わる問題に対しては反応が強く

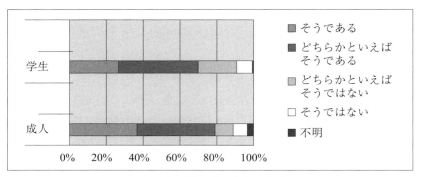

図 12-2 困っている人のため

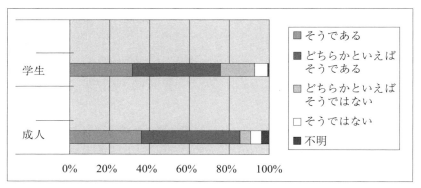

図 12-3 社会の役に立つため

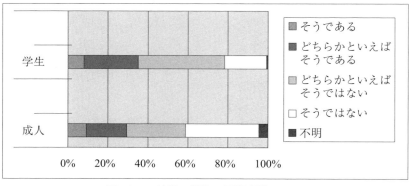

図 12-4 境遇に関わる問題解決のため

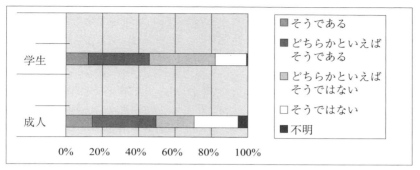

図12-5　身近な問題解決のため

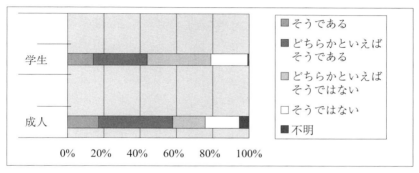

図12-6　技術・能力・経験を生かすため

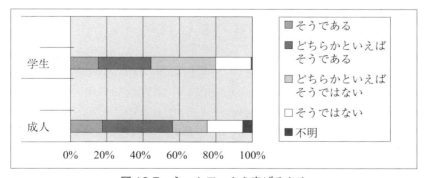

図12-7　ネットワークを広げるため

第12章　日本におけるボランティア意識の現状とボランティア活動への期待　235

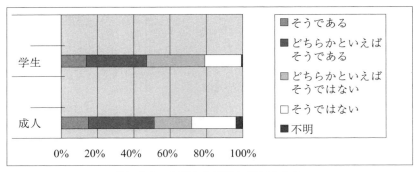

図12-8　余暇を有意義に過ごすため

みられるが、対社会的な問題に対する関心は薄いという傾向がみうけられる。

4. ボランティア意識の構造

4.1　ボランティア意識の実態

　先行研究によると、ボランティア意識はさまざまな規範意識から構成されており、因子分析の結果、返済規範、自己犠牲規範、交換規範、弱者救済規範の因子が取り出された。

　それぞれの規範意識に関する質問項目を用意して、そう思うかどうかをたずねてみた。ボランティア意識の比較をしやすくするために、それぞれの項目に対して、そう思うとこたえたものに4点、どちらかといえばそう思うに3点、どちらかといえばそうは思わないに2点、そうは思わないに1点を与えて、それぞれの項目ごとの平均スコアを表12-2に示した。

　「社会的弱者は皆で親切にすべきである」という項目を除いて、すべての項目において、学生のスコアが高い。意識の上では、若い世代のボランティア的志向がみうけられる。

　「不当な立場の人を助けるべきである」という項目には、学生、成人を問わず、ほとんどのものがそう思うとこたえていることから、スコアは

表 12-2　成人と学生のボランティア意識平均スコア

	成人	学生
贈り物には同額を返すべき	2.77	3.22
人にかけた迷惑は償うべき	2.85	2.93
社会の利益を優先するべき	2.44	2.61
困っている人を助けるべき	2.42	2.67
相手の利益を優先するべき	2.20	2.60
頼っている人には親切にすべき	3.18	3.29
社会的弱者は皆で親切にすべき	3.33	3.15
不当な立場の人を助けるべき	3.35	3.38
平均スコア	2.81	2.98

3.3 を超えている。

　また、成人においては、弱者救済規範の2項目と、交換規範の「頼っている人には親切にすべき」という項目のスコアが3.0を超えており、学生においては、それらの3項目に加えて、返済規範の「贈り物には同額を返すべき」という項目のスコアが3.0を超えており、若い世代に近代的な返済規範がボランティア意識の背景にあるといえる。

4.2　ボランティア意識スコア・コミュニティモラールスコア・アノミースコア

4.2.1　ボランティア意識スコア

　学生と成人の個々人のボランティア的態度を測定するために、それぞれの項目に対して、そう思うとこたえたものに4点、どちらかといえばそう思うに3点、どちらかといえばそうは思わないに2点、そうは思わないに1点を与えて、8項目のスコアを合計して、それぞれのボランティア意識スコアとした。

　したがって、スコアは8から32に分散し、便宜的に、15未満、15〜

20未満、20〜25未満、25以上に区分し、成人と学生のボランティア意識スコアの分布を示したものが、表12-3である。

全体的に20〜25未満が過半数を占めていたが、25以上は学生の方に10％多く、その分だけ20未満は成人に多くなっており、意識の上では、学生の方にボランティア度が高いといえそうである。

表 12-3　ボランティア意識スコア

	成人		学生	
	実数	％	実数	％
15 未満	4	2.0	2	0.8
15〜20 未満	25	12.8	15	6.3
20〜25 未満	112	57.1	128	53.8
25 以上	55	28.1	93	39.1
サンプル数（％ベース）	196	100.0	238	100.0

4.2.2　コミュニティモラールスコア

コミュニティモラールは、伝統的な地域社会に生活するものには高いことが想定されるが、近代社会においても、生活の場としてのコミュニティの必要性を学ぶことによって高くなることも考えられる。

コミュニティモラールを測定するための質問文は、以下の8項目である。

①この地区のリーダーたち（町内会、婦人会、公民館、PTAの役員など）は、がいして地域のために良くやっている
②人からこの地域の悪口をいわれたら、何か自分の悪口をいわれたような気になる
③この町のためになることをして、何か役に立ちたいと思う
④この町や校区を代表するような市会議員を出すことは、大切なことだ
⑤町内や校区で一緒にする行事（運動会、寄付、清掃、署名運動な

ど）に、参加するほうである
⑥事情が許せば、ずっとこの地域に住みたいと思う
⑦この地域に住んでいるみんなは、お互いになんとか助け合い、お世話し合っていると思う
⑧この町の人たちは互いに協力する気持ち（団結心）が強いほうだと思う

　表12-4は、地域社会における、愛着心や関心度、参加意欲等を示す、コミュニティモラールを測定するための項目に関する肯定度を、ボランティア意識スコアと同じように、スコア化して示したものである。

表12-4　コミュニティモラールスコア

	成人		学生	
	実数	％	実数	％
15未満	4	2.0	28	11.8
15〜20未満	25	12.8	93	39.1
20〜25未満	85	43.4	91	38.2
25以上	82	41.8	25	10.5
サンプル数（％ベース）	196	100.0	237	100.0

　コミュニティモラールスコアの方は、成人と学生とで大きく異なっている。学生の生活は地域社会とそれほど密接に関わっておらず、地域生活の実感が弱いこともあって、コミュニティモラールスコアは、成人の方に高くなっている。学生では15〜20未満と20〜25未満がそれぞれ4割弱を占めているのに対して、成人では20〜25未満が43.4％と最も多く、25以上がそれに匹敵する比率を占めている。
　ボランティア意識もコミュニティモラールも、現実のボランティア活動や地域活動の実態をたずねているものではなく、意識の上で、それぞれの意識項目に対する肯定度をたずねていることから、イエスとこたえる傾向

があることは否めない。しかし、傾向として、ボランティア意識には、学生か成人かという属性による差はそれほどみられず、コミュニティモラールは、地域生活の実感度に応じて、成人に高くなっているといえる。

4.2.3 アノミースコア

アノミーは、規範が拘束力を失っている状況を指す用語であるが、心理的アノミーは、具体的には、無規範性、孤立感、無力感、自己疎隔の感情であり、近代化とともに、社会的な自立度は高くなる反面、アノミー度も高くなる。したがって、近代社会においても社会的なネットワークに包摂されている状況は、アノミー度を和らげることも明らかにされている。近代化とともに、血縁的・地縁的ネットワークよりも、ボランタリスティックなネットワークが優勢になることも明らかにされている。

アノミー的態度の状況を知るために、次のような8項目の質問文を用意した。

①時には誘惑に負けてハメを外すのが、人間らしさというものである
②今の世の中は何が善で何が悪なのか、ますますわからなくなっている
③都会にはたくさんの人がいるが、本当は、みんな一人ぼっちなのだと思う
④デパートやスーパーに積まれている商品は多いが、考えてみれば、本当に必要なものはごくわずかである
⑤人間の価値や幸せは結局のところ、お金でほとんど決まる
⑥毎日あくせく生きてはいるが、こういう生活に何の意味があるのか、時々わからなくなる
⑦少々きたないことをしても、結局は、成功したものの勝ちである
⑧都会のしくみはあまりに複雑で、私たちにはとても理解できない

それぞれの質問に対して、そう思うに4点、どちらかといえばそう思う

に3点、どちらかといえばそうは思わないに2点、そうは思わないに1点を与えて、8項目の合計をアノミースコアとした。したがって、スコアが高いほどアノミー度は高いことになる。

表12-5には、スコアを4段階に区分して、成人と学生のスコアの分布を示した。

表12-5 アノミースコア

	成人		学生	
	実数	%	実数	%
15未満	18	9.2	6	2.5
15～20未満	100	51.0	52	21.8
20～25未満	66	33.7	133	55.9
25以上	11	5.6	47	19.7
不明	1	0.5	0	0.0
サンプル数(%ベース)	196	100.0	238	100.0

成人と学生を比較すれば、明らかに学生の方にスコアの高いものが多く、学生の約2割はアノミー度が高く、社会的に孤立し、規範に対して信頼度が低下しているといえる。このアノミー意識がボランティア意識とどのような関連にあるのであろうか。

4.3 ボランティア意識・コミュニティモラール・アノミー意識の相関分析

表12-6には、成人のボランティア意識・コミュニティモラール・アノミー意識のそれぞれの合計スコアの相関係数を示した。

成人のボランティア意識は、コミュニティモラールともアノミー意識とも、プラスの関係があることが示されている。そして、アノミー意識とはより強い関連があることがわかる。

有意な関連とはいえないが、コミュニティモラールとアノミー意識とは

表 12-6　成人の相関係数

		合計スコア・ボランティア	合計スコア・アノミー	合計スコア・コミュニティモラール
合計スコア・ボランティア	Pearson の相関係数 有意確率（両側） N	1 196	.241** .001 195	.165* .021 196
合計スコア・アノミー	Pearson の相関係数 有意確率（両側） N	.241** .001 195	1 195	-.105 .143 195
合計スコア・コミュニティモラール	Pearson の相関係数 有意確率（両側） N	.165* .021 196	-.105 .143 195	1 196

＊＊　相関係数は 1% 水準で有意（両側）
＊　　相関係数は 5% 水準で有意（両側）

マイナスの関連にあることが示されており、地域社会における意識的な孤立状況がアノミー度を高めることは想定される。

　しかしながら、肝心のボランティア意識は、コミュニティモラールとはともかくとして、アノミー意識とも関連しており、ボランティア意識を測定する 4 つの規範が、同じような意識の方向性を測定するものではないともいえそうである。

　アノミー意識と強く関連するのは、返済規範や交換規範であり、コミュニティモラールと関連するのは、自己犠牲規範や弱者救済規範であることも推測できる。

　表 12-7 には、学生のボランティア意識・コミュニティモラール・アノミー意識のそれぞれの合計スコアの相関係数を示した。

　学生においては、ボランティア意識はコミュニティモラールと強く関連しているが、アノミー意識とは弱いマイナスの関連がある。コミュニティモラールとアノミー意識との関連もほとんど有意ではない。

　表 12-8 には、参考データとして、台湾の学生における、ボランティア

表12-7 学生の相関係数

		合計スコア・ボランティア	合計スコア・アノミー	合計スコア・コミュニティモラール
合計スコア・ボランティア	Pearson の相関係数 有意確率 （両側） N	1 238	-.012 .854 238	.291** .000 237
合計スコア・アノミー	Pearson の相関係数 有意確率 （両側） N	-.012 .854 238	1 238	.037 .571 237
合計スコア・コミュニティモラール	Pearson の相関係数 有意確率 （両側） N	.291** .000 237	.037 .571 237	1 237

** 相関係数は1%水準で有意 （両側）

意識・コミュニティモラール・アノミー意識のそれぞれの合計スコアの相関係数を示した。

　台湾の学生においては、ボランティア意識とコミュニティモラールとアノミー意識との間には、いずれも強いプラスの相関がある。アノミー意識とコミュニティモラールとの間にもプラスの相関がみられる。

　台湾の学生には、意識をたずねる質問に対して、イエスとこたえる傾向があることも想定されるが、多様な意識の方向性をもつボランティア意識の質問項目を、単純に合計してスコア化することに問題があるといえる。

　しかし、ボランティア意識の合計スコアとコミュニティモラールの合計スコアとの間には、日本と台湾の学生、日本の成人と学生を並べてみても、いずれもプラスの相関があることは明らかである。

表 12-8　台湾学生の相関係数（参考）

		合計スコア・ボランティア	合計スコア・アノミー	合計スコア・コミュニティモラール
合計スコア・ボランティア	Pearson の相関係数 有意確率（両側） N	1 380	.184** .000 380	.382** .000 379
合計スコア・アノミー	Pearson の相関係数 有意確率（両側） N	.184** .000 380	1 380	.137** .008 379
合計スコア・コミュニティモラール	Pearson の相関係数 有意確率（両側） N	.382** .000 379	.137** .008 379	1 379

** 相関係数は 1% 水準で有意（両側）

5. ボランティア活動とボランティア意識

5.1 ボランティア活動の経験とボランティア意識・コミュニティモラール

ところで、ボランティア意識と実際のボランティア活動への参加とは、どのような関連がみられるのであろうか。

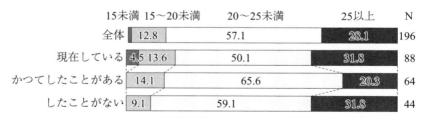

図 12-9　ボランティア活動経験別ボランティア意識スコア（成人）

図 12-9 には、成人のボランティア活動経験別にボランティア意識スコアを示した。

ボランティア活動を現在しているものも、したことがないものもボラン

ティア意識スコアが25以上の比率は同じで、31.8%である。スコアが低いものは、むしろ現在活動行っている方に多い。すなわち、実際の活動は、ボランティア意識の全体的なスコアとは関連がないことが指摘できる。

図12-10 ボランティア活動経験別ボランティア意識スコア（学生）

図12-10には、学生のボランティア活動経験別にボランティア意識スコアを示した。

成人と比べて学生の場合には、現在、ボランティア活動を行っているものは、実数は18人と少ないが、そのうちの61.1%がボランティア意識スコア25以上のものである。それに対して、ボランティア活動を行ったことのないものでは27.6%にしかすぎず、意識と経験との間に関連があることがわかる。

すなわち、学生においては、ボランティア意識がボランティア活動の動機づけになっているが、成人においては、ボランティア活動は意識以外の要因によって左右されることが示唆される。

次に、図12-11には、成人のボランティア活動経験別にコミュニティモ

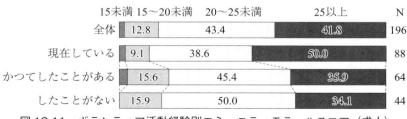

図12-11 ボランティア活動経験別コミュニティモラールスコア（成人）

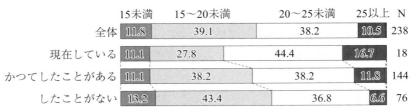

図 12-12　ボランティア活動経験別コミュニティモラールスコア（学生）

ラールスコアを示した。また、図 12-12 には、学生のボランティア活動経験別にコミュニティモラールスコアを示した。

　成人も、学生も、ボランティア活動の経験はコミュニティモラールと関連しており、コミュニティモラールの高さがボランティア活動の動機づけになっているといえる。

　国際的な活動を行うボランティア活動はともかくとして、ボランティア活動の多くは、地域において、地域の仲間と行われることから、実際のボランティア活動の経験は、一般的なボランティア意識よりも、地域における愛着心や関心、参加意欲に関連しているといえる。

5.2　成人におけるボランティア活動の規定要因
5.2.1　基本属性との関連

　現在ボランティア活動を行っている学生は少ないので、成人に限って、

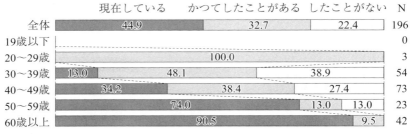

図 12-13　年齢別ボランティア活動の経験
（カイ自乗値 76.41　有意差＊＊）

ボランティア活動がどのような人々によって担われているのか、ボランティア活動を規定する基礎的な要因について検討してみたい。

成人データは、ファミリーサポートセンターの会員であることから、ほとんどが女性である。ボランティア活動は、多くの先行研究にみられるように、中高年の女性が主な担い手となっている。

図12-13には、年齢別にボランティア活動の経験を示したが、きわめて高い相関関係がみられ、年齢が高くなるほど、ボランティア活動の経験者が多くなっている。60歳以上の90.5％が現在ボランティア活動を行っており、残りの9.5％がかつて行っていたとこたえている。これはファミリーサポートセンター会員を調査対象としたことから、当然の結果である。

また、子育ての支援を依頼する年齢層では、ボランティア活動を経験していないものがみられる。

図12-14には、家族形態別にボランティア活動の経験を示した。ボランティア活動が、高い年齢層に担われていたように、家族形態においても、単身や夫婦のみの家族のもののほとんどが、ボランティア活動を行っている。この単身や夫婦のみ家族は、当然のことながら、高齢の単身世帯と高齢者の夫婦のみの家族である。

図12-15には、生まれ育った地域社会との関連を示した。実数の少ない大都市生まれのものの3分の2がボランティア活動を行ったとこたえていることから、全体的には統計的に有意な差はないとなっているが、大都市生まれをのぞけば、生まれ育った地域社会の規模とボランティア活動の経

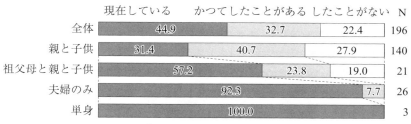

図12-14 家族形態別ボランティア活動の経験
（カイ自乗値 40.43 有意差＊＊）

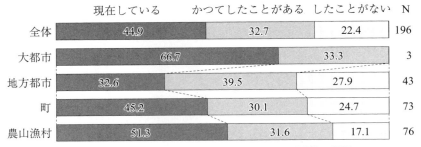

図12-15　生まれ育った地域別ボランティア活動の経験
（カイ自乗値 2.06　有意差なし）

験とには密接な関連がみられる。すなわち、都市よりは町および農山村に生まれ育ったものの方が、ボランティア活動をよく行っている。このことは、伝統的な地域社会が、個人の意志に関わらず、ボランティア活動へと人々を駆り立てていることが推測される。

5.2.2　社会階層と生活満足度との関わり

次に基本的な属性に加えて、客観的な生活の豊かさや主観的な満足度といった、生活状況との関連をみてみたい。

図12-16には、職業の有無別にボランティア活動の経験を示した。職業の有無との関連も強くみられる。フルタイムで働いているもののわずか23.2％しか、活動をしておらず、ボランティア活動が無職者によって担われていることがよくわかる。

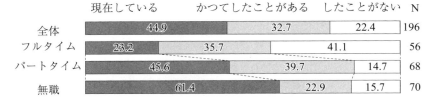

図12-16　職業の有無別ボランティア活動の経験
（カイ自乗値 25.43　有意差＊＊）

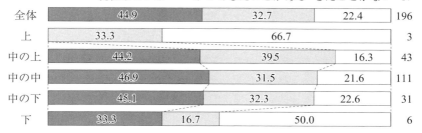

図 12-17　生活程度別ボランティア活動の経験
（カイ自乗値 8.30　有意差なし）

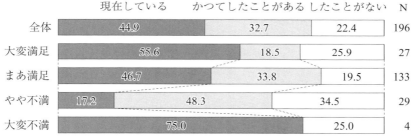

図 12-18　生活満足度別ボランティア活動の経験
（カイ自乗値 14.40　有意差＊）

　図 12-17 には、生活程度別にボランティア活動の経験を示したが、生活程度とはほとんど関連がみられないことがわかる。

　図 12-18 には、主観的な生活満足度との関連を示した。主観的な生活満足度とはかなり関連がみられ、生活に満足しているものの方が、ボランティア活動をよく行っているといえる。

　ボランティア活動には、職業をもっていることが大きなネックになっており、時間的に余裕のあるものが行っていることがよくわかる。時間的な余裕と生活に対する満足度が、ボランティア活動を促進することが指摘できる。

5.2.3 社会的支援のネットワークとの関わり

さらに、社会的なネットワークがより豊富にあることによって、いざというときのための生活不安を和らげ、生活の余裕や充実感が得られるといえる。社会的なネットワークを、親戚、近隣関係、それ以外の友人・知人に分けて、地域社会における手助けのネットワークの有無について調査した。

図 12-19 には、地域社会おける困ったときに手助けを依頼できる親しい親戚の有無別に、図 12-20 には、親しい近所の人の有無別に、また、図 12-21 には、親しい友人・知人の有無別に、それぞれボランティア活動の経験を示した。

3つの図からわかるように、親戚、近所、友人・知人それぞれ親しい支援のネットワークをもっているものの方に、ボランティア活動の経験者が

図 12-19 親しい親戚の有無別ボランティア活動の経験
（カイ自乗値 8.73　有意差＊）

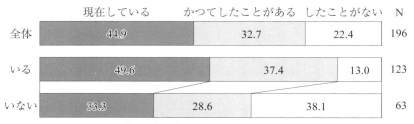

図 12-20 親しい近所の有無別ボランティア活動の経験
（カイ自乗値 16.47　有意差＊＊）

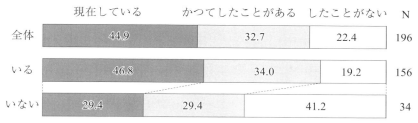

図 12-21　親しい友人・知人の有無別ボランティア活動の経験
（カイ自乗値 8.16 有意差＊）

多くみられる。

とりわけ親しい近所の人がいるものとの間には、相対的に強い関連がみられ、生まれ育った地域が小規模の農山村であるものの方に、活動経験者が多くみられたことから、ボランティア活動は、日常的に地域社会にネットワークが張り巡らされている状況と関連していることが指摘できる。

5.3　ボランティア活動と団体参加

そこで最後に、地域社会における団体参加の実態とボランティア意識やボランティア活動との関連をみておきたい。

成人の団体参加の実態を全体的にみると、参加率の高い団体は、町内会・自治会が 90.7％、PTA、子ども会が 52.6％、消費者団体、生協が 34.5％、趣味の団体・サークルが 33.0％、社会福祉協議会、福祉ボランティアの会が 30.9％、氏子、檀家、宗教団体が 26.8％、スポーツや健康づくりの団体・サークルが 23.2％、同郷会、同窓会が 18.6％である。

表 12-9 には、ボランティア意識スコア別に団体参加を示した。町内会・自治会はボランティア意識スコアの高いものほど加入率が高い。ボランティア意識スコアの高いものは、相対的に、氏子、檀家、宗教団体や、商工会、農協、漁協などの同業組合への参加率が高く、逆に、社会福祉協議会、福祉ボランティアの会や趣味の団体やサークルへの参加は、ボランティア意識スコアの低いものに多くなっている。

表12-9 ボランティア意識

	合計	町内会自治会	PTA子ども会	地域婦人会青年団、消防団	社会福祉協議会、福祉ボランティアの会	老人クラブ（高齢者クラブ）	氏子、檀家、宗教団体	消費者団体、生協
全体	194	176	102	15	60	12	52	67
	100%	90.7	52.6	7.7	30.9	6.2	26.8	34.5
15未満	4	4	3	1	2	1	1	2
	100%	100	75	25	50	25	25	50
15～20未満	25	21	14	2	10	3	7	7
	100%	84	56	8	40	12	28	28
20～25未満	110	99	56	7	31	5	25	40
	100%	90	50.9	6.4	28.2	4.5	22.7	36.4
25以上	55	52	29	5	17	3	19	18
	100%	94.5	52.7	9.1	30.9	5.5	34.5	32.7

表12-10 ボランティア

	合計	町内会自治会	PTA子ども会	地域婦人会青年団、消防団	社会福祉協議会、福祉ボランティアの会	老人クラブ（高齢者クラブ）	氏子、檀家、宗教団体	消費者団体、生協
全体	195	175	101	15	60	12	52	66
	100%	89.7	51.8	7.7	30.8	6.2	26.7	33.8
現在している	87	77	30	14	51	12	32	35
	100%	88.5	34.5	16.1	58.6	13.8	36.8	40.2
かつてしたことがある	64	61	44	1	9	0	14	22
	100%	95.3	68.8	1.6	14.1	0	21.9	34.4
したことがない	43	36	26	0	0	0	5	9
	100%	83.7	60.5	0	0	0	11.6	20.9

スコア別団体参加（成人）

住民運動の団体	商工会、農協漁協など同業者組合	労働組合	政党・政治団体	同郷会同窓会	スポーツや健康づくりの団体・サークル	趣味の団体・サークル	科学・文化・歴史の学習・研究サークル
6	15	16	3	36	45	64	10
3.1	7.7	8.2	1.5	18.6	23.2	33	5.2
0	0	0	0	1	3	3	2
0	0	0	0	25	75	75	50
0	0	3	0	5	6	11	1
0	0	12	0	20	24	44	4
5	8	11	2	17	25	38	5
4.5	7.3	10	1.8	15.5	22.7	34.5	4.5
1	7	2	1	13	11	12	2
1.8	12.7	3.6	1.8	23.6	20	21.8	3.6

活動経験別団体参加

住民運動の団体	商工会、農協漁協など同業者組合	労働組合	政党・政治団体	同郷会同窓会	スポーツや健康づくりの団体・サークル	趣味の団体・サークル	科学・文化・歴史の学習・研究サークル
6	15	16	3	36	45	64	10
3.1	7.7	8.2	1.5	18.5	23.1	32.8	5.1
4	11	2	1	18	30	45	9
4.6	12.6	2.3	1.1	20.7	34.5	51.7	10.3
1	2	9	1	9	10	13	0
1.6	3.1	14.1	1.6	14.1	15.6	20.3	0
1	2	5	1	8	5	6	1
2.3	4.7	11.6	2.3	18.6	11.6	14	2.3

これらのことから、ボランティア意識は伝統的な地域社会に多くみられる団体への参加と関連していることがよみとれる。

表12-10には、実際のボランティア活動の経験別に団体参加を示した。現在、ボランティア活動を行っているものにおいては、社会福祉協議会、福祉ボランティアの会への参加率は58.6%と、極めて高くなっている。また、趣味の団体やサークルへの参加率も51.7%と高い。それ以外にも、消費者団体（40.2%）、氏子、檀家、宗教団体（36.8%）、スポーツや健康づくりの団体・サークル（34.5%）にも、30%以上のものが参加していることがわかる。

さらにいえば、地域婦人会、老人クラブ、商工会や同業組合、同郷会・同窓会、科学・文化・歴史の学習サークルへの参加も、ボランティア活動を行っているものの方が多く参加している。

それに対して、ボランティア活動をしたことがないものでは60.5%が、ボランティア活動をかつてしたことがあるものでも68.8%が、PTA、子ども会に参加している。労働組合への参加も、ボランティア活動をしたことがないもので11.6%、ボランティア活動をかつてしたことがあるもので14.1%を占めており、ボランティア活動の有無との関連はないが、いずれも子育て中の若い世代が多く参加する団体である。

ファミリーサポートセンターの会員の特徴として、子育てを支援する会員と、子育て支援を受ける会員とが加入していることから、ボランティア活動を現在しているものは、子育てを支援している会員が多く含まれることが指摘できる。

6. まとめ

以上みてきたように、ボランティア意識は地域社会における意識と密接に関わっているが、実際のボランティア活動は、地域社会における意識とともに地域社会における積極的な団体活動に規定されていることが明らかとなった。

若い学生のボランティア意識が、実際のボランティア活動の経験と関連していたことと合わせて考えれば、将来的に、ボランティア活動への参加を促進するためには、早い時期からのボランティア意識を高揚させる教育・学習活動とともに、地域社会における団体参加を通じて、社会的ネットワークを構築できる環境を用意する必要があろう。
　その団体は、必ずしも地域に根ざした伝統的な団体にかぎられることはなく、健康づくりや趣味の団体・サークル活動も、その役割を十分に担うことが期待できる。

第13章　台湾の大学生のボランティア意識

范　蓓怡

1．はじめに

　周知のように、台湾では高齢化が速く進展し、時代の変化とともに人々の価値意識も変わってきている。加えてスウェーデンのような福祉が完備した福祉国家ではないので、国家に期待できない福祉サービスを地域社会で担う、地域福祉のコミュニティづくりへの期待が大きくなっている。

　そのために、ここ数年台湾の教育部は、中学生、高校生及び大学生を中心として「ボランティア意識の向上をはかる」ことに力を注いでいる。例えば、中学生、高校生を問わず、ボランティア活動に参加した経験は、推薦入試の際にプラスになる。また、大学の新入生（昼間部の1年生）は、1年間の「服務教育」が必修科目となっている。

　「服務教育」とは、主に、他人に対してサービス精神を発揮するという目的を達成するための教育である。教師は学生に様々な活動に参加させることを通して、自発的なサービス精神を身につけてもらうというものである。そこで、多くの教師は、月に1回あるいは半年に数回、学生を病院や民間の社会福祉施設へ行かせてボランティア活動をさせたり、宗教団体の施設へ行かせて掃除や回収されたゴミの分別をさせたりするという形で、授業を行うのである。それ以外にも、多くの大学では「国際ボランティア授業」を開講しており、夏休みを利用して学生たちを海外へ行かせてボランティア活動をさせるのである。

　これらの活動によって、学生たちに「人飢己飢、人溺己溺」（人が飢えれば己も飢え、人が溺れれば己も溺れる＝運命共同体）のサービス精神

と美徳を身につけさせる。それでは、このような方針に基づいた教育が推進されている、台湾における大学生のボランティア意識はどのような実態であるかを、本章では実証的な調査結果を通して考察したい。

2. 調査と調査対象者の特徴

本研究では 2011 年 9 月から 10 月にかけて台湾の淡江大学、真理大学、東呉大学の 3 つの大学の学生を対象にアンケート調査を行った。いずれの大学も台湾の北部に位置している総合大学で、回収総数は 380 票である。また、調査方法としては、学校による集合自記式調査法を選択した。調査結果の概要は、表 13-1 に示したとおりである。

表 13-1　調査対象者の特徴　　　実数（％）

性別	男性 87（22.9）　　女性 282（74.2）　　不明 11（2.9）
年齢	19 歳以下 156（41.1）　20 ～ 29 歳 187（49.2）　30 ～ 39 歳 19（5.0） 40 ～ 49 歳 4（1.1）　50 ～ 59 歳 2（0.5）　60 歳以上 1（0.3） 不明 11（2.9）
家族形態	核家族 77（20.3）　三世代家族 32（8.4）　夫婦のみ 4（1.1） 単身 266（70.0）　不明（0.3）
生まれた地域	大都市 127（33.4）　地方都市 141（37.1）　町 99（26.1） 農山漁村 13（3.4）
居住地域	大都市 172（45.3）　地方都市 159（41.8）　町 46（12.1） 農山漁村 1（0.3）　不明 2（0.5）
仕事	フルタイムで働いている 31（8.2）　パートタイム 19（5.0） 学生 320（84.2）　不明 10（2.6）
生活の満足度	大変満足している 56（14.7）　まあ満足している 225（59.2） やや不満である 85（22.4）　大変不満である 4（1.1） 不明 10（2.6）
生活の程度	中の上 60（15.8）　中の中 251（66.1）　中の下 50（13.2） 下 8（2.1）　不明 11（2.9）

性別にみると、女性のほうがかなり多く、全体の4分の3を占めている。年齢については、大学生であるために、一番多いのは20〜29歳の49.2％で、次は19歳以下の41.1％である。一方、学生の中には夜間部の学生がいるので、30歳以上の学生も全体の7.0％を占めている。また、家族形態からみると、多くの大学生は一人暮らしなので、「単身」が一番多く、70.0％である。生まれた地域については、およそ7割のものは都会出身者であり、更に3つの大学は都市部に位置しているので、通学のために、9割近くは、現在、大都市か地方都市に住んでいる。生活の満足度においては、一番多いのは「まあ満足している」とこたえたものが59.2％で、次は「やや不満である」が22.4％、「大変満足している」は14.7％である。つまり、約4人のうち3人が、今の生活に満足している。生活の程度については、一番多いのは「中の中」とこたえたもので、全体の7割近くを占めている。

3. 大学生のボランティア活動への参与度及び活動のきっかけ

3.1 ボランティア活動の経験

まず、大学生のボランティア活動の経験について、「ボランティア活動をしたことがありますか」と尋ねた。図13-1に示したように、かつてしたことがあるものが一番多く、65.8％を占めている。また、現在しているものはわずか1割未満である。全体の4分の1は、ボランティア活動をした経験をもっていない。

次に、表13-2には活動年数を示した。「1年未満」が全体の64.6％を占めている。「1年以上3年未満」が29.5％で、ほとんどの大学生がボランティア活動をした年数はそれほど長くはないということが明白である。

「ボランティア活動の有無」と「活動年数」を合わせてみると、7割以上の大学生がボランティア活動をした経験をもっているものの、活動を継続しているものは少数だといえる。それは、台湾の教育部が「服務教育」を推進していることとある程度関係していると思われる。「服務教育」と

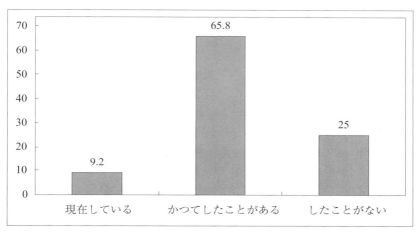

図 13-1　ボランティア活動の有無（%）

表 13-2　活動年数　　　　　　　　　　　　　　　実数（%）

1年未満	1〜3年	3〜5年	5〜10年	10〜15年	15〜20年	不明	合計
184 (64.6)	84 (29.5)	8 (2.8)	5 (1.8)	1 (0.4)	2 (0.7)	1 (0.4)	285 (100.0)

表 13-3　活動頻度　　　　　　　　　　　　　　　実数（%）

毎日	週に数回	週に1日	月に数回	月に1日	年に数回	その他	不明	合計
2 (0.7)	18 (6.3)	27 (9.5)	17 (6.0)	13 (4.6)	133 (46.7)	73 (25.6)	2 (0.7)	285 (100.0)

いう授業をきっかけに、若者がボランティア活動をし始めたが、実際には、ボランティア活動を継続するには至っていないといえる。

　また、活動頻度については、約半数が年に数回ボランティア活動をしており、毎日、或いは週に数回、週に1日したものはわずかに16.5%である。これらのことから、多くの大学生にとっては、ボランティア活動はまだ彼らの生活の一部になっているとはいえないようである。

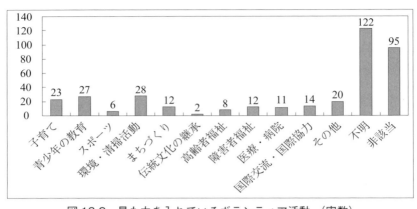

図 13-2　最も力を入れているボランティア活動　（実数）

　次に、図 13-2 で示したように、大学生が最も力を入れているボランティア活動の分野をみてみよう。ボランティア活動の経験がないものはこたえられないため、95 人は非該当となる。また、ボランティア活動の経験をもっている人の中でも、半数近く（122 人、42.8％）が最も力を入れるボランティア活動に回答していない。それらをのぞけば、活動分野は多い順に、「環境・清掃活動」（28 人、9.8％）、「青少年の教育」（27 人、9.5％）、「子育て」（23 人、8.1％）である。いずれも比率はそれほど高くはない。おそらく大学生が、授業の単位を取るためにボランティア活動を行っているからではなかろうか。

　表 13-4 に示したように、生活上で最も大切にしている団体は「加入していない」が一番多く、30.5％を占めている。また、こたえていないものも 21.1％を占めている。大学生が大切にしている団体は、「趣味の団体・サークル」が 15.3％、「社会福祉協議会、福祉ボランティアの会」と「スポーツや健康づくりの団体・サークル」がそれぞれ 8.2％で、所属団体がない大学生が多いといえるだろう。

表13-4　生活上で最も大切にしている団体

団　　体	実数	％
町内会・自治会	3	0.8
PTA、子ども会	2	0.5
地域婦人会、青年団、消防団	7	1.8
社会福祉協議会、福祉ボランティアの会	31	8.2
老人クラブ、高齢者クラブ	3	0.8
氏子、檀家、宗教団体	9	2.4
消費者団体、生協	2	0.5
住民運動の団体	2	0.5
同郷会、同窓会	19	5.0
スポーツや健康づくりの団体・サークル	31	8.2
趣味の団体・サークル	58	15.3
科学・文化・歴史の学習・研究サークル	7	1.8
その他	10	2.6
加入していない	116	30.5
不明	80	21.1
合計	380	100.0

3.2　ボランティア活動を始めた契機

　大学生たちがボランティア活動を始めたきっかけはどのような思いからであろうか。ボランティア活動のきっかけに関する項目の得点の平均値を求めた。回答項目は、「そうである」、「どちらかといえばそうである」、「どちらかといえばそうではない」、「そうではない」で、それぞれに4点から1点までの数値を与えて平均値を表示した。したがって、平均値が高ければ高いほど、それぞれのきっかけ項目に肯定的で、平均値が低ければ低いほど、否定的であることを表している。

　結果は表13-5に示したように、スコアが一番高いのは「困っている人のために役に立つため（3.607）」と「社会の役に立つため（3.356）」であ

表 13-5　ボランティア活動をするきっかけの平均値

きっかけ項目	平均値
困っている人のため	3.607
社会の役に立つため	3.356
境遇にかかわる問題解決のため	2.616
身近な問題解決のため	2.939
技術・能力・経験を生かすため	3.204
ネットワークを広げるため	2.968
余暇を有意義に過ごすため	3.161

るのに対して、「自分のおかれた境遇にかかわる問題を解決するため（2.616）」と「身近に起きている問題を解決するため（2.939）」は低い。ほとんどの大学生のボランティア活動のきっかけは、「自分のため」よりもむしろ「他人のため」である傾向が強いといえる。

一方、ボランティア活動に対する報酬については、表13-6のように、6割以上の大学生は「場合によっては交通費等の実費や報酬を受け取ってもよい」と思っている。また、「受け取らないほうがよい」と思っているものと「交通費等の実費は受け取ってもよい」と思っているものはいずれも10%以上である。それに対して、「ボランティア活動とはいえ、交通費等の実費や報酬を受け取ってもよい」と思っているものは5.8％しかいない。つまり、ボランティア活動に対して、何かのお返しを期待する気持ちは多少あるが、それほど強くはないといえるだろう。

表 13-6　ボランティアの報酬について　　　実数（%）

交通費等の実費や報酬を受け取らないほうがよい	交通費等の実費は受け取ってもよい	場合によっては交通費等の実費や報酬を受け取ってもよい	ボランティア活動とはいえ、交通費等の実費や報酬を受け取ってもよい	不明	合計
59（15.5）	48（12.6）	248（65.3）	22（5.8）	3（0.8）	380（100.0）

3.3 ボランティア意識

次に、大学生はどのようなボランティア意識をもっているかを知るために、8項目の質問を用意した。結果は表13-7に示した通りである。

表13-7 ボランティア意識　　　　　　　　　実数（％）

	そう思う/どちらかといえばそう思う	そう思わない/どちらかといえばそう思わない	不明	合計
1. 贈り物には同額を返すべき	264 (69.5)	116 (30.6)	—	380 (100.0)
2. 人にかけた迷惑は償うべき	260 (68.1)	120 (31.6)	—	380 (100.0)
3. 社会の利益を優先するべき	256 (67.3)	124 (32.7)	—	380 (100.0)
4. 困っている人を助けるべき	198 (52.2)	181 (47.6)	1 (0.3)	380 (100.0)
5. 相手の利益を優先するべき	220 (57.9)	154 (40.5)	6 (1.6)	380 (100.0)
6. 頼っている人には親切にすべき	318 (83.7)	62 (16.3)	—	380 (100.0)
7. 社会的弱者は皆で親切にすべき	373 (98.1)	6 (1.6)	1 (0.3)	380 (100.0)
8. 不当な立場の人を助けるべき	373 (98.1)	7 (1.9)	—	380 (100.0)

全体的にみれば、以下のことが明らかである。

（1）7割近くのものが恩返しという意識を強くもっていることがわかった（項目1、2）。他人から何かをもらったら、絶対に返さなければならないという考えをもっているものはかなり多い。
（2）「自己利益」より「他人か集団利益」を優先的に考えるという意識をもつ傾向がやや強くみられる（項目3〜5）が、差異はそれほど大きくない。つまり、何か行動をする前に「自己利益」を優先的に

考えるもの（3〜4割以上）も少なくないといえる。
(3) 100%近くのものが見ず知らずの人に対して、強い憐憫と同情心をもっていることが明白である（項目6〜8）。

これらのボランティア意識の調査結果をまとめてみると、ほとんどの大学生は、確かに思いやりをもち、困難に遭遇している状況に同感を強くもっている。しかし、自己の利益と社会・集団の利益とが相反する場合、自己の利益を優先するものも少なくないといえよう。

3.4 アノミー意識

現代は価値意識が混乱している社会であるといわれている。人々はこのような社会で生きていることから、価値意識にどのような影響を受けているのであろうか。また、「自己利益優先（利己主義）」と「他人か社会利益優先（利他主義）」のどちらを重視するかも、ボランティア活動に参加することとは密接な関係があると思われる。

そこで、大学生のアノミー意識をみてみよう。表13-8に示したように、以下のことが明らかになった。

(1) 6割以上の大学生は「善は何か、悪は何か」という道徳規範意識のみならず、更に自分が位置している生活環境に対しても、混沌とした状態に陥っているようである（項目2、6、8）。
(2) 現代のような物質化する社会で生活する大学生の中で、人間の生活は物質的な面では豊かであるのに対して、精神的な面ではかなり乏しいと考えているものは8割以上を占めている（項目3、4）。そして、時には誘惑に負けてハメを外すのが人間らしいと考えている大学生も7割であること（項目1）から、規範に違反することをある程度許す傾向にある。要するに、社会的な規範意識が少しずつ弛緩してきていることは確かである。
(3) 金銭至上主義の自由経済社会では、金銭至上主義を支持する大学生は36.0%いる（項目5）。今後も金銭至上主義を支持するものはま

表 13-8　アノミー意識　　　　　　　　　　実数（％）

アノミー項目	そう思う/どちらかといえばそう思う	そう思わない/どちらかといえばそう思わない	不明	合計
1. 時には誘惑に負けてハメを外すのが、人間らしさというものである	269 (70.8)	111 (29.2)	—	380 (100.0)
2. 今の世の中は何が善で何が悪なのか、ますますわからなくなっている	245 (64.5)	135 (35.5)	—	380 (100.0)
3. 都会にはたくさんの人がいるが、本当は、みんな一人ぼっちなのだと思う	310 (81.6)	69 (18.2)	1 (0.3)	380 (100.0)
4. デパートやスーパーに積まれている商品は多いが、考えてみれば、本当に必要なものはごくわずかである	351 (92.3)	29 (7.7)	—	380 (100.0)
5. 人間の価値や幸せは結局のところ、お金でほとんど決まる	137 (36.0)	243 (64.0)	—	380 (100.0)
6. 毎日あくせく生きてはいるが、こういう生活に何の意味があるのか、時々わからなくなる	303 (79.7)	75 (19.8)	2 (0.5)	380 (100.0)
7. 少々きたないことをしても、結局は、成功したものの勝ちである	70 (18.4)	310 (81.6)	—	380 (100.0)
8. 都会のしくみはあまりに複雑で、私たちにはとても理解できない	228 (60.0)	152 (40.0)	—	380 (100.0)

すます増えることも予測される。また、少々きたないことをしても、結局は、成功したものの勝ちであると思っているものは予想以上に多く、18.4％を占めている（項目7）。

以上の結果から、大学生の規範意識が崩れて、アノミー意識がかなり高

いことは否めない事実であるといってもよい。

4. コミュニティモラール

地域福祉のコミュニティを形成する際に、人々が居住地域への愛着心と帰属感をもっていることは大切である。言い換えれば、愛着心と帰属感が強ければ強いほど、地域福祉コミュニティを形成する可能性が大きいといえる。そこで、大学生はどのようなコミュニティモラールをもっているかを知るために、8つの調査項目を用意した。

ところで、調査対象者が大学生であるために、多くの大学生は大学の近くの借り部屋に住んでいる。すなわち、同じコミュニティに住んでいるクラスメートが少なくないから、コミュニティへの帰属感と愛着心がより強いのではないかということが予測される。このことを念頭に置いて、結果をみる必要がある。

表13-9に示したように、「町内や校区で一緒にする行事(運動会、寄付、清掃、署名運動など)に参加するほうである」以外の、いずれの調査項目についても、そう思うものが相当多く、現在住んでいる地域が自分の居住地域であると認識している大学生が多いといえる。つまり、居住地域に対する愛着心や帰属感もかなり強い。

しかし、「町内や校区で一緒にする行事(運動会、寄付、清掃、署名運動など)に参加するほうである」という大学生は4割未満であることから、いかに自分の居住地域への帰属感と愛着心が強くても、実際に地域のために自発的に地域活動に参加するものはまだまだ少ないようである。

つまり、思考面と行動面の間にある程度のギャップがあると考えられる。そこで、いかにすれば、居住地域に対する帰属感と愛着心を行動力へ転換させることができるかは、今後重要な課題になると考えられる。

表13-9　コミュニティモラール　　　　　　　　実数（％）

コミュニティモラール項目	そう思う/どちらかといえばそう思う	どちらかといえばそう思わない/そう思わない	不明	合計
1. この地区のリーダーたち(町内会、婦人会、公民館、PTAの役員等)は、がいして地域のために良くやっている	265 (69.8)	112 (29.4)	3 (0.8)	380 (100.0)
2. 人からこの地域の悪口をいわれたら、何か自分の悪口をいわれたような気になる	284 (74.8)	94 (24.7)	2 (0.5)	380 (100.0)
3. この町のためになることをして、何か役に立ちたいと思う	314 (82.6)	63 (16.6)	3 (0.8)	380 (100.0)
4. この町や校区を代表するような市会議員を出すことは、大切なことだ	306 (80.6)	73 (19.2)	1 (0.3)	380 (100.0)
5. 町内や校区で一緒にする行事（運動会、寄付、清掃、署名運動など）に、参加するほうである	143 (37.6)	236 (62.1)	1 (0.3)	380 (100.0)
6. 事情が許せば、ずっとこの地域に住みたいと思う	262 (68.9)	117 (30.8)	1 (0.3)	380 (100.0)
7. この地域に住んでいるみんなは、お互いになんとか助け合い、お世話し合っていると思う	274 (72.1)	105 (27.6)	1 (0.3)	380 (100.0)
8. この町の人たちは互いに協力する気持ち（団結心）が強いほうだと思う	216 (56.8)	163 (42.9)	1 (0.3)	380 (100.0)

5. ボランティア意識・アノミー意識・コミュニティモラール

5.1 ボランティア意識・アノミー意識・コミュニティモラールの関連要因

　人間の意識を規定する要因として、個人的背景がよく取り上げられる。最後に、その個人的背景がボランティア意識、アノミー意識、コミュニティモラールそれぞれの意識と、どのような関連にあるかを検討するために、分散分析を行った。

　分散分析の結果は、表13-10に示したとおりである。全体的にはその関連性は予想したほど高くない。生活満足度とアノミー意識とコミュニティモラールに関連がみられるだけである。

表13-10　意識に関連する要因：多元配置分散分析の結果（有意確率）

	性別	年齢	出身地	居住地域	生活満足度	生活程度
ボランティア意識	—	—	—	—	—	—
アノミー意識	—	—	—	—	6.906***	—
コミュニティモラール	—	—	—	—	3.572*	—

***P＜.001　*P＜.05　—は関連なし

　そこで、生活満足度とアノミー意識やコミュニティモラールとの関連を詳細にみてみたい。表13-11に示したように、生活満足度が低いものほどアノミー意識を強くもっていることは明白である。また、強いコミュニティモラールと生活満足度の高さが関連している。さらに、注2に示したように、平均値からみると、「まあ満足している」と「やや不満である」との間にはほとんど差がない。つまり、生活満足度が高いものは低いものよりコミュニティモラールが高いこともわかる。

268

表 13-11　生活満足度からみたボランティア意識・アノミー意識・コミュニティモラール

		平方和	自由度	平均平方	F 値	多重比較
合計スコア・ボランティア	グループ間	22.424	3	7.475	.678	A>B>C>D
	グループ内	4036.984	366	11.030		
	合計	4059.408	369			
合計スコア・アノミー	グループ間	250.410	3	83.470	***6.906	D>C>B>A
	グループ内	4423.934	366	12.087		
	合計	4674.344	369			
合計スコア・コミュニティモラール	グループ間	159.049	3	53.016	*3.572	A>C>B>D
	グループ内	5432.857	366	14.844		
	合計	5591.906	369			

***P＜001　*P＜05

注1） A: 大変満足している　B: まあ満足している　C: やや不満である　D: 大変不満である

注2） コミュニティモラール意識の平均値は、A グループが 24.125、B グループが 22.362、C グループが 22.424、D グループが 20.750 である。

5.2　ボランティア意識・アノミー意識・コミュニティモラールの相関性

最後に、各意識の相関性をみてみよう。

表 13-12　ボランティア意識・アノミー意識・コミュニティモラールの相関

		合計スコア・ボランティア	合計スコア・アノミー	合計スコア・コミュニティモラール
合計スコア・ボランティア	Pearson の相関係数 有意確率（両側） N	1 . 380	.184** .000 380	.382** .000 379
合計スコア・アノミー	Pearson の相関係数 有意確率（両側） N	.184** .000 380	1 . 380	.137** .008 379
合計スコア・コミュニティモラール	Pearson の相関係数 有意確率（両側） N	.382** .000 379	.137** .008 379	1 .000 379

**P＜.01

表13-12に示したように、高いセルを順に拾ってみると、「ボランティア意識」と「コミュニティモラール」(.382)、「ボランティア意識」と「アノミー意識」(.184)、「アノミー意識」と「コミュニティモラール」(.137)で、いずれも正の相関がある。つまり、3つの意識の間にはある程度の相関性がみられる。特に「ボランティア意識」が強ければ強いほど、「コミュニティモラール」も強くなることがわかった。一方、「アノミー意識」と「ボランティア意識」、「コミュニテイモラール」との間にはそれほど強い相関性はみられないといえる。

6. まとめ

　この章では台湾の大学生を対象に、ボランティア活動の経験、ボランティア意識、アノミー意識、コミュニティモラールについて分析してきた。調査データの分析から、以下のことが要約できる。

(1) ボランティア活動をしたものは75.0%であるが、活動年数と活動頻度は、いずれも低い。さらに最も力を入れているボランティア活動について、回答していないものが多いことから、それはおそらく大学生が、単位を取るために無理矢理ボランティア活動をするといった、安易な態度でボランティア活動に参加しているのではないかということを示唆している。
(2) ボランティア活動を始めたきっかけについては、目的意識が明白で、「自分のため」というよりも「他人や社会のため」に活動を行っている。
(3) ボランティア意識については、「自己利益」より「他人や社会利益」を優先に考える傾向が強いが、「自己利益」を優先して考えるものも少なくないといえる。また、他人への恩返しや同情心・憐憫を強くもっていることも明白である。
(4) アノミー意識については、多くの大学生は現代社会で、「善悪」と

いう価値意識が混沌としている傾向がみられる。また、金銭至上主義と目的重視主義を支持するものも決して少なくはない。
(5) コミュニティモラールについては、全体的に肯定的である。しかし、自発的に地域の活動に参加するものはそれほど多くはないことも明白である。
(6) ボランティア意識とアノミー意識とコミュニティモラールの間には、互いに正の相関がある。

　台湾の教育部は、近年「ボランティア意識の向上をはかる」教育方針を推進してきたために、多くの大学生は「服務教育」を必修科目として履修することを通して、ボランティア活動をし始めたといえる。しかし、このような授業によって、サービス精神やボランティア意識がどれほど身につくのかは疑問である。調査結果によると、ボランティア活動をした経験をもっているものはかなり多いが、実際に、活動を継続しているものはほんのわずかである。授業（単位を取る）のためだけでなく、若者が自発的にボランティア活動を行うことは重要である。今後、学生たちが、ボランティア活動に接触することのみならず、ボランティア活動の神髄を身につけることもより大切なことだといえる。

第14章　総括——東アジア社会にみられるボランタリズム

三浦　典子

1. はじめに

　2011年3月11日の東日本大震災に際して、日本全国はいうに及ばず、海外からも多くの善意が寄せられた。支援のための義捐金やボランティア活動が広く行われたことも周知のことである。
　メディアによって、台湾から多額の義捐金が寄せられたことが報じられた。メディアによって報じられることはほとんどなかったが、本研究の一環で調査を行った台湾の仏教系宗教団体の「慈済会」は、3月14日の時点で、救援物資を東京に届けたことを皮切りに、6月9日～11日には釜石市で、6月10日～12日には陸前高田市で、住宅被災見舞の義捐金を直接手渡すなど、大規模な救援活動を行ったという（金子昭、2011）。
　ボランタリズムとは、ボランティア活動の動機づけとなる自発的な意志で、とりわけ無償で、他者に向けられた福祉的活動の源である。その自発性が、宗教的な倫理からもたらされるのか、共同的な社会生活によって学び取られるものなのか、あるいは教育によって身につくのか、ボランタリズムをめぐっては、さまざまな関心が寄せられる。
　少なくとも、「あなたの隣人をあなた自身のように愛せよ」というキリスト教における隣人愛が一つの典型的なボランタリズムの源であることを疑うものはなかろう。
　社会学的にみれば、A. コントは、他者の幸福のために没我的な心遣いをする態度として、愛他主義（altruism）という用語を使っており、E. デュルケムは、愛他主義は人類のそもそもの発端からある、社会が存在す

るところではどこにでも愛他主義がある、人間は相互に理解せずにはとても生きられないものであり、互いに犠牲となりあうのでなければ、強くかつ持続的に互いに結合し合うのでなければ、ともに生きていくことはできないのであると述べている（E. デュルケム、1893）。

　デュルケムの『自殺論』（1897）における、社会的原因別の自殺としての「愛他的自殺」は、未開社会によくみられ、近代社会においても軍隊のような集団主義の強い状況と関連している。しかし近代化とともに、自己本位的（利己的）自殺やアノミー的自殺への傾向が強くなり、愛他主義は次第に弱化していくことが想定されている。

　ところが、P. ソローキンが『利他愛——よき隣人と聖者の研究』（1950）で分析したように、近代アメリカにおいても、よき隣人は健在で、ボランティア活動をよく行う、よき隣人としては、中流階級の中高年の女性たちが顕著であった。よき隣人には、「破局型」と「幸運型」があり、ボランティア活動は、破局的な経験をきっかけとして始められたり、家庭でのしつけや学校教育によって、何ら破局的な経験はなくとも創出できることが指摘されていた。

　プロテスタントのキリスト教徒によって建国されたアメリカにおいては、自発的な経済活動を通して、アメリカの夢を達成した実業家がいる。その代表がカーネギーやロックフェラーで、彼らは晩年、経済活動を退き、慈善活動や社会事業活動に専念した。また、財団法人を設立して社会貢献活動を行ったことはよく知られている。

2. 東アジアにおけるボランタリズム

　日本や台湾においても、キリスト教の伝道活動と平行して慈善活動が行われてきた歴史が存在する。たとえば、イギリスのトインビーホールに始まったセツルメントハウスは、日本でもキングスリー館以降各地に作られ、日本統治下の台湾においても、台北市に人類の家というセツルメントハウスが開設されており、人道的な見地から、地域福祉の向上に関わる活動が

行われてきた。

　また、石井十次の設立した岡山孤児院は、代表的なプロテスタントの児童施設で、岡山孤児院を経済的に支援して、石井十次のあとをついだ実業家の大原孫三郎のさまざまな社会貢献活動も、キリスト教との出会いが大きかったといわれている。

　これらの事実から、日本を含む東アジア社会における社会事業への、キリスト教の影響を知ることはできる。しかし、前述した台湾の仏教団体の東日本大震災後の慈善活動という事実は、キリスト教以外にも、慈善活動へと人びとを駆り立てる、仏教や儒教といった東アジア社会の宗教に基づくボランタリズムがあるということを示唆しており、そのボランタリズムの実態を解明しようとする視点が、本研究の大前提であった。

　さらに、マックス・ヴェーバーの『プロテスタンティズムの倫理と資本主義の精神』に触発された、内藤莞爾の「宗教と経済倫理——浄土真宗と近江商人——」からは、西欧社会と東アジア社会とを対比しながら、日本社会の現実を相対的にみていく視点の導きを得た。

　江戸時代から商業活動を展開してきた近江商人の、代表的な経営理念である「三方よし」は、買い手よし、売り手よしに、世間によしを加えた理念で、近江に居を構えながら、全国各地に商いを展開していくうえで、他地域に受け入れてもらうための智恵から出てきたものではあろうが、近江商人の、堅実、勤勉、質素倹約、信用第一の生活様式は、キリスト教のピューリタニズムの生活信条に共通するものである。

　近江商人の陰徳善事の実践は、日野商人の中井正治が、文化12（1815）年に、江戸と京都を結ぶ東海道の重要な橋である「瀬田の唐橋」の架け替えに私財を投じたことが、ひとつの好い例である。現在でも、社会貢献活動を実践していこうとする経営者たちの間に、三方よしを学ぶ姿勢がみられ、近江商人の経営理念は、日本における実業家の自利利他の精神の原点とみなすことができよう。

　内藤の指摘したように、近江商人に浄土真宗の信者が多いことがわかっているが、日本における近代的な経済的発展を、すべて仏教の宗教的倫理

に帰することはできないにしても、近江商人の自利利他の精神は、仏教の慈悲的理念に通ずるものがある。

　ところで、仏教の伝来とともに、中国の救済制度や備荒制度も伝来し、わが国の社会事業に大きな影響を及ぼしている。聖徳太子が開設したことが事実かどうかはさておき、『聖徳太子伝暦』には、「推古天皇元年、聖徳太子、四箇院ヲ建立シ、鰥寡孤独貧窮及ビ病者ヲ救済シ給フ」という記述がある。「四箇院」とは、悲田院、敬田院、施薬院、療病院で、「悲田院」は貧窮者や孤児の救済施設である。

　辻善之助編『慈善救済史料』（1932、金港堂）には、欽明天皇、推古天皇、持統天皇以降、明治維新以前までの、慈善救済の歴史的事例が、歴史資料に基づいて収録されている。ほとんどの事例は、天皇や幕府や藩主など支配層が、国民や領民を救済する制度であるが、仏教寺院の行った事例も多くみられる。

　また、同書には、『続日本紀』に、元正天皇、養老3（719）年9月22日「国旱魃、飢荒ニヨリ、義倉ヲ開キテ賑恤ス」など、義倉が各地に設置されたことも記されており、中国の備荒制度がわが国に大きな影響を及ぼしてきたことがわかる。

　仏教のみならず、儒教、神道など、東アジアの宗教的理念を基礎とした、石田梅岩の石門心学は、当初は都市部の商人層に浸透していったが、江戸時代後期には、農村地域や武士階層にも広まっていったという。心学は、江戸時代の商人の身分階層の地位を向上するという意図はあったが、商人の営利活動を正統化し、勤勉・倹約を奨励する思想で、自発的な経済活動による利益の追求と、自らの利益のみならず社会への奉仕を両立しようとする思想であったといえる。

　ちなみに、渋沢栄一の父渋沢市郎右衛門は、石門心学に強い影響を受けていたという。これらのことは、東アジア社会の文化を基礎として、近代化が開始される以前の江戸時代に、すでに、わが国固有のボランタリズムが存在していたことを示している。

3．渋沢栄一と張謇

　明治期にはいり、日本最初の銀行となる第一国立銀行を設立し、数多くの株式会社の設立に関与した日本を代表する実業家渋沢栄一（1840 − 1931）は、明治維新後の文明開花、富国強兵、殖産興業という国家的な目的を実現するためには、商工業者の企業活動を正当化できるような、思想と観念の確立が必要であると考えた。そのための渋沢の理論が、「道徳経済合一説」である（渋沢栄一、2008）。

　渋沢は、幼少期に学んだ『論語』を拠り所に、倫理と利益の両立を掲げ、経済を発展させて得た利益を独占するのではなく、国全体を豊かにするために、富は全体で共有するものとして社会に還元することを説いた。

　すなわち、道徳と経済は、互いに対立矛盾する概念ではなく、分離することはできない必須条件であり、正当な手段を以て得た利は合理的な利で、利益には公益と私利があり、私利私欲の観念を超越して、国家社会に尽す誠意を以て得た利益が公益であるとした。

　また渋沢は、「合本主義」の必要性を説き、株式会社の普及に中心的役割を果たした。『渋沢栄一事業別年鑑』によると、渋沢は350の会社の設立に関与したことがわかる。そして設立した会社を、次々と後進に受け渡し、経営に際しては、単なる利益の追求のみならず、「論語」を基礎として、会社経営にあたるように指導したという。

　儒教の倫理と近代化の融合に日本が成功した理由として、福田忠之は、渋沢の道徳経済合一説の果たした役割は大きいと述べている（福田忠之、2010）。

　渋沢は、70歳で実業界から完全に引退し、晩年は社会事業に取り組んだ。その代表的なものが、東京市（当時）から要請された養育院の仕事である。

　養育院に渋沢が関与するようになったいきさつは以下の通りである。

　江戸幕府の老中に任ぜられた松平定信は、幕政の立て直しの過程で「七

分積金制度」による救荒資金の制度を作り、江戸の救済事業機関である町会所の運営に当たった。七分積金とは、1791年、松平定信が発案した積立金制度で、江戸の地主が負担する町入用（町費）を倹約し、その倹約分の7割を町会所に積み立て、救貧基金として利殖運用しようとしたものである。この基金が明治になって、養育院建設の基金となった。

　川崎房五郎によると、「町会所は七分積金を取扱い、それによって備荒のための事務や市民の救済事業を行う事務所といえる。この町会所の設立によって江戸の市民が不時の災害から救われた数はおびただしいものであって、又一般貧困者も会所支給の米金によって大きな恩恵を蒙ったこと言う迄もない。江戸における社会救済事業の機関である町会所の事業が維新後の変動のため、どのように活用されるに至ったか、この金をとり扱う役所が営繕会議所より東京会議所となり、旧来の町会所の事業から一転して、営繕事業から教育事業にまであらゆる面にこの積金が利用されるように発展していった」という（川崎房五郎、1960）。

　養育院のほか日雇会社、工作場の設立は、当時、政府や東京府当局が最も悩んだ乞食浮浪者の対策のために設立された救済施設であり、この会議所によって着手された事業が、会議所廃止後東京府に引継がれた。この資金で、道路、橋梁、水道の補修等の府の事業が行われた。

　渋沢は、東京会議所の設立に関与したことから、資金の管理にも適任であると、東京府から養育院の運営を依頼されたようである。養育院の経営、維持のためにも多額の費用を要し、これらの事業は会議所の資金のみでは継続が困難となったが、多方面に使用されたこの資金は、東京市民に多大な貢献をしたといえる。渋沢は、1931年に亡くなるまで、東京養育院に関わり続けた。

　また渋沢は、商業教育にも力を入れ商法講習所（現一橋大学）、大倉商業学校（現東京経済大学）の設立に協力し、女子の教育の必要性を考え、日本女子大学校や東京女学館の設立に携わり、日米関係が悪化した際には、対日理解促進のためにアメリカへ日本のニュースを送る通信社を考案し、日本国際児童親善会を設立し、日本人形とアメリカの人形とを交換するな

ど多くの社会事業に関わってきた。

　なお、七分積金の備荒制度は、中国の南宋の「朱子社倉法」に基づいた備荒制度を採り入れたものである。義倉が為政者による備荒制度であるのに対して、社倉は地域共同体が共同管理した備荒制度である。ここにも、東アジア社会に共通した社会事業を支える理念があることは特記すべきことである。

　ところで、渋沢とほぼ同じ時代の中国において、渋沢と同じように、近代的な実業家の道を歩み、同時に社会事業への関わりをもったものに、清国の江蘇省出身の張謇（ちょうけん）がいる。張謇は、1853年に生まれ、1926年に亡くなるが、科挙の試験に合格し、1894年に、西太后還暦の恩科で一甲一名進士（状元）となり、翰林院修撰を授けられた。しかしこの年、日清戦争の敗戦とともに、官職を辞して実業家としての道に進み、大生紗廠、通海墾牧公司、広生油廠、資生冶鉄廠、淮海実業銀行などの企業を設立し、中国の代表的実業家となった。

　また張謇は、1902年以降、教育文化事業にも力を入れ、中国最初の師範学校の南通州師範学校を建設し、中国最初の民間博物館の南通博物苑を創設した。そのほか、三江優級師範学堂、南京高等師範学校（現在の南京大学）の創設にも関わった。

　渋沢と張謇の経営思想に、どのような差異がみられるか、詳細な比較分析がなされているが、ここでは、彼らが近代的産業化の出発点という、ほぼ同じ時代背景のなかで、企業家として産業化の強力な推進者であったとともに、渋沢が、論語に依拠して企業経営に携わったことと、張謇も科挙の試験を通して儒教の倫理を学んだことから、共通した東アジア的価値規範をもっていたことを強調しておきたい。すなわち、日本や中国という東アジアにおける企業家に、東アジア的フィランソロピーが形成されていたことが重要である。

　今日、企業の社会的責任（CSR）が問われ、企業はさまざまな社会貢献活動を行っているが、企業の経営理念のなかにも、東アジア社会におけるボランタリズムが存在することを示唆している。

4. 企業の社会貢献活動

　社団法人日本経済団体連合会は、1991年9月14日に「経団連企業行動憲章」を制定し、持続可能な社会の創造に向けて、高い倫理観をもって社会的責任を果たしていくことを明言している。

　2010年に改訂された憲章によると、関係法令を遵守すること、グローバル化に対応して国際的なルールや精神を遵守すること、人権尊重や環境問題への取り組みとともに、行政との連携や、「良き企業市民」として積極的に社会貢献活動を行うことが求められている。

　日本経済団体連合会には、社会貢献推進委員会が設置され、1％（ワンパーセント）クラブも1990年11月に設立されている。ワンパーセントクラブは、経常利益や可処分所得の1％相当額以上を、自主的に社会貢献活動に支出しようと努力する企業や個人で、社会貢献推進委員会とともに、会員企業の社会貢献活動の実態を調査してきている。

　特に、2011年3月11日の東日本大震災発生後、直ちに、米倉会長（当時）を本部長とする「東日本大震災対策本部」を立ち上げるとともに、1％クラブと連携して、経団連のホームページや1％クラブニュース等を通じて、資金面・物資面・人材面等にわたる被災者・被災地支援に関わる情報を発信した。

　そして経団連は、震災発生後から9月末までの企業・団体による支援活動を把握するために、全会員企業・団体を対象に、「東日本大震災における被災者・被災地支援アンケート」を実施し、その調査結果を公表している。報告書によると、企業・団体による支援額は約1,011億円であり、企業・団体が社員や消費者・顧客等に寄付を呼びかけて集めた支援額約213億円を加えると、経済界全体からの支援額は約1,224億円に及んだ。金銭寄付を行った企業の割合は95％（438社）、同じく現物寄付を行った企業は72％（331社）、社員等が被災者・被災地支援活動に参加した企業は56％（259社）である。

また、義捐金や救援物資の寄付に加えて、人材・技術・ノウハウなど、企業の本業を活かし、現地のニーズに即した独自の支援活動や多様な支援活動が展開された。たとえば、
- 自社製品を単に寄付するだけでなく、社員が仕分け・箱詰めを行い、避難所・仮設住宅に配布した。
- パソコン、ＩＴ関連機器等を無償提供するとともに、社員がその設置作業やデータベース化、コピー巡回サービス等の作業を実施した。
- 被災者の写真を洗浄するため、そのための物資・技術を提供するとともに社員も写真洗浄作業に参加した。
- 社員がボランティアとして被災地の子ども向けに科学教室やスポーツ教室を実施した。

など、報告書には具体的な事例も示されている。

　さらに特筆すべきは、企業人のボランティアが多数現地入りして活躍し、259社の企業（回答社数の56％）が社員等に対して被災者・被災地支援活動への参加を促したことである。また、企業自らもボランティアプログラムを企画したり（170社、回答社数の37％）、労働組合と連携して社員にボランティアへの参加を呼びかけたりした。そしてこの震災を契機に、ボランティア休暇制度が拡充されたり、新設されたりした。

　また、国や地方自治体さらにはNPOやNGO等の市民団体との連携や協働が顕著にみられた。鳩山由紀夫が2009年10月の所信表明演説で掲げた「新しい公共」理念は、これまで「官」が支えてきた教育や子育て、防犯や防災、医療や福祉などの公共サービスに、地域のNPO法人や市民が積極的に参加できるようにして、社会全体として支援する新しい価値観を生み出そうとするものであったが、官民の協働は、東日本大震災後の取り組みにおいて、その必要性とともに、その効果を示すこととなった。

5．台湾企業の社会貢献活動

　台湾のエバーグリーングループ総裁の張栄発は、2012年5月8日、日

本の「旭日重光章」を受章した。エバーグリーングループが世界的な運輸事業を展開し、日本と台湾との交流と経済発展に寄与したこととともに、東日本大震災の際に、日本赤十字社へ個人で10億円の義捐金を贈っただけでなく、地震発生後わずか1時間のうちにエバーグリーンシッピングエージェンシーおよびエバー航空へ、被災地支援を行うように指示し、世界各国からのレスキュー隊の被災地への渡航や救援物資輸送を無償で請け負うなど、被災地の支援に努めたことが受章の背景にある。張は台湾を代表する企業家としてだけでなく、社会貢献に熱心な慈善家としても著名である。

　そのほか、台湾において調査した企業家の社会貢献活動を列挙すると、まず、台南県関廟郷にある高齢者施設「悠然山荘」は、樹河社会福利基金会によって設置されたものである。裸一貫から身代を築いた佳美貿易の経営者である許鴻彬（1918-1999）は、1989年に「至誠社会福祉慈善事業基金会」を創設し、1990年に基金会の名称を、父許樹河の恩に報いるために、父親の名前を付した「財団法人樹河社会福利基金会」に改名した。そして7ヘクタールの敷地に、1995年に「悠然山荘」の前身である「長青安養中心」を創設し、翌年、現在の「悠然山荘」に改名した。

　許鴻彬は、高齢者の福祉とともに児童の教育を重視し、小学校への支援も行っていた。1999年に許鴻彬が亡くなった後、妻の許陳銀や息子の許瑞麟と娘の許秀子が許鴻彬の遺志を引き継ぎ、教育分野の社会貢献のために、「財団法人鴻彬教育基金会」を設立した。

　許文龍（1928年生まれ）は、1959年に奇美実業を設立し、ABS樹脂生産を世界一にまで成長させた。週休2日制を国内の他企業に先駆けて実施したり、社員へのボーナスに自社の株を付け加えるなど、ユニークな経営方針で経営にあたってきたが、2004年6月に会長職を辞任した。

　許文龍の趣味は、絵を描くこととバイオリンで、常日頃「成り上がり者にはなりたくない、お金を持ちながらも人文的な教養が必要」と考えており、1977年に奇美文化基金会を設立し、本社ビルに博物館を設置している。基金会の理事は、現在は、息子の許瑞麟に引き継がれている。「台南

奇美博物館」は1992年に一般開放され、西洋絵画・彫刻、楽器、古兵器、自然史、古文物の5つのエリアによって構成され、収蔵品の種類は多く、ストラディヴァリウス等のバイオリンは著名な音楽家に貸し出されることもあるという。

　一方、台湾における経営の神様と称される台塑グループの王永慶（1917－2008）の社会貢献活動は、最も興味深い。王永慶は、台北（現在の新北市新店区）生まれであるが、王家は、中国福建安溪の出身である。1954年に福懋塑膠公司（1957年に台塑公司と改名）（台湾プラスチック）を設立し、2008年には、120の事業所をもつ台湾最大規模の製造業グループに成長させた。経営には弟王永在と兄弟で当たり、2004年に、兄弟で親の名である王長庚を付した公益信託基金を設立している。

　主な企業は、台湾塑膠公司、南亜塑膠公司、台湾化学繊維公司、台塑石化公司、南亜科技公司、台塑重工公司、台塑海運公司で、企業展開のほか、医療分野における公益事業として、父王長庚を記念して、財団法人長庚記念医院を創設し、1976年に台北に長庚医院を、1978年に林口、1985年に基隆、1986年に高雄の4つの病院を設立し、1993年には林口に長庚附設児童医院を設置している。さらに、2002年に嘉義、2003年に桃園、2009年に雲林県麦寮郷にも病院を創設した。2008年には、中国の厦門に厦門長庚医院を建設している。

　教育分野の公益事業としては、1963年に明志工専（2004年、明志科技大学に改名）を開校したのを皮切りに、1988年に長庚護理専科学校（現長庚科技大学）、1997年に、1987年に開校した長庚医学院を長庚大学と改称し、大学構内に台塑企業文物館を開設した。企業文物館には、台塑グループの企業展開はじめ、教育や医療への貢献の歴史と、未来展望として「長庚養生文化村」の開村が展示されている。

　この「長庚養生文化村」は、2002年に着工され、2005年より居住が開始され、「老吾老、以及人之老（自分の両親祖父母を敬うように、他の老人も敬え）」をモットーに、34ヘクタールの敷地に、A棟706室が完成している。最終的には、健常者、要介護者あわせて、3,800室が建設される

計画となっている。

　村には、保健、医療、養生、レジャー、娯楽施設があり、文化の伝承を踏まえたセカンドライフが展開できる、高齢者の理想郷が描かれている。王永慶自身は、2008年に仕事で訪問していたアメリカで急死するが、村は現在、まだ建設中である。

　台湾の私的企業の発展は、1950年代以降で、企業の創設者が経営者として事業継続中のものが多く、創設者の経営理念に基づいて、社会貢献活動が広く行われているようにみえる。さらに、台湾では、親や祖父母などの親族と同じように、高齢者を敬う精神が根強く、企業家が社会貢献事業のために公益基金会を設立する際に、基金会に親の名を付すなどの特徴がみられる。そして、企業の経営のみならず、創設者の社会貢献の意志は、家族に受け継がれている。

　ところで、2011年1月26日、台湾におけるボランティア団体調査の際に、「街友尾牙」が、創世基金会、華山基金会、人安基金会合同で開催されていた。「街友尾牙」はホームレスや一人暮らしの高齢者、貧困家庭のための忘年会で、台北はじめ、台湾各地で、対象者を食事に招待し、お年玉をプレゼントする事業である。

　創世社会福利基金会を創設した曹慶は、1980年、台湾糖業の退職金100万元を元手に、社会福祉活動を始めた。当時、社会問題となっていた植物状態になっている患者のための施設を開設し、1986年に支援活動を開始し、1987年に創世社会福利基金会を設立した。さらに、1999年には、華山社会福利慈善事業基金会、2002年には人安社会福利慈善事業基金会を立ち上げて、一人暮らしの高齢者の在宅サービスやホームレスの支援を行っている。

　活動の経費の1割は政府からの補助があるが、残り9割が寄付による。
　寄付は、企業や個人からのものであるが、台湾では、買い物の際に受け取るレシートの番号で、くじが当たることから、創世基金会、華山基金会、人安基金会のためのレシートの投入箱が街路に設置されている。

　企業等が設立した基金会は、台湾における市民のボランティア団体を経

| 街友尾牙 | レシート投入ボックス |

済的に支援していることは、すでに述べたとおりである。日本に比べ台湾では、個人の寄付も多くみられ、ボランティア団体に対して、多くの個人からの寄付が寄せられている。ボランティア団体のレシートの投入箱は、ボランティア活動を支援しようとする市民のささやかな気持ちが台湾にあることを象徴するものである。

6. 宗教団体の貢献活動

　台湾では、1987年戒厳令が解除されて以降、民主化が始まり、宗教団体を含む民間のボランティア団体の慈善活動や公益活動がにわかに活発になってきた。ボランティア活動の全体的実数は、ボランティア団体によるものが多いが、宗教団体の社会貢献活動の急速なのびが顕著である。
　とりわけ、前述した「慈済会」や「仏光山」のような新興の仏教団体の社会貢献活動が顕著である。「仏光山」は、1967年、星雲大師により、高雄県大樹郷竹園に建立され、「文化によって仏法をひろめ、教育によって人材を育成し、慈善によって社会に奉仕し、修行によって人心を浄化す

る」という理念によって、活発な社会活動を行っている。

　僧侶、尼僧、外国人のための仏教研究機関をもち、幼稚園から大学（仏光大学、南華大学、アメリカ西来大学、オーストラリア南天大学など）までの教育機関をもち、移動診療所による医療、貧困者救済、急難救済、臓器提供のほか、海外の被災地へ援助物資を送るなどの多様な福祉活動を行っている。

　さらに、財団法人高雄県私立仏光山慈悲社会福利基金会による高齢者施設「松鶴楼」の運営管理を行い、児童養護施設「仏光山大慈育幼院」を運営している。

　他方、「慈済会」は、400万人とも500万人ともいわれる、台湾で最大の会員をもつ仏教団体である。創始者は、尼僧の釈証厳で、1964年に花蓮市慈善寺で地蔵経を講義し、1966年に、4人の弟子と30人の信徒で、「仏教克難慈済功徳会」を立ち上げた。仏教の教えを社会において実践して広めるという理念をもつ、いわゆる人間（じんかん）仏教団体である。

　慈済会の理念に基づいた事業は、「四大志業八大脚印」活動で、4つの志業（ボランティア）事業は、1970年からの10年間は、貧困者に対する「慈善」事業を行い、貧困と病とが密接に関連していることから、1980年からの10年間は「医療」事業を発展させた。花蓮で無料診察を行ったのを皮切りに、花蓮、台東、嘉義、台北、台中に、慈済病院を建設していった。これらの医療機関で働くものを養成するために、1990年からの10年間は、「教育」事業に力を入れ、慈済看護学校、慈済医科大学を建設していった。慈済医科大学はその後、慈済大学と名称を変え、幼稚園、付属小・中・高校を併設する総合教育機関に発展してきている。

　2000年からは、台北市に慈済人文志業センタービルを建設し、「文化」事業を展開してきている。月刊誌『慈済』や証厳法師の『静思語』を発行したり、ラジオ番組やテレビの専門チャンネルをもち、幅広い広報活動を行っている。

　4大志業の他にも、慈済会では国際的な援助活動や環境保全活動、骨髄バンクの活動を行っている。前述した被災後の日本への支援活動は、国際

的な援助活動の一環として行われたものであるが、地域ボランティアによる清掃、リサイクル活動、高齢者訪問、子供キャンプ、住民ふれあい活動など、幅広い活動を実施している。

　慈済会の組織は、最高幹部（執行長、3人の副執行長）と出家弟子からなる約150名の宗教的核の周辺に、数多くの在家信者がいる。約2万人といわれる志業を企画推進する、無給のボランティア活動を行う委員と呼ばれるものがいる。当初は女性の会員であったが、慈誠隊と呼ばれる男性隊員も参加してきている。

　さらに、400万人を超える一般会員がいて、定期的に寄付をすることによって、活動を支援している。

　この大規模な組織は、下部組織として、慈済教師連誼会や慈済企業連誼会など職業別の組織や活動を行う地域別の組織をもっている。

　会員は、慈済八戒（殺傷せず、窃盗せず、邪淫せず、妄語せず、飲酒せず・喫煙せず、檳榔を噛まず・麻薬に触れず、賭博をせず、父母に孝養をつくすべし）に、1992年より、社会変化に対応した、政治活動不参加、車の安全運転といった戒律が加わって、日常的な会員の生活態度を規制している。

　また、一般市民は、テレビを通じて、証厳法師の教えに日常的に触れることができ、慈済会のチャンネルで放映されるテレビドラマは、かつての懐かしい時代の心温まるものが多く、ごく普通にみられている。

　台湾における宗教団体の活動が、このように日常世界に入り込んでいることと、統計数理研究所の平成14〜17年度科学研究費による「東アジア価値観国際比較調査」にみるように、日本に比べて、台湾では宗教への関心が高いことは密接に関連しているといえよう。

　日本においても、キリスト教や既存の仏教団体が、利他的活動を行ってきていることに加えて、近年、社会参加宗教と称される、社会貢献活動を全面に打ち出している新興仏教団体の活動がみられる（稲葉圭信・桜井義秀編、2009、稲葉圭信、2011）。しかし、これらの宗教団体の活動が、一般市民を巻き込んで行われたり、市民ボランティア団体と連携した活動を

行っているかとなると、台湾には及ばないところである。

7. 社会資本の多様化と官民の協働

　生活弱者に対する支援活動は、まず、家族・親族、次いで地域社会において行われるとともに、為政者や行政機関が担ってきた歴史がある。産業近代化は親族組織や地縁組織を解体しながら、個人主義化と歩調を合わせて進められてきたが、その過程で生ずる、新たな貧困問題や環境問題に対して、行政以外の民間団体が、自発的にボランタリスティックに支援活動を行うようになってきた。

　宗教団体は、歴史的にみて、つとに利他的な活動を行ってきたが、近代企業においても、企業家の経営理念の中に社会との共存が位置づけられており、特に近年、企業の社会貢献活動が求められるようになってきた。

　それとともに、市民団体の活動も育成されてきており、阪神淡路大震災を契機に、ボランティア団体やボランティア活動の重要性が認識され、1998年に特定非営利活動促進法(NPO法)が施行された。それ以降、認証されたNPO法人は、5万をはるかに超えてきている。

　本研究において、日本と台湾で実施してきた、ボランティア団体やボランティア意識に関する、量的・質的調査によって得られた知見を総括してみると、市民におけるボランタリズムの高揚は、近代社会になればなるほど進展することが想定され、日本と台湾との比較分析の結果、確かに、日本においてはボランティア団体の活動が活性化し、新たな社会関係資本として定着してきていることを確認することができた。

　ところが、日本に次いで近代化が進展してきている台湾においては、日本以上に、企業や宗教団体の社会貢献活動が顕著にみられ、ボランタリスティックな民間の団体が、近年、かなり自由に結成されてきており、民間団体の福祉慈善的活動が活発に行われていることが明らかとなった。

　大学生のボランティア活動やボランティア意識をみると、台湾ではボランティア活動が大学の授業のカリキュラムの中に採り入れられるように

なってきているとはいえ、日本の大学生以上に、ボランティア活動に対する位置づけが明白で、困っている人や社会の役に立ちたいという姿勢が強い。

　台湾では、学生の自発的なボランティア団体結成が、日本以上に積極的で、民間のボランティア団体（社団法人）結成に対する志向が強い。そして、これらの民間団体の活動を支える、基金会のような経済的支援団体も育成されているのみならず、一般市民の間にも、ある種の寄付文化がある。

　それに対して、日本のボランティア団体は、行政の福祉サービスを補う必要性から、行政からの要請で作られるものも多く、活動経費においても、行政依存の傾向が相対的に強い。行政に依存しない、自己目的的に自主的に結成される団体は、都市部においてより多くみられるが、これらの団体は、創設期の団体結成の理念を継承していくことが難しく、後継者のない団体は、消滅せざるをえない。地方においては、ボランティ活動は、地縁的な団体を基盤にして行われるところがあるが、この団体のほうが、活動の継続性といった面では強みがある。

　すなわち、台湾においては、日本以上に東アジア的福祉文化が持続・定着していることを示唆している。東アジア福祉文化をささえる基層構造は、おそらく中国に端を発し、日本にももたらされたものであり、当然のことながら、台湾の基層構造でもある。

　淡水で調査した、蔡一族から構成されている「蔡家村」は、この基層構造が機能してきたことを物語っている。「蔡家村」は、祖先を共通にする親族組織が、祖先祭祀を行う廟を中心に地域的に居住している共同組織で、共有地や共有財産をもつ、蔡家一族の共助の組織である。

　今日的には、地域福祉コミュニティの形成が目指されているが、祖先を異にする、生まれも職業も多様な地域住民の間に、自助、公助を補う、ボランティア団体などの信頼できる共助のネットワークで、生活を支援するコミュニティが求められている。

　ボランティア団体が、新たな社会関係資本として、どれほど期待できるものであるかに関しては、団体活動の持続性が決め手となる。活動の持続

性のためには、団体を組織として統合するための理念が不可欠である。台湾では、東アジア福祉文化が基層構造として持続してきていることから、民間のボランティア団体の支援が、個々人のレベルにおいても支持されている。

　個人主義化がより進展している日本において、利他的な価値意識をどのようにして形成するか、あるいは、残されている利他的な価値意識をどのように発掘、持続していくかが、ボランティア活動の活性化と歩調をあわせて追究されねばなるまい。

主な参考文献
金子昭、2011、「東日本大震災における台湾・仏教慈済基金会の救援活動——釜石市での義援金配布の取材と意見交換から——」『宗教と社会貢献』Vol.1、73-80 頁
金子昭、2005、『驚異の仏教ボランティア』白馬社
E. デュルケム、1893、『社会分業論』
E. デュルケム、1897、『自殺論』
M. ヴェーバー、1904-05、『プロテスタンティズムの倫理と資本主義の精神』
P. ソローキン、下程勇吉監訳、1977、『利他愛——よき隣人と聖者の研究』広池学園出版部
大津寄勝典、2004、『大原孫三郎の経営展開と社会貢献』日本図書センター
内藤莞爾、1941、「宗教と経済倫理——浄土真宗と近江商人——」日本社会学会『年報社会学』第 8 輯
小倉栄一郎、1980、『近江商人の系譜』日本経済新聞社
吉田久一、1960、『日本社会事業の歴史』勁草書房
辻善之助編、1932、『慈善救済史料』金港堂
渋沢栄一、2008、『論語と算盤』角川ソフィア文庫
高田あずみ、2000、「明治前期の会社組織の充実と渋沢栄一」『渋沢研究』第 13 号
島田昌和、2004、「渋沢栄一による会社の発起と創立関与の一考察」『渋沢研究』第 17 号
周見、2010、『張謇と渋沢栄一——近代中日企業家の比較研究——』日本評論社
于臣、2008、『渋沢栄一と＜義理＞思想——近代東アジアの実業と教育——』ぺリカン社
福田忠之、2010、「渋沢と張謇の実業思想」周見『張謇と渋沢栄一——近代中日企業家の比較研究——』日本評論社
陶徳民・姜克實・見城悌治・桐原健真、2009、『東アジアにおける公益思想の変容——近世から近代へ——』日本経済評論社

見城悌治、2008、『評伝　日本の経済思想　渋沢栄一――道徳と経済のあいだ――』日本経済評論社

姜克、2011、『近代日本の社会事業思想』ミネルヴァ書房

大谷まこと、2011、『渋沢栄一の福祉思想』ミネルヴァ書房

藤田弘夫編著、2010、『東アジアにおける公共性の変容』慶應義塾大学出版会

川崎房五郎、1960、「七分積金」東京都公文書館『都史紀要』7

「カーネギー自伝」、坂西志保訳1963、『世界ノンフィクション全集』43、筑摩書房

A.カーネギー、後藤昭次訳、1975「富の福音」、『アメリカ古典文庫18　社会進化論』研究社

R.フォスディック、井本威夫・大沢三千三訳、1956、『ロックフェラー財団：その歴史と業績』法政大学出版局

山本育、1995、『日本の経営の原点　石田梅岩』東洋経済新報社

石川謙、1968、『石田梅岩と「都鄙問答」』岩波新書

R.N.ベラー、池田昭訳、1957、『徳川時代の宗教』岩波文庫

統計数理研究所、平成14～17年度科学研究費補助金基盤研究（A）（2）「東アジア価値観国際比較調査」（研究代表者　吉野諒三）

社団法人企業メセナ協議会「2009年度 メセナ活動実態調査――地域コミュニティに寄与するメセナの力」

稲葉圭信・桜井義秀編、2009、『社会貢献する宗教』世界思想社

稲葉圭信、2011、『利他主義と宗教』弘文堂

寺尾忠能、2001、「台湾――抑圧の対象から『台湾化』の担い手へ――」重冨信一編『アジアの国家とNGO』明石書店

大友昌子、2007、『帝国日本の植民地社会事業政策研究――台湾・朝鮮』ミネルヴァ書房

日本経済団体連合会・社会貢献推進委員会・1％（ワンパーセント）クラブ「東日本大震災における経済界の被災者・被災地支援活動に関する報告書――経済界による共助の取り組み――」（2012年3月取得、http://www.keidanren.or.jp/japanese/policy/2012/011.html）

R.D.パットナム、柴内康文訳、2006、『孤独なボウリング――米国コミュニティの崩壊と再生』柏書房

ナン・リン、筒井淳也ほか訳、2008、『ソーシャル・キャピタル――社会構造と行為の理論』ミネルヴァ書房

稲葉陽二・大守隆・近藤克則・宮田加久子・矢野聡・吉野諒三、2011、『ソーシャル・キャピタルのフロンティア――その到達点と可能性』ミネルヴァ書房

三浦典子、2010、『企業の社会貢献と現代アートのまちづくり』渓水社

三浦典子編、2010、『台湾の都市高齢化と社会意識』渓水社

参考資料

台湾調査研究記録
* 2009年9月1日～9月4日
　台北県政府社会局における育児支援制度に関する概況調査
　台北県三峡鎮立托児所　　障害児保育における聴き取り調査
　永和市立托児所民権収托場における聴き取り調査

台北県政府社会局における概況調査

台北県政府局における概況調査

台北県三峡鎮立托児所

三峡鎮立托児所における聴き取り調査

永和市立托児所民権収托場での市長挨拶

民権収托場園児たちの歓迎セレモニー

＊　2010年2月1日〜2月4日
　高雄市昌毅文教集団（放課後学習補習学習センター）における聴き取り調査
　伊甸社会福利基金会旗山区児童早期療育発展センターにおける聴き取り調査
　カトリック幼稚園における聴き取り調査
　高雄県旗山区社会福利会視察
　仏光山大慈育幼院における聴き取り調査
　高雄市蔵林文教機構（放課後学習補習学習センター）における聴き取り調査
　高雄市新育幼稚園（全国十大傑出績優幼稚園）における聴き取り調査

旗山区児童早期療育発展センター

日本統治時代の建物を利用

ロータリークラブから寄贈された車

仏光山大慈育幼院の大慈家庭理念

高雄市蔵林文教機構（補習学習センター）

高雄市昌毅文教集団（補習学習センター）

*　2010年7月1日〜7月4日
　　台湾国立政治大学社会科学研究科国際シンポジウムにて研究報告
　　財団法人台北市私立愛愛院における聴き取り調査
　　馬偕記念館　施乾胸像　視察

政治大学社会科学研究科国際シンポジウム

政治大学社会科学研究科国際シンポジウム

台北市私立愛愛院

愛愛院創設者の娘施美代さんに聴き取り

* 2010年11月28日～11月30日
　王永慶企業博物館　　台塑企業文物館における企業のメセナ活動に関する調査
　台北県淡水鎮義山里　蔡家村における蔡瀛総幹事に対する聴き取り調査

王永慶企業博物館

台塑関係企業

義山里蔡家村入り口

蔡家村保生宮

蔡家村の集会施設

集会施設内部

* 2011年1月25日～1月27日
　台湾ボランティア団体調査

台北市松年福祉会（玉蘭荘）における聴き取り調査
社団法人台北市保母協会における聴き取り調査
台北市第4社区保母系統視察
台北市児童托育資源中心資料収集
創世・華山・人安基金会合同による街友尾牙観察
台北市学習障礙協会における聴き取り調査

* 2011年9月3日〜6日
淡江大学学生ボランティア団体における聴き取り調査
　　・淡江大学種子課輔社　　　　・淡江大学関懐動物社
　　・UNION海豚工作隊　　　　　・淡江国際大使団
台北県鶯歌鎮の社団法人台湾児童少年希望協会における聴き取り調査
ボランティア意識調査依頼（淡江大学・東呉大学・真理大学）

淡江大学学生会による博覧祭　　　　種子課輔社のブース

* 2012年2月10日〜12日
長庚養生文化村調査
台湾研究に関する研究協力者との意見交換会

長庚養生文化村の全体像　　　　施設内にコンビニ

参考資料
1. ボランティア団体調査（日本語）

子どもの健全育成の活動団体に関する調査

— 2009 —

山口大学人文学部社会学研究室
山口大学市民活動研究会

問1　あなたの団体の活動は子どもの健全育成以外にどのような活動を主にしておられますか。<u>1つだけ選んで</u>○をつけてください。
  1. 教育
  2. 環境・まちづくり
  3. 歴史・伝統文化
  4. スポーツ・趣味
  5. 医療・福祉
  6. 子育て
      SQ 「6. 子育て」の活動は次のうちどのような活動ですか。
        1. 子育て中のお母さん方が中心となり活動している団体
        2. 子育てを支援する者と子育中のお母さん方とが集って活動している団体
        3. 子育てを支援する者のみで活動している団体
  7. その他（　　　　　　　　　　　　　　　　）

問2　あなたの団体は創設されてから何年になりますか。
  1. 1年未満
  2. 1年以上3年未満
  3. 3年以上5年未満
  4. 5年以上10年未満
  5. 10年以上15年未満
  6. 15年以上20年未満
  7. 20年以上

問3　あなたの団体が日ごろ活動している地域の範囲は次のうちどれですか。
  1. 全国
  2. 県内
  3. 市内
  4. 区内
  5. 地区内（たとえば小学校区）
  6. その他（　　　　　　　　　　　　　　　）

問4　主な活動場所はどこですか。あてはまるものすべてに○をつけてください。
  1. 県民活動支援センター・市民活動支援センター
  2. 保健所・保健センター
  3. 幼稚園・保育園

4. 公共の文化・芸術施設　　　5. 公共の体育施設・公園
　　6. 社会福祉会館　　　　　　　7. 地域交流センター（公民館）
　　8. 地区の集会所　　　　　　　9. 会員の自宅
　　10. その他（具体的に　　　　　　　　　）

問5　あなたの団体の事務所または連絡場所はどこにありますか。
　　1. 公的施設　　　　　　　　　2. 地区の集会所
　　3. 会員の自宅　　　　　　　　4. その他（　　　）

問6　あなたの団体の事務所または連絡場所の所在地はどこですか。
　　＜山口県＞
　　1. 下関市　　　　2. 山口市　　　　3. 宇部市
　　4. 周南市　　　　5. 防府市　　　　6. 岩国市
　　7. 山陽小野田市　8. 萩市　　　　　9. 光市
　　10. 下松市　　　 11. 長門市　　　 12. 柳井市
　　13. 美祢市

　　＜福岡県＞
　　14. 東区　　　　 15. 南区　　　　 16. 早良区
　　17. 博多区　　　 18. 西区　　　　 19. 中央区
　　20. 城南区

問7　現在、会員は何人ですか。
　　　　　（　　　　　　　　　）人

問8　会員の多くが集まる、主たる活動の頻度は次のうちどれですか。
　　1. 毎日　　　　　　　　　　　2. 週1回
　　3. 月に1回　　　　　　　　　 4. 半年に1回
　　5. 年に1回
　　6. その他（　　　　　　　　　　　　　　）

問9　あなたの団体の活動は次のどれに該当しますか。
　　1. 会員以外の人のための活動である
　　2. どちらかといえば、会員以外の人のための活動である
　　3. どちらかといえば、会員のための活動である

4. 会員のための活動である

問 10 あなたの団体は自治体などが主催するイベントに参加をすることがありますか。
1. 非常によく参加している
2. よく参加している
3. 時々参加している
4. 参加したことはない

問 11 あなたの団体は、同じ活動分野の団体と交流を行っていますか。
1. 積極的に交流している
2. ある程度交流している
3. あまり交流していない
4. まったく交流していない

問 12 あなたの団体は、活動場所を同じくする団体と交流を行っていますか。
1. 積極的に交流している
2. ある程度交流している
3. あまり交流していない
4. まったく交流していない

問 13 団体の活動の情報はどのような方法で発信していますか。あてはまるもののすべてに○をつけてください。
1. 一般の新聞・テレビ・ラジオ
2. 行政が発行する広報誌や行政のホームページ上の情報掲載ページ
3. 県民活動支援センター・市民活動センター・地域交流センター（公民館）などの機関による紹介
4. タウン誌・地方情報誌
5. 会報・ニュースレター
6. 団体のホームページ
7. 口コミ
8. その他（　　　　　　　　　　　　　　　　　　　　　　　）

問 14 あなたの団体は次のどの団体に該当しますか。
1. 学校法人
2. 社会福祉法人
3. 財団法人
4. 社団法人
5. NPO法人
6. 任意団体
7. その他（　　　　　　　　　　　　　　　　）

問15 団体が活動を始めたきっかけは何ですか。5つの設問それぞれについて、1から4のあてはまる番号1つを選んで○をつけてください。

	そうである	どちらかといえばそうである	どちらかといえばそうではない	そうではない
(1) 社会の役に立つため	1	2	3	4
(2) 身近に起きている問題を解決するため	1	2	3	4
(3) 技術、能力、経験を生かすため	1	2	3	4
(4) 友人などネットワークを広げるため	1	2	3	4
(5) 余暇を有意義に過ごすため	1	2	3	4

問16 あなたの団体は次の団体から設立の要請を受けて設立した経緯がありますか。要請を受けた団体すべてに○をつけてください。
1. 自治会・町内会・部落会
2. 民生委員
3. 婦人会・地域婦人団体
4. 生協
5. 子ども会・ＰＴＡ・父母の会（小・中学校）
6. 保育園・幼稚園・子育て支援センター
7. ない
8. その他（　　　　　　　　　　　）

問17 現在の団体の活動をどのように評価しますか。5つの設問それぞれについて、1から4のあてはまる番号1つを選んで○をつけてください。

	役に立っている	どちらかといえば役に立っている	どちらかといえば役に立っていない	役に立っていない
(1) 社会の役に立つ	1	2	3	4
(2) 身近に起きている問題を解決する	1	2	3	4
(3) 技術、能力、経験を生かす	1	2	3	4
(4) 友人などネットワークを広げる	1	2	3	4
(5) 余暇を有意義に過ごす	1	2	3	4

問18 あなたの団体には会則や定款はありますか。
1. ある
2. ない

問19　会員になるために、会員の紹介がいりますか。
　　1．紹介が必要である
　　2．できれば紹介が必要である
　　3．紹介は必要ない

問20　あなたの団体は代表者をどのように選定していますか。あてはまるもの
　　　1つを選んで○をつけてください。
　　1．立候補　　　　　　　　　　2．会員からの他薦
　　3．役員が選定　　　　　　　　4．持ち回り・順番
　　5．その他（　　　　　　　　　　　　　　　　　　　　　　　）

問21　あなたの団体の収入源であてはまるものすべてに○をつけてください。
　　1．収益事業による収入　　　　2．県からの助成金
　　3．市町村からの助成金　　　　4．企業や財団等からの助成金
　　5．個人からの寄付金　　　　　6．会費収入
　　7．その他（　　　　　　　　　　　　　　　　　　　　　　　）

問22　あなたの団体の1年間の活動に関する支出総額（助成金なども含む）は
　　　次のうちどれですか。（できれば、平成20年度についてお答えください。）
　　1．10万円未満　　　　　　　　2．10万円以上30万円未満
　　3．30万円以上50万円未満　　　4．50万円以上100万円未満
　　5．100万円以上500万円未満　　6．500万円以上

問23　あなたの団体の事務局員数は、何人ですか。
　　　専任（　　　　）人　　兼任（　　　　）人　　計（　　　　）人

問24　あなたは何代目の代表者ですか。
　　　　　（　　　　　　　　）代目

問25　あなた（代表者）の年齢は、次のどれに該当しますか。
　　1．19歳以下　　　　2．20～29歳　　　　3．30～39歳
　　4．40～49歳　　　　5．50～59歳　　　　6．60歳以上

問26　あなた（代表者）の性別は、次のどちらですか。
　　1．男性　　　　　　　　　　　2．女性

問27 あなた（代表者）は、団体の活動とは別に収入をともなう職に就いていますか。
1. 職についている
2. 以前は職についていたが、現在は無職
3. 職に就いた経験はない

問28 あなた（代表者）は、会の運営において、会員に団体の活動の成果が上がるような行動を求めるほうですか。
1. 強く行動を求める
2. どちらかといえば行動を求める
3. どちらかといえば会員の自主性に任せる
4. 会員の自主性に任せる

問29 あなた（代表者）は、会員同士が互いに仲間意識をもつことが大切だと思いますか。
1. 非常に大切である
2. どちらかといえば大切である
3. どちらかといえば大切ではない
4. 大切ではない

問30 現在の団体活動を行っていくうえで、どのような問題がありますか。自由にお書きください。

ご協力ありがとうございました。

2. ボランティア団体調査（中国語）

關心兒童教育與成長的團體（機構）之相關問卷調查
― 2009 ―

山口大學人文學部社會學研究室
山口大學市民活動研究會

問 1　貴團體（貴機構）除了關心兒童教育與成長之外，主要是推行下列何種活動？請擇一圈選。
1. 教育
2. 環境・繁榮鄉里建設地方
3. 歷史・傳統文化
4. 運動・興趣
5. 醫療・福祉
6. 托兒服務
　　SQ　所謂「6. 托兒服務」是從事何種活動？
　　　1. 主要由正處於生兒育女階段的女性們所組成的團體
　　　2. 托兒服務的協助者與正處於生兒育女階段的女性所組成的團體
　　　3. 由托兒服務的協助者所成立的團體
7. 其他（　　　　　　　　　　　　　　　）

問 2　貴團體（貴機構）創立至今有幾年？
1. 1 年未滿
2. 1 年以上 3 年未滿
3. 3 年以上 5 年未滿
4. 5 年以上 10 年未滿
5. 10 年以上 15 年未滿
6. 15 年以上 20 年未滿
7. 20 年以上

問 3　貴團體（貴機構）平常的活動的區域範圍。
1. 全國
2. 縣內
3. 市內
4. 區內
5. 地區內（例：小學學籍區內）
6. 其他（　　　　　　　　　　　　　　　）

問 4　主要的活動場所是在？可複選。
1. 縣民活動中心・市民活動中心
2. 衛生所・保健中心
3. 幼稚園・托兒所
4. 公共文化・藝術設施
5. 公共體育設施・公園
6. 社會福利館
7. 地方交流中心（里民活動中心）

8. 地方集會的場所　　　　　　9. 會員的自家住宅
10. 其他（具體　　　　　　　　　　　）

問 5　貴團體（貴機構）的辦事處或連絡處設在哪裡？
1. 公共設施　　　　　　　　　2. 地方集會的場所
3. 會員的自家住宅　　　　　　4. 其他（　　　　　　　　）

問 6　貴團體（貴機構）的辦事處或連絡處設在哪個行政區？
＜台北市＞
1. 中正區　　　　　2. 萬華區　　　　　3. 大同區
4. 中山區　　　　　5. 松山區　　　　　6. 大安區
7. 信義區　　　　　8. 內湖區　　　　　9. 南港區
10. 士林區　　　　11. 北投區　　　　12. 文山區

＜高雄市＞
13. 楠梓區　　　　14. 左營區　　　　15. 鼓山區
16. 三民區　　　　17. 苓雅區　　　　18. 新興區
19. 前金區　　　　20. 鹽埕區　　　　21. 小港區
22. 旗津區　　　　23. 前鎮區

問 7　現在、會員有多少人？
（　　　　　　　　　　）人

問 8　動員大部分會員舉辦大型活動之頻率是？
1. 每天　　　　　　　　　　　2. 每周 1 次
3. 每月 1 次　　　　　　　　　4. 半年 1 次
5. 每年 1 次
6. 其他（　　　　　　　　　　　　　　　　）

問 9　貴團體（貴機構）的活動是下列何種活動？
1. 為了非會員所舉辦之活動
2. 偏向為了非會員所舉辦之活動
3. 偏向為了會員所舉辦之活動
4. 為了會員所舉辦之活動

問 10　貴團體（貴機構）是否有在參加自治團體所主辦的活動？
1. 一直都有參加
2. 常常參加
3. 偶爾參加
4. 沒有參加過

問 11　貴團體（貴機構）與同類性質的其他團體是否有交流？
1. 非常積極的交流
2. 某種程度的交流
3. 不太交流
4. 完全無交流

問 12　貴團體（貴機構）與附近周遭其他團體是否有交流？
1. 非常積極的交流
2. 某種程度的交流
3. 不太交流
4. 完全無交流

問 13　貴團體（貴機構）是透過下列哪些媒介傳遞情報？可複選。
1. 一般的報紙・電視・廣播
2. 行政機關所發行之會報或行政機關網站之最新情報區
3. 縣民活動中心・市民活動中心・地方交流中心（里民活動中心）等機關的介紹
4. 地方報章雜誌
5. 會報・刊物
6. 本單位（本機構）的網頁
7. 口耳相傳
8. 其他（　　　　　　　　　　　　　　　　　　　　　　　　　　　　）

問 14　貴團體（貴機構）是下列哪一種分類？
1. 學校法人
2. 社會福利法人
3. 財團法人
4. 社團法人
5. 非營利組織（NPO 法人）
6. 任意團體
7. 其他（　　　　　　　　　　　　　　　　　　　　　　　　　　　　）

問 15　貴團體（貴機構）開始從事活動的原因是？請針對下列 5 個項目，分別依照程度由 1 至 4 當中選擇適當的數字。

	正是	有點	不太是	不是
（1）為了社會貢獻	1	2	3	4
（2）為了解決身旁周遭所發生的問題	1	2	3	4
（3）為了發揮一技之長、專業、經驗	1	2	3	4

（4）為了擴展友人等人際關係　　　　　1　　　2　　　3　　　4
　　（5）為了有意義的活用休閒時間　　　　　1　　　2　　　3　　　4

問 16　貴團體（貴機構）是因為下列哪些團體之要求而設立的？可複選。
　　1. 自治會・鄰里會・部落會　　　　2. 民生委員
　　3. 婦女會・地區婦女團體　　　　　4. 生協
　　5. 兒童會・家長教師會・家長會（小・中學校）
　　6. 托兒所・幼稚園・互助幼兒中心
　　7. 無
　　8. 其他（　　　　　　　　　　　　　　）

問 17　您對目前貴團體（貴機構）所推行的活動如何評分？請針對下列 5 個項目，分別依照程度由 1 至 4 當中選擇適當的數字。
　　　　　　　　　　　　　　　非常有幫助　有點幫助　不太有幫助　毫無幫助
　　（1）社會貢獻　　　　　　　　　1　　　　2　　　　3　　　　4
　　（2）解決身旁周遭所發生的問題　1　　　　2　　　　3　　　　4
　　（3）發揮一技之長、專業、經驗　1　　　　2　　　　3　　　　4
　　（4）擴展友人等人際關係　　　　1　　　　2　　　　3　　　　4
　　（5）有意義的活用休閒時間　　　1　　　　2　　　　3　　　　4

問 18　貴團體（貴機構）有制定會則或規範嗎？
　　1. 有　　　　　　　　　　　　　　2. 無

問 19　想成為貴團體（貴機構）之會員，需要透過其他會員之介紹嗎？
　　1. 一定要其他會員介紹
　　2. 最好有其他會員介紹
　　3. 不需要其他會員介紹

問 20　貴團體（貴機構）的代表者是如何產生的？請擇一圈選。
　　1. 自我推薦　　　　　　　　　　　2. 會員推薦
　　3. 由監事選出　　　　　　　　　　4. 輪流
　　5. 其他（　　　　　　　　　　　　　　　　　　　　　　　）

問 21　貴團體（貴機構）的活動經費來源有哪些？可複選。
　　1. 營業收入　　　　　　　　　　　2. 縣（市）政府的補助款

3. 區市鄉鎮村里補助款
4. 企業或財團的補（捐）助款
5. 私人補（捐）助款
6. 會費收入
7. 其他（　　　　　　　　　　　　　　　　　）

問 22　貴團體（貴機構）1 年的活動經費總支出（包含政府補助款）是？（如果方便的話，請依據 2008 年的實際支出作答。）
1. 3 萬 7 千元未滿
2. 3 萬 7 千元以上 11 萬元未滿
3. 11 萬元以上 19 萬元未滿
4. 19 萬元以上 37 萬元未滿
5. 37 萬元以上 187 萬元未滿
6. 187 萬元以上

問 23　貴團體（貴機構）內的事務局有多少位職員？
專任（　　　　）人　　兼任（　　　　）人　　共計（　　　　）人

問 24　您是第幾任的代表者？
（　　　　　　　）任

問 25　您（代表者）的年齡是？
1. 19 歲以下
2. 20～29 歲
3. 30～39 歲
4. 40～49 歲
5. 50～59 歲
6. 60 歲以上

問 26　您（代表者）的性別是？
1. 男性
2. 女性

問 27　您（代表者）除了該團體（機構）之工作外，是否有從事其他有給職之工作？
1. 目前有從事其他有給職之工作
2. 以前有工作，目前無從事其他工作
3. 至今無任何工作經驗

問 28　您（代表者）在推行各項政策或活動時，會要求其他會員（成員）努力提高成效嗎？
1. 要求會員（成員）積極推動
2. 偏向要求會員（成員）積極推動
3. 偏向讓會員（成員）自主行動
4. 完全放任會員（成員）自主行動

問 29　您（代表者）認為團體會員（機構成員）之間的同儕意識（情感）重要嗎？
1. 非常重要
2. 還算重要
3. 不太重要
4. 不重要

問 30　請依據您目前團體（機構）的實際狀況，試述推動活動時所遇到的困難？請自由書寫。

謝謝您的協助。

3. ボランティア意識調査（日本語）

ボランティア活動に関するアンケート調査
－ 2011 －

山口大学人文学部社会学研究室
山口大学市民活動研究会

問1　あなたはボランティア活動をしたことがありますか。
　　1. 現在している　　　　　（問2へ進んでください）
　　2. かつてしたことがある　（問2へ進んでください）
　　3. したことがない　　　　（問6へ進んでください）

問2　あなたはこれまでどのような分野のボランティア活動に参加してきましたか。該当するものすべてに○をつけてください。また、最も力をいれている活動1つに◎をつけてください。
　　1. 子育て　　　　　　　2. 青少年の教育　　3. スポーツ
　　4. 環境・清掃活動　　　5. まちづくり　　　6. 歴史・伝統文化の継承
　　7. 高齢者福祉　　　　　8. 障害者福祉　　　9. 医療・病院
　　10. 国際交流・国際協力　11. その他

<u>以下の問は最も力をいれているボランティア活動についてお答えください。</u>

問3　あなたはボランティア活動に参加して何年になりますか。（何年しましたか）
　　1. 1年未満　　　　　　　　2. 1年以上3年未満
　　3. 3年以上5年未満　　　　4. 5年以上10年未満
　　5. 10年以上15年未満　　　6. 15年以上20年未満
　　7. 20年以上

問4　そのボランティア活動はどのような頻度で行っていますか。（行っていましたか）
　　1. 毎日　　　2. 週に数回　　3. 週に1日　　4. 月に数回
　　5. 月に1日　6. 年に数回　　7. その他

問5　あなたがボランティア活動を始めたきっかけはどのような思いからですか。そうであるか、そうでないかの1から4のあてはまる番号1つを選んで○をつけてください。(1)から(7)の設問それぞれについて、すべてお答えください。

	そうである	どちらかといえばそうである	どちらかといえばそうではない	そうではない
(1) 困っている人のために役に立つため	1	2	3	4
(2) 社会の役に立つため	1	2	3	4
(3) 自分のおかれた境遇にかかわる問題を解決するため	1	2	3	4
(4) 身近に起きている問題を解決するため	1	2	3	4
(5) 技術、能力、経験を生かすため	1	2	3	4
(6) 友人などネットワークを広げるため	1	2	3	4
(7) 余暇を有意義に過ごすため	1	2	3	4

<u>ここからはすべての方がお答えください。</u>

問6　あなたはボランティア活動において交通費の実費や報酬等を受け取ることについてどのように思われますか。
1. 交通費等の実費や報酬を受け取らないほうがよい
2. 交通費等の実費は受け取ってもよい
3. 場合によっては交通費等の実費や報酬を受け取ってもよい
4. ボランティア活動とはいえ、交通費等の実費や報酬を受け取ってもよい

問7　あなたは次の考え方についてどのように思われますか。そう思うか、そう思わないかの1から4のあてはまる番号1つを選んで○をつけてください。(1)から(16)のすべての項目についてそれぞれお答えください。

	そう思う	どちらかといえばそう思う	どちらかといえばそう思わない	そう思わない
(1) 人から何かを贈られたら、同じだけお返しするべきである	1	2	3	4
(2) 人にかけた迷惑は、犠牲を払っても償うべきである	1	2	3	4

(3) 自分の利益よりも、社会の利益を第一に考えるべきである	1	2	3	4
(4) 人が困っている時には、自分がどんな状況であろうとも、助けるべきである	1	2	3	4
(5) 自分の利益よりも相手の利益を優先して手助けすべきである	1	2	3	4
(6) 私をたよりにしている人には、親切であるべきだ	1	2	3	4
(7) 社会的に弱い立場の人には、皆で親切にすべきである	1	2	3	4
(8) 不当な立場で苦しんでいる人を少しでも助けるべきだ	1	2	3	4
(9) 時には誘惑に負けてハメを外すのが、人間らしさというものである	1	2	3	4
(10) 今の世の中は何が善で何が悪なのか、ますますわからなくなっている	1	2	3	4
(11) 都会にはたくさんの人がいるが、本当は、みんな一人ぼっちなのだと思う	1	2	3	4
(12) デパートやスーパーに積まれている商品は多いが、考えてみれば、本当に必要なものはごくわずかである	1	2	3	4
(13) 人間の価値や幸せは結局のところ、お金でほとんど決まる	1	2	3	4
(14) 毎日あくせく生きてはいるが、こういう生活に何の意味があるのか、時々わからなくなる	1	2	3	4
(15) 少々きたないことをしても、結局は、成功したものの勝ちである	1	2	3	4
(16) 都会のしくみはあまりに複雑で、私たちにはとても理解できない	1	2	3	4

あなたご自身のことについておうかがいします。

問8 あなたの家族は次のどのような家族にあたりますか。
 1. 親と子供からなる家族   2. 祖父(母)と親と子供からなる家族
 3. 夫婦のみの家族   4. 単身

問9 あなたは誰と一緒に生活していますか。一緒に生活しているすべてに○をつけてください。
　　1．配偶者　　2．子（人数：　　人）　　3．実父　　　　4．実母
　　5．義父　　　6．義母　　　　　　　　　7．その他の親族

問10 あなたが現在住んでいる地域に、あなた（または配偶者）の親や兄弟姉妹は住んでいますか。
　　1．地区内（例えば小学校区）にいる　2．市内にいる
　　3．県内にいる　　　　　　　　　　　4．近くにはいない

問11 あなたが現在住んでいる地域（小学校区程度）に、困った時に手助けをしてもらえるような親しい親戚、近所の人、友人・知人は住んでいますか。あてはまる番号に○をつけてください。

	いる	いない
（1）親戚	1	2
（2）近所の人	1	2
（3）友人・知人	1	2

問12 あなたが生まれ育った地域（小学校区）は、次のどのような場所に近いですか。
　　1．大都市　　2．地方都市　　3．町　　4．農山漁村

問13 あなたが現在住んでいる地域（小学校区）は、次のどのような場所に近いですか。
　　1．大都市　　2．地方都市　　3．町　　4．農山漁村

問14 あなたは、現在住んでいる地域（小学校区）についてどのように感じておられますか。そう思うか、そう思わないか1から4のあてはまる番号1つを選んで○をつけてください。（1）から（8）のすべての質問についてお答えください。

	そう思う	どちらかといえばそう思う	どちらかといえばそう思わない	そう思わない
(1) この地区のリーダーたち（町内会、婦人会、公民館、PTAの役員など）は、がいして地域のために良くやっている	1	2	3	4
(2) 人からこの地域の悪口をいわれたら、何か自分の悪口をいわれたような気になる	1	2	3	4
(3) この町のためになることをして、何か役に立ちたいと思う	1	2	3	4
(4) この町や校区を代表するような市会議員を出すことは、大切なことだ	1	2	3	4
(5) 町内や校区で一緒にする行事（運動会、寄付、清掃、署名運動など）に、参加するほうである	1	2	3	4
(6) 事情が許せば、ずっとこの地域に住みたいと思う	1	2	3	4
(7) この地域に住んでいるみんなは、お互いになんとか助け合い、お世話し合っていると思う	1	2	3	4
(8) この町の人たちは互いに協力する気持ち（団結心）が強いほうだと思う	1	2	3	4

問15 あなたが現在加入している団体すべてに○をつけてください。また、あなたが生活する上で最も大切にしている団体を1つ選び◎をつけてください。

1. 町内会・自治会
2. PTA、子ども会
3. 地域婦人会、青年団、消防団
4. 社会福祉協議会、福祉ボランティアの会
5. 老人クラブ（高齢者クラブ）
6. 氏子、檀家、宗教団体
7. 消費者団体、生協

8. 住民運動の団体
9. 商工会、農協、漁協などの同業者組合
10. 労働組合
11. 政党・政治団体
12. 同郷会、同窓会
13. スポーツや健康づくりの団体・サークル
14. 趣味の団体・サークル
15. 科学・文化・歴史の学習・研究サークル
16. その他（　　　　　　　　　　　　　　　）
17. 何にも加入していない

問16　あなたは現在どのような仕事をしておられますか。
1. フルタイムで働いている　　　2. パートで働いている
3. 無職　　　　　　　　　　　　4. 学生

問17　あなたは現在の自分の生活に満足していますか。
1. 大変満足している　　　　　　2. まあ満足している
3. やや不満である　　　　　　　4. 大変不満である

問18　あなたの生活の程度は世間一般から見て、次のどのあたりにあると思いますか。
1. 上　　2. 中の上　　3. 中の中　　4. 中の下　　5. 下

問19　あなたの性別は次のうちどちらですか。
1. 男性　　　　　　　　　　　　2. 女性

問20　あなたの年齢は、次のどれに該当しますか。
1. 19歳以下　　　2. 20～29歳　　　3. 30～39歳
4. 40～49歳　　　5. 50～59歳　　　6. 60歳以上

ご協力ありがとうございました。

4. ボランティア意識調査（中国語）

一般大眾從事志工活動之相關調查

－ 2011 －

山口大學人文學院社会學研究室
山口大學市民活動研究會

問 1　請問您曾經參與過志工活動嗎？
- □ 1. 現正參與中（至第 2 題）　　□ 2. 曾經參與過（至第 2 題）
- □ 3. 從未參與過（至第 6 題）

問 2　您所參與的志工活動屬於哪一方面呢？　請選出所有您曾經參加過的志工活動領域，並且在您最致力於參與的選項畫上◎。（複選題）
- □ 1. 育兒　　　　　　　　　　　　□ 2. 青少年教育
- □ 3. 運動　　　　　　　　　　　　□ 4. 清掃環境活動
- □ 5. 振興地方發展・社區發展　　　□ 6. 歷史與傳統文化的傳承
- □ 7. 老人福利　　　　　　　　　　□ 8. 身心障礙者福利
- □ 9. 醫療、醫院　　　　　　　　　□ 10. 國際交流、國際合作
- □ 11. 其他

以下請就您最致力參與的志工活動來回答

問 3　您參與此志工活動已經多久了呢？　（無論現在或過去）
- □ 1. 未滿一年　　　　　　　　　　□ 2. 一年以上未滿三年
- □ 3. 三年以上未滿五年　　　　　　□ 4. 五年以上未滿十年
- □ 5. 十年以上未滿十五年　　　　　□ 6. 十五年以上未滿二十年
- □ 7. 二十年以上

問 4　您大約多久參與一次志工活動呢？　（無論現在或過去）
- □ 1. 每天　　□ 2. 一週數次　　□ 3. 一週一次　　□ 4. 一個月數次
- □ 5. 一個月一次　　□ 6. 一年數次　　□ 7. 其他

問5 請問您從事志工活動的契機為何呢？ 就認同程度與自身感受，在1到4選出一適當的數字。

	同意	有點同意	不太同意	不同意
(1) 為了幫助有困難的人	□1	□2	□3	□4
(2) 為了回饋社會	□1	□2	□3	□4
(3) 為了解決自己所遭遇的困境與問題	□1	□2	□3	□4
(4) 為了解決週遭所發生的問題	□1	□2	□3	□4
(5) 為了活用自身的技能與經驗	□1	□2	□3	□4
(6) 為了拓展交友圈	□1	□2	□3	□4
(7) 為了充實渡過空閒時間	□1	□2	□3	□4

以下問題請所有人回答

問6 您認為從事志工活動可以領取交通費等實質報酬嗎？
- □1. 不要領取交通費等實質報酬比較好
- □2. 領取交通費等實質報酬也可以
- □3. 視情況領取交通費等實質報酬也可以
- □4. 就算是志工活動也理應領取交通費等實質報酬

問7 請您閱讀以下 (1) 至 (16) 的題目後，就認同程度與自身感受，在1到4選出一適當的數字。

	同意	有點同意	不太同意	不同意
(1) 若收到禮物，必須得回饋同等價值的東西	□1	□2	□3	□4
(2) 給他人帶來的困擾，即使犧牲自己重要的東西，也應該償還	□1	□2	□3	□4
(3) 比起自身的利益，必須以社會的利益為最優先考量	□1	□2	□3	□4
(4) 若他人有難，不管自己所處的狀況如何，都應該幫忙	□1	□2	□3	□4
(5) 比起自身的利益，應該優先考慮他人的利益來伸出援手	□1	□2	□3	□4
(6) 對於有求於我的人，我都應該要親切對待	□1	□2	□3	□4

（7）大家應該一起對社會上的弱勢團體付出關懷	□1	□2	□3	□4
（8）即使是微薄的力量，也應該要幫助正處於弱勢的人	□1	□2	□3	□4
（9）有時候輸給了誘惑，做出逃脫世俗的事情，也是人之常情	□1	□2	□3	□4
（10）我越來越無法區分現今社會所認定的善與惡	□1	□2	□3	□4
（11）大城市裡雖然有許多人，但是我想其實大家都很孤單	□1	□2	□3	□4
（12）百貨公司與超市陳列了許多商品，但是仔細想想其實真正需要的東西很少	□1	□2	□3	□4
（13）人的價值與幸福，最後多是以金錢的多寡來取決	□1	□2	□3	□4
（14）每天都急急忙忙地過日子，可是有時候我無法了解這樣生活的意義	□1	□2	□3	□4
（15）就算使用不當的手段，只要能夠成功就是贏家	□1	□2	□3	□4
（16）城市裡太過複雜，對我而言是無法理解的	□1	□2	□3	□4

<u>以下請您就本身的生活經歷回答</u>

問8　請問您的家庭結構。
　　□1. 夫妻與小孩　　　　　　□2. （外）祖父母、夫妻與小孩
　　□3. 僅夫妻　　　　　　　　□4. 單身

問9　請勾選所有現在與您一起居住的家人。（複選題）
　　□1. 配偶　　　　　　　　　□2. 小孩（人數：　　　人）
　　□3. 自己的父親　　　　　　□4. 自己的母親
　　□5. 配偶的父親　　　　　　□6. 配偶的母親
　　□7. 其他親戚

問10　您（或您的配偶）的雙親或兄弟姊妹，是否在您現在所居住的區域附近呢？
　　□1. 同一區域內（例如同一小學學區）　□2. 同一市
　　□3. 同一縣　　　　　　　　　　　　　□4. 沒有住在附近

問 11　您現在居住的區域（小學學區）附近是否有可以互相幫忙的親戚，鄰居，朋友或認識的人呢？

	有	沒有
（1）親戚	□ 1	□ 2
（2）附近鄰居	□ 1	□ 2
（3）朋友或認識的人	□ 1	□ 2

問 12　您出生成長的區域（小學學區）是否鄰近以下地方呢？
　　　□ 1. 大城市　□ 2. 地方城市　□ 3. 鄉鎮　□ 4. 山村、農村或漁村

問 13　您現在居住的區域（小學學區）是否鄰近以下地方呢？
　　　□ 1. 大城市　□ 2. 地方城市　□ 3. 鄉鎮　□ 4. 山村、農村或漁村

問 14　您認為現在所居住的地方（小學學區）如何呢？請您閱讀以下（1）至（8）的題目後，就認同程度與自身感受，在 1 到 4 選出一適當的數字。

	同意	有點同意	不太同意	不同意
（1）這個地方的士紳（里民大會、婦女會、社區中心、家長會的代表等）大致皆為此地付出許多良好貢獻	□ 1	□ 2	□ 3	□ 4
（2）若有人說這個地方的壞話，我會覺得好像也罵到自己	□ 1	□ 2	□ 3	□ 4
（3）我想為了這個地方做些有意義的事情	□ 1	□ 2	□ 3	□ 4
（4）推選出代表本區或本學區的議員是很重要的	□ 1	□ 2	□ 3	□ 4
（5）我都會參加這個地方或學區內的例行活動（運動會、募款、清掃、署名活動等）	□ 1	□ 2	□ 3	□ 4
（6）若情況允許，我想一直住在這個地方	□ 1	□ 2	□ 3	□ 4
（7）我認為住在這個地方的居民們都互相協助照料彼此	□ 1	□ 2	□ 3	□ 4
（8）我認為這個地方的居民們彼此互相幫助的心情（向心力）很強	□ 1	□ 2	□ 3	□ 4

問 15　請選出所有您目前所參加的社團活動，並且在您最重視的選項畫上◎。（複選題）
　　　□ 1.　里（村）民大會、自治會
　　　□ 2.　家長會、兒童會
　　　□ 3.　婦女會、青年團體、義警、義勇消防隊或交通服務大隊
　　　□ 4.　社會服務團體、社會公益團體
　　　□ 5.　老人會、老人福利聯盟
　　　□ 6.　宗親會、寺廟、宗教團體
　　　□ 7.　消費者團體聯盟、縣市機關員工生消費合作社（縣市聯社）、國防部福利總處
　　　□ 8.　市民活動團體
　　　□ 9.　工商團體、農會、漁會、水利會等同業團體
　　　□ 10.　自由職業或一般同業之公會
　　　□ 11.　政黨或政治團體
　　　□ 12.　同學會、校友會
　　　□ 13.　運動或促進健康的育樂團體（社團）
　　　□ 14.　嗜好或興趣的育樂團體（社團）
　　　□ 15.　科學、文化或歷史學習的研究社團
　　　□ 16.　其他（　　　　　　　　　　　　　　　　　　　　　　　　　　）
　　　□ 17.　什麼都沒有參加

問 16　您曾經捐款給社會福利團體或是基金會呢？
　　　□ 1.　定期會捐款　　　　　□ 2.　有時會捐款
　　　□ 3.　曾經捐款過　　　　　□ 4.　未曾捐款過

問 17　請問您現在所從事的職業。
　　　□ 1.　全職工作　　□ 2.　兼職工作　　□ 3.　無業　　□ 4.　學生

問 18　您滿意自己現在的生活嗎？
　　　□ 1.　非常滿意　　□ 2.　有點滿意　　□ 3.　不太滿意　　□ 4.　非常不滿

問 19　您認為自己的生活水準在一般人眼中屬於哪一層次呢？
　　　□ 1.　上層　　□ 2.　中上層　　□ 3.　中層　　□ 4.　中下層　　□ 5.　下層

問 20　**請問您的性別。**
　　　☐ 1. 男性　　　　　　　　　☐ 2. 女性

問 21　**請問您的年齡。**
　　　☐ 1. 19 歲以下　　　☐ 2. 20～29 歲　　　☐ 3. 30～39 歲
　　　☐ 4. 40～49 歲　　　☐ 5. 50～59 歲　　　☐ 6. 60 歲以上

問卷到此結束，非常謝謝您的協助。

執筆者紹介

三浦典子（小谷典子）　　みうら　のりこ（おたに　のりこ）
1946 年　山口県防府市生まれ
1978 年　九州大学大学院文学研究科博士課程単位取得退学
　　　　　博士（文学）
山口大学名誉教授
　『流動型社会の研究』恒星社厚生閣、1991 年
　『企業の社会貢献とコミュニティ』ミネルヴァ書房、2004 年
　『企業の社会貢献と現代アートのまちづくり』溪水社、2010 年
　『台湾の都市高齢化と社会意識』（編著）溪水社、2010 年
　『日本と台湾におけるボランタリズムと社会資本の多様化に関する比較研究』平成 21 年度〜 23 年度科学研究費補助金基盤研究（C）研究成果報告書（山口大学人文学部）2012 年
　「流動型社会からネットワーク型社会へ」『やまぐち地域社会研究』7 号、1-18 頁、2010 年
　「近代化とボランティア団体による家族支援の可能性」『跨文化：民族與文化再生』2010 国際学術研討会議論文集（国立政治大学社会学系・民族学系）235-251 頁、2010 年
　「東アジアにおけるボランタリズムと公共性」『社会分析』39、61-79 頁、2012 年
　「東アジアにおけるボランタリズムの生起と展開」『やまぐち地域社会研究』10 号、1-14 頁、2013 年
　「流動型社会論の功罪」『社会分析』41、115-113 頁、2014 年

林　寛子　　はやし　ひろこ
1972 年　長崎県長崎市生まれ
2009 年　山口大学大学院東アジア研究科博士課程修了
　　　　　博士（学術）
山口大学大学教育機構アドミッションセンター准教授
　『若者の自立と進路選択に関する研究』（山口大学大学院東アジア研究科博士論文、2009 年）
　「地域社会における子育て支援活動の現状と課題」『やまぐち地域社会研究』7 号、163-174 頁、2010 年
　「子育て支援と保育ママ制度―江戸川区の保育ママ制度を手がかりとして―」

『やまぐち地域社会研究』8号、25-38頁、2011年
「新たな入学者追跡調査における選抜方法評価」『大学入試研究ジャーナル』No21、159-164頁、2011年
「地域における社会的ネットワークとボランティア活動―ファミリーサポートセンター会員調査を手がかりとして―」『やまぐち地域社会研究』9号、135-146頁、2012年
「ファミリーサポートセンター会員調査にみる有償ボランティアの課題」『やまぐち地域社会研究』10号、15-28頁、2013年
「大学入学時と卒業時における学生の『質』と選抜方法の評価」『大学入試研究ジャーナル』No23、79-84頁、2013年
「地域で支える子育て支援参加者のコミュニティモラール―ファミリーサポートセンター事業の調査をもとに―」『社会分析』42、45-62頁、2015年

王　美玲　　おう　びれい
1978年　台湾台北市生まれ
2008年　山口大学大学院東アジア研究科博士課程修了
　　　　博士（学術）
淡江大学日本語学科　助理教授

『台日における不登校現象とフリースクールに関する比較研究』（山口大学大学院東アジア研究科博士論文、2008年）
『教育特区の学校づくり―日本における教育の多様化と異質性―』致良出版社、2015年
「フリースクールの不登校対策としての可能性―フリースクールの理念と運営体制に関する事例比較を通して―」『社会分析』34、189-203頁、2007年
「台日における中学生の登校回避感情に関する考察」『東アジア研究』6号、81-92頁、2008年
「台湾における若者の規範意識」三浦典子編著『台湾の都市高齢化と社会意識』173-192頁、溪水社、2010年
「フリースクールの転換と不登校特区のカリキュラム」『やまぐち地域社会研究』11号、15-26頁、2014年
「日本不登校特區現況與核心理念實踐」『台灣教育社會學研究』第14-2号、73-107頁、2014年
「另類教育理念實現模式與成效：以日本教育特區為例」『比較教育』第76号、87-113頁、2014年
「教育特区の全国化と今日的課題」『やまぐち地域社会研究』12号、41-52頁、2015年

范　蓓怡　　はん　ぺいい
1973 年　台湾高雄市生まれ
2008 年　山口大学大学院東アジア研究科博士課程修了
　　　　　博士（学術）
真理大学応用日本語学科助理教授

『台日高齢者の就労と就労意識に関する研究』（山口大学大学院東アジア研究科博士論文、2008 年）
「台湾における高齢者の就労意識」三浦典子編著『台湾の都市高齢化と社会意識』113-134 頁、溪水社、2010 年
「日本における大学生の価値観に関する研究―4 つの伝統伝承類型による分析結果を通して―」『人文學報』（THCI）真理大学人文学院、第 11 期、111-132 頁、2011 年
「台日における大学生の家族意識の変容に伴う老親扶養の変化―実証的な調査結果の分析を通じて―」『淡江日本論叢』淡江日本語文學系、第 24 輯、169-194 頁、2011 年
「台湾における高齢者意識の構造―その持続と変容―」『やまぐち地域研究』9 号、171-182 頁、2012 年
「台日大学生の老人意識に関する比較研究」『台灣應用日語研究』台灣應用日語學會、第 9 期、23-48 頁、2012 年
「台日の伝統的な価値意識の持続と変容に関する比較研究―大学生を調査対象者とする分析―」『人文學報』（THCI）第 14 期、117-144 頁、2013 年
「台日大学生のボランティア意識に関する比較研究―調査結果による分析を通して―」『台灣應用日語研究』第 14 期、106-128 頁、2014 年

王　珮瑜　　おう　はいゆ
1974 年　台湾高雄市生まれ
2010 年　山口大学大学院東アジア研究科博士課程修了
　　　　　博士（学術）
長栄大学応用日本語学科助理教授

『台湾から日本への留学に関する実証的研究―社会移動の効果に焦点をおいて―』（山口大学大学院東アジア研究科博士論文、2010 年）
「台湾における大学生の上昇志向と留学意識」『やまぐち地域社会研究』6 号、69-80 頁、2009 年
「台湾の大学生における日本留学と社会的距離」『東アジア研究』7 号、123-136 頁、2009 年
「台湾から日本への留学と留学意識―日本統治時代から現代へ―」三浦典子編著『台湾の都市高齢化と社会意識』193-214 頁、溪水社、2010 年

「留学生活への適応と先取りした社会化」『やまぐち地域社会研究』7号、235-246頁、2010年

「社会移動の効果からみる日本留学の成果―帰台した留学経験者に対する聴き取り調査をもとに―」『台湾日本語言文芸研究学会第10回定例学会研討會手冊』（長榮大學應用日語學系）116-125頁、2010年

「日本留学経験者にみる社会移動の効果―短期留学生に対する聞き取り調査をもとに―」『2010年應用外語教學暨跨文化研究學術研討會論文集』（台灣首府大學應用外語學系）44-53頁、2010年

「ワーキングホリディー経験者にみる社会移動の効果―日本語学科卒業生に対する調査―」『台湾日本語言文芸研究学会第15回定例学会（日本言語文化研究国際学術シンポジウム）研討會手冊』（長榮大學應用日語學系）2015年

「日本統治時代の留学支援制度と内地留学」『2015年應用外語教學暨跨文化研究學術研討會大會手冊』（台灣首府大學應用外語學系）2015年

索　引

【あ行】

愛愛院　7, 52
愛愛寮　46, 52
新しい公共　10, 13, 280
アノミー　18, 240
アノミー意識　29, 242, 264, 268
安親班　164, 176
育嬰堂　59
育嬰院　47
石田梅石　12, 34
稲葉圭信　290
エンゼルプラン　194
王永慶　282
近江商人　12, 34, 274
大友昌子　49, 61
恩賜財団　46

【か行】

街友尾牙　283
金子昭　29
川崎房五郎　35
官有垣　70, 80
義捐金　42, 47
企業の社会貢献活動　279
基金会　73, 77, 79
義倉　33, 59, 275
義塚　59
義渡　59
杵淵義房　43
協会　71, 72, 73, 79
郷紳　26, 40, 60, 61
郷賑　41, 60
共同性　11
許鴻彬　281

許文龍　281
キリスト教　21, 31
倉橋圭子　40
経団連企業行動憲章　279
公業　44, 45
公共性　11
子育てサークル　148, 195, 199
子育てサロン　148, 195, 199
子育て支援団体　148
児玉源太郎　44
後藤新平　59
滬尾偕医館　55
コミュニティモラール　18, 29, 222, 238, 241, 266, 268

【さ行】

財団法人基金会　71, 73, 77
財団法人協会　71, 72, 73
財団法人中華民国仏教慈済慈善基金会　69
蔡家村　7, 25, 29, 45, 64, 288
三方よし　12, 34, 274
四箇院　33, 275
志業　22
慈済会　22, 29, 49, 63, 272
慈済人文志業センター　285
慈済大学　22
慈済八戒　23, 286
慈済病院　22
慈善救済史料　33
七分積金制度　35
渋沢栄一　12, 28, 35, 276
社会福祉慈善事業基金会　82
社会服務慈善団体　111, 130

弱者救済　37
釈証厳　22
社区生活館　21
社区保母系統　176
社団法人協会　71
社倉　33
儒教　48
自利利他　34
新エンゼルプラン　194
人間仏教　22, 28, 63, 285
賑給　45
人民団体　80
人類の家　56
心霊故郷　21
鈴木広　222
生活満足度　249
青年活動企画師　127
施乾　52, 55, 67
石門心学　12, 28, 34, 275
善会　38
善挙　36, 38, 40
善書　42
善堂　38, 41
善養所　59
創世社会福利基金会　283
宗族　25, 39, 44
族譜　40
ソローキン　273

【た行】

待機児童　188, 190
台塑グループ　282
台南奇美博物館　281
台南県白河鎮　21
台北県五股郷更新社区活動センター　23
台北市学習障礙者家長協会　123
台北市松年福祉会玉蘭荘　124
台湾基督教長老教会林子内教会　21
台湾児童少年希望協会　125, 179
台湾社会事業協会　46
台湾社会事業総覧　43
台湾婦人慈善会　61
托嬰所　171
淡江大学種子課輔社　126, 178
団体参加　251, 254
地域福祉コミュニティ　26
張謇　278
張栄発　280
長庚医院　282
長庚大学　282
長庚養生文化村　7, 282
辻善之助　33
道教　42
東京養育院　36
同善会　38
道徳経済合一説　12, 35, 276
特定非営利活動促進法（NPO法）　287
都鄙問答　34

【な行】

内藤莞爾　28, 34

【は行】

東アジア価値観国際比較調査　24, 28
備荒制度　33
ファミリーサポートセンター　197, 205
服務教育　256
仏教克難慈済功徳会　22, 285
仏光山　284
仏光山慈善社会福利基金会　285
夫馬進　50
ベビーシッター　5, 167, 175
保育ママ　5

放課後托育センター　174
補習班　164, 175
保生宮　25, 65
ボランタリズム　ⅰ, 11, 31, 48
ボランティア意識　16, 220, 230, 236, 241, 263, 268
ボランティア活動　14, 244, 246, 258
ボランティア団体　6, 87, 113

【ま行】

馬偕　55
馬偕記念医院　55, 65
宮本義信　55

【や行】

山口市ファミリーサポートセンター　206
山口大学東アジア研究シリーズ　ⅰ
悠然山荘　281
養育院　35, 277
幼児園　172
養済院　37, 43, 44, 59
良き企業市民　279

【ら行】

呂坤　30, 37
ロータリークラブ　38

【わ行】

ワンパーセントクラブ　279

山口大学東アジア研究シリーズ　2
日本と台湾における
ボランタリズムとボランティア活動

2016 年 5 月 10 日　発行

編著者　三浦　典子・林　寛子

発行所　株式会社溪水社
　　　　広島市中区小町 1-4（〒730-0041）
　　　　電話 082-246-7909
　　　　FAX 082-246-7876
　　　　Email:info@keisui.co.jp

ISBN978-4-86327-347-4 C3036